国家社科基金
GUOJIA SHEKE JIJIN HOUQI ZIZHU XIANGMU
后期资助项目

中美创新人才培养的教育实践

黄 梅 周光明 ［美］ 亨瑞·贾库波斯基 (Henry Jakubowski) 著

科学出版社

北 京

内 容 简 介

　　本书通过理论研究和实践案例，对中美基础教育、高等教育的教育教学和创新人才培养模式进行比较分析，深入剖析两国在创新人才培养方面的特点，以进一步完善我国创新人才培养实践与培养模式，为实现教育强国的宏伟目标提供借鉴。本书不仅有助于我国基础教育与高等教育领域创新人才培养理论和实践的完善与提升，还可以让读者比较清晰地了解美国基础教育领域和高等教育领域创新人才培养与未来发展情况，以期产生他山之石可以攻玉的作用。

　　本书可供比较教育研究者，课程与教学论专业导师、研究生，教育管理人员，以及一线化学教师参阅。

图书在版编目（CIP）数据

中美创新人才培养的教育实践 / 黄梅，周光明，（美）亨瑞·贾库波斯基（Henry Jakubowski）著. —北京：科学出版社，2023.12
　ISBN 978-7-03-077693-8

　Ⅰ. ①中⋯　Ⅱ. ①黄⋯②周⋯③亨⋯　Ⅲ. ①创造型人才-人才培养-对比研究　Ⅳ.①C964.2 ②C964.712

　中国国家版本馆 CIP 数据核字（2023）第 252927 号

责任编辑：崔文燕 / 责任校对：何艳萍
责任印制：徐晓晨 / 封面设计：润一文化

科学出版社 出版
北京东黄城根北街 16 号
邮政编码：100717
http://www.sciencep.com

北京中石油彩色印刷有限责任公司印刷
科学出版社发行　各地新华书店经销
*
2023 年 12 月第 一 版　开本：720×1000　1/16
2023 年 12 月第一次印刷　印张：17 1/2
字数：312 000

定价：108.00 元

（如有印装质量问题，我社负责调换）

国家社科基金后期资助项目
出版说明

后期资助项目是国家社科基金设立的一类重要项目，旨在鼓励广大社科研究者潜心治学，支持基础研究多出优秀成果。它是经过严格评审，从接近完成的科研成果中遴选立项的。为扩大后期资助项目的影响，更好地推动学术发展，促进成果转化，全国哲学社会科学工作办公室按照"统一设计、统一标识、统一版式、形成系列"的总体要求，组织出版国家社科基金后期资助项目成果。

全国哲学社会科学工作办公室

序

近些年来，比较教育学界弥漫着学科危机的情绪，其他学科的学者也颇有微词，认为比较教育算不上一门学科，比较法是所有学科都可以采用的。但是我一直持乐观态度，认为比较教育研究的对象越来越丰富，研究的空间越来越广阔。过去我国比较教育研究局限在教育制度层面上，虽然有一些专题研究，但大都缺乏在全球视野下对教育与社会发展的研究，以及对国际组织关注教育的研究，同时对学科本身的研究也不够。比较教育研究的视角和对象是其他学科无法替代的。我在1997年为"比较教育丛书"写的序中说道："这些年来，比较教育已经发展到国际教育和发展教育两个领域。国际教育是研究国际教育交流与合作的问题，但我认为还应包括从国际的观点来研究当代的教育问题，因而就出现了人口教育、环境教育、多元文化教育等研究。此类研究不是其他教育分支学科所能包含的，需要比较教育学科来承担。发展教育研究的是教育与社会发展的关系，特别是研究发展中国家教育与现代化的关系，这个领域无论对发展中国家，还是对发达国家的比较教育学者有极大的吸引力。"20多年过去了，这些领域的研究在比较教育研究中仍不多见。

黄梅博士的《中美创新人才培养的教育实践》一书又为比较教育

提供了一个新视角。黄梅博士曾在美国留学，对美国教育和中国教育都很熟悉。该书围绕中美两国基础教育、高等教育创新人才的培养做了大量的比较研究，分析了两国的教育发展历史的渊源，介绍了两国教育改革和发展的现状，有实际案例，有理论分析，有可读性。读者可以从中看到中美教育的异同，并得到启示，从而反思我国的教育，改进创新人才的培养。

目　录

第一章　创新人才的内涵与人格特征

当今世界，新一轮科技革命和产业变革加速演进，不断涌现的新技术、新业态、新模式对高等教育提出了更高的要求。产业界依托 5G、大数据、人工智能等"新基建"的落地，加速向数字化、智能化方向转型。这既催生了一批数字经济、生命健康、新材料等战略性新兴产业和未来产业，又带动了传统产业的改造升级。在这个充满变化与挑战的时代背景下，各行各业都需要创新人才的注入。那么什么是创新人才？创新人才应该具有什么样的特征？

第一节　创新人才的内涵本质

一、创新的含义与意义

创新是指在现有思维模式的基础之上提出有别于常规或常人思路，利用现有的知识和物质，在特定的环境中，本着理想化需要或为满足社会需求而改进或创造新的事物、方法、元素、路径、环境，并能获得一定有益效果的行为[①]。它有三层含义：更新、创造新的东西、改变。创新的目的是增进人类对整个世界和宇宙的了解[②]。创新是在原本的基础之上，加上自己的思维创造出来的东西。

创新是世界进步的动力，是国家和社会发展的源泉和动力。"创新"是现代工作中经常提到的概念与理念，也是与世界接轨的一个抓手，我们应该更深入地理解和运用它。不管是从事高新技术工作还是在基层工作，我们都需要将创新理念融入实践中，从而增强自己的创新意识，提高自己的创新能力。创新不仅仅指在工作中进行实践，更需要我们认真地进行创新。

---

① 杨国祥，尹家明. 创新人才内涵及培养理念探析. 江苏大学学报（高教研究版），2004（4）：41-46.
② 金吾伦. 当代西方创新理论新词典. 长春：吉林人民出版社，2001：3-10.

二、创新人才的内涵要素

什么是创新人才？创新人才是具有强烈的爱国主义精神，具有永不满足现状、永远进取的求实创新精神，具有拼搏奉献精神、团结合作精神和创新能力的高素质人才①。因而，创新人才是具有独创性和创造能力，能够提出问题和解决问题，开创事业新局面，对社会物质文明和精神文明建设做出创造性贡献的人。这种人才，一般基础理论坚实，科学知识丰富，治学严谨，勇于探索未知领域，同时具有为真理献身的精神和良好的科学道德品质。他们是人类优秀文化遗产的继承者，是最新科学成果的创造者和传播者。创新人才的主要素质包括两个方面：创新精神与创新能力。

（一）创新人才必须具备创新精神

创新是一个民族进步的灵魂，是国家兴旺发达的不竭动力，一个没有创新能力的民族，难以屹立于世界民族之林②。创新的起点在于具备创新精神。

1. 创新精神的内涵

"创新"一词早在《南史》卷十一就被提及，"据《春秋》，仲子非鲁惠公元嫡，尚得考别宫。今贵妃盖天秩之崇班，理应创新"（意思为：据《春秋》记载，仲子不是鲁惠公的原配正妻，尚且建成独自的宫庙。现在贵妃乃国家官员中的高位，理应建造新庙）。到了 21 世纪，创新成为信息化、工业化的主题，并且随着社会不断发展，其内涵不断丰富，外延不断扩大，并涉及更多领域。

综合各方面的研究，创新是人所特有的认识世界和改造世界的能力，包括创新意识、创新兴趣、创新胆量、创新决心以及相关的创新思维活动。创新精神是指能够对自己所拥有的知识、技能和方法进行加工整理，从而创造新的活动方法、提出新观点、构建新理论的科学精神和心理特征。

2. 创新精神的特征

1）综合性。综合性是创新精神的首要特征，综合性体现的是创新精神丰富的内涵及其内部各要素构成的多重性。创新精神不是单一的创新要

---

① 杨国祥，尹家明. 创新人才内涵及培养理念探析. 江苏大学学报（高教研究版），2004
（4）：41-46.

② 张所鹏. 大学生科技创新活动对创新型人才培养的思考. 科技创新导报，2011（1）：
243.

素，而是因素的集合，是一个完整的结构。

2）相关性。其包含两层含义：一是创新精神的外部相关性，是指创新精神的内部要素与创新活动、成果、创新主体等相关联；二是创新精神的内部相关性，是指创新精神内部构成因素之间具有密切的相互依存、相互影响、相互制约的关系，在相辅相成的关系中统一为整体。

3）生成性。创新精神并非天生的，它虽然与生理遗传密切相关，特别是特殊领域的创新，如音乐、美术、运动等，但其实质性变化大多来自后天。

4）开放性。创新精神是一个开放的结构，它是一个不断丰富和变更、与时俱进的过程，这种开放性也反映了其拓展性的特点。

✎ 创新驿站

创新精神的培养重在创新氛围和"土壤"，阎立钦提倡"创新教育"，其包括十大专题研究：①教育观念与指导思想的更新研究，由"传承型""标准型"教育观念转变为"创新型"教育观念；②教育模式与管理机制的研究，从高度封闭的教育模式转变为开放高效的模式；③课程体系与教材的研究，建立立足于学生终身发展的、有助于培养学生创新精神和实践能力的知识体系；④教学方式和教学手段的现代化研究，由书本本位转变为学生本位；⑤教学评价的研究，把学生的发展作为评价的首要目标；⑥儿童早期智能的开发研究；⑦"冒尖"学生教育研究；⑧教师教育创新研究，鼓励教师弘扬创新精神、发挥创新性；⑨心理卫生与健康研究，在保证学生心理健康的基础上培养创新精神；⑩"创新教育"相关学科研究，做好心理学、教育学、脑科学等学科的研究，丰富相关理论知识并打好基础。

王磊. 实施创新教育 培养创新人才——访中央教育科学研究所所长阎立钦教授. 教育研究，1999
(7)：3-7.（有改动，余同）

（二）创新人才必须具备创新能力

创新能力又称创新力、创造力，是个体在技术和各实践活动领域中不断提供具有经济价值、社会价值、生态价值的新思想、新理论、新方法及新发明的能力，是善于运用前人经验并以新的内容和形式来完成工作任务的能力。创新能力是一种综合能力，从状态层次上，创新能力有潜在和显现两种状态；从内容层次上，创新能力可分为创新意识、创新知识、综合能力[①]。

1．创新意识

创新意识是指人们根据社会和个体生活发展的需要，引发创造前所未有的事物的动机并在创造活动中表现出的意向、愿望和设想[②]。它是人类意识活动中的一种积极的、富有成果性的表现形式，是人们进行创造活动的出发点和内在动力，是创造性思维和创造力的前提。创新意识中最为重要的是以下两种能力。

1）提出问题的能力。在进行创新活动的过程中，人们总会遇到疑惑不解的问题，并产生困惑、怀疑等心理状态。这种心理状态驱使人们不断地思考并提出问题、分析问题、解决问题，完成创新活动。在这里，提出问题是探究的源头，促使人们发现并解决问题，直到有新的发现。《明儒学案》卷八载："学贵知疑，小疑则小进，大疑则大进。"也就是说，学习贵在善于思考、心存怀疑，人有小的疑问和困惑（并去思考），就会有小的进步；人有大的疑问和困惑（并去思考），则会有大的进步。爱因斯坦也曾说过，提出问题比解决问题更重要。真正的科学发现与创新往往始于与众不同、有科学价值的提问[③]。新学说、新理论也往往是在提出大量问题并积极解决问题的过程中被提出的，所以创新人才必须拥有问题意识并具备提出问题的能力。

2）保持和激发好奇心与想象力的能力。好奇心是创造的基本动力，想象力是创造力的核心。要培养创造力，就应该从培养人的好奇心与想象力入手。天才之所以能充分发挥自己的创造力，根本原因就是他们有强烈的好奇心，并且大多从小就形成了钻研与创新的习惯，能够将自己的兴趣发展为事业，并专注于此。他们的好奇心与想象力往往是形影不离的。天才是在想象的充分表现中逐步成长起来的。爱因斯坦曾说过，想象力比知识更重要，因为知识是有限的，而想象力概括着世界的一切，推动着社会进步[④]。好奇心是动力系统，想象力则能带领人们超越以往的范围，开拓视野，打破常规，甚至创造出新的规则。因此，好奇心与想象力是创新人

---

① 李世海，高兆宏，张晓宜. 创新教育新探. 北京：社会科学文献出版社，2005：61.
② 白捍东. 数学教学中培养学生的创新意识初探. 当代教育实践与教学研究，2015（3）：141.
③ 爱因斯坦. 爱因斯坦论科学与教育. 许良英，李宝恒，赵中立，等译. 北京：商务印书馆，2016：21.
④ 爱因斯坦. 爱因斯坦论科学与教育. 许良英，李宝恒，赵中立，等译. 北京：商务印书馆，2016：21.

才不可或缺的。

2．创新知识

分数只是对学生所学知识掌握程度的评估，这里的掌握可能只是掌握了学习的陈述性知识，也可能是掌握了知识获取的科学方法，但是从试卷中往往很难看出学生的整体知识掌握程度。教育研究者要改变思维定势，多角度、多层次地分析、研究、判断教育对象的发展趋势。虽然我们否定了"人才不等于高分数"，但并不否定人才需要一定的知识基础。这里的知识可以用"博""专""新"这三个字高度概括："博"即不仅拥有本学科及相关学科的知识，还拥有人文科学、社会科学、自然科学等知识，一个知识渊博的人能在所从事的领域伸展自如，让创新有内容，而不仅仅停留在创新的外壳上；"专"即专业知识要有一定的深度，一个创新人才要挖掘理论背后的深层内涵，发现理论揭示的规律，从而有效地指导相关领域的发展；"新"即在时代快速发展、科技不断进步的背景下，必须正视自己的素质和知识储备，不断地修正陈旧的知识，跟随时代的脚步，掌握符合时代要求的知识。

3．综合能力

综合能力是人在思维中把客观对象的各部分结合成一个有机整体进行考察、认识的技能和本领。综合能力主要包括探究能力、交流与合作能力、信息整合能力、实践能力、问题解决能力。

（1）探究能力

当今世界，美国不仅是经济、军事超级大国，还是教育超级大国。虽然美国也曾有严重的教育危机，但从建国至今仅两百多年的时间就一跃成为教育超级大国，并培养了各行各业的精英，其中必然有值得学习借鉴之处。其中不得不提的是美国的天赋教育，天赋教育不是培养神童，不是用大堆书本把学生压垮，而是为学生提供恰当的、多选择性的教育条件，最大限度地把学生的潜能转为现实能力。

美国学者萨博（J. Szabo）将培养"聪明的孩子"还是"智慧的学生"（表 1-1）概括为两种教育。

表 1-1　"聪明的孩子"与"智慧的学生"的区别

聪明的孩子	智慧的学生
能够知道答案	能够提出问题
对问题感兴趣	有好奇心
能理解别人的意思	能理解别人的意思

续表

聪明的孩子	智慧的学生
能抓住要领	能演绎推理
完成作业	寻找课题
乐于接受	长于出击
吸收知识	运用知识
善于操作	善于发明
长于记忆	长于猜想
喜欢自己学习	善于反思、反省

资料来源：聪明孩子和智慧学生. https://www.docin.com/p-333686610.html.［2023-08-28］.

根据萨博的观点，中国特长班培养的孩子，大多侧重对问题答案的理解，注重对知识点的理解与记忆。美国天赋教育更侧重激发学生的好奇心，学会对知识的推理与运用等。我国部分学校也有"超常班"，这为有天赋的学生的发展提供了平台。总体来说，我国应进一步加强培养学生善于对知识进行推理、探究与运用的能力以及问题解决的能力。

在美国天赋教育里，有一种教育模式被称为"thinking tank"，中文可译为"思想库"，也就是开设的研究课。这种课是典型的"以学生为中心"理念的实际运用，学生有权决定自己的研究主题、研究方式（个人或团体）、完成时间，其自由度很大。他们的研究主题五花八门，主题发散性很强，有的偏于实际，有的偏于学术。这样的课每周有三次，课程都是学生自主完成的，老师会在现场巡视，学生一旦遇到问题便可以向老师提问或进行沟通。这种教育着重培养学生的研究能力，目的是让学生成为"智慧的学生"，让他们在任何时间、任何地点，研究除了历史问题以外的各类问题，此谓"授人以渔"。这也正是美国获得诺贝尔科学奖的人数世界排名第一的原因之一。我国实施的核心素养教育也是基于这样的目的，但部分学校依然存在以"学会"为目的、以考试为最终结果的教育，而这样的教育在一定程度上限制了学生创新能力的发展，所以应将核心素养教育真实落地。

中国现在大力提倡的探究式学习与培养"智慧的学生"的方法和"思想库"教学模式较为一致，我们必须认识到，在新课改背景下，探究式学习被大力提倡，但由于部分学校依然采用以教师为中心、以知识传授为主、以考为本的教学方式，教学实践活动大多是在"探究式学习课题"中实施的，而较少出现在其他常规课中。所以我国的教育还有很大的提升空间，可以借鉴美国好的做法，在各类学科的常规课程中开展各种实践活动，挖掘学生的潜能，提升其探究能力，以培养"智慧的学生"。

（2）交流与合作能力

美国哈佛大学心理学教授乔治·赫华斯根据多年的研究成果指出，人品的优劣决定事业的成败，"与同事真诚的合作"是成功的九大要素之一，"不善与人合作"则被认为是失败的九大要素之首[①]。心理学研究也表明，交流与合作对孩子的发展有明显的积极作用，并且在当今社会大多数社会活动需要交流与合作，小到一场篮球赛，大到一个国家的治理，都需要有效的交流与合作才能完成得更好。创新也可能在人与人之间的交流与合作中产生，如萧伯纳所说：如果你有一个苹果，我有一个苹果，我们彼此交换，每人还是一个苹果；但如果你有一种思想，我有一种思想，我们彼此交换，每人可拥有两种思想。[②]

（3）信息整合能力

创新人才需要不断学习，且其学习途径多样。随着广播、电视、互联网和其他电子媒介的快速发展，人们的生活发生了翻天覆地的改变，从少数人掌握有限信息变成了信息过剩，人们每天都面对海量信息，同时这些信息的可靠性和真实性都存在隐患。如何在巨大的信息潮中找到最有价值的信息、如何有效地处理这些信息是当代人面临的挑战，其中拥有信息整合能力十分重要。

信息整合能力是指人们将各种信息进行筛选分析、优化组合、综合利用、加工创新和创造的一种能力，包括信息获取能力、信息加工能力与信息利用能力。信息获取能力是指管理创新主体带着强烈的创新意向和愿望去洞察信息的能力，它是信息整合能力的基础，没有信息获取能力，就不可能有信息的加工能力和利用能力。信息获取能力还包括观察、提问和自查文献信息资料的能力，利用计算机和电子技术实现对信息的存储、检索、提取与交流的能力等。信息加工能力是指管理创新主体对信息的处理能力，主要包括对信息的理解能力、分析能力、评价能力和综合能力。当今时代是信息污染、信息饥饿与信息维基共存的"信息爆炸"的时代，信息发生源的海量化导致信息冗余，真假信息传递的混杂导致信息利用的惶恐。信息利用能力是通过对信息的获取、鉴别、筛选，将自身的信息和选

---

① 成败在于人品的优劣. https://www.doc88.com/p-18661405794046.html.（2018-12-27）[2023-05-27].

② 这句话出自萧伯纳名言翻译：If you have an apple and I have an apple and we exchange apples then you and I will still each have one apple. But if you have an idea and I have an idea and we exchange these ideas，then each of us will have two ideas.

定的信息相结合，经过分析、综合、加工而转换成新的信息的能力。它是信息整合能力的核心，因为信息获取、加工的目的就是利用信息，信息的价值只有通过利用才能体现出来，缺乏信息利用能力，信息获取和加工就失去了意义。

（4）实践能力

几乎一切新认识都来源于实践活动，实践是主体和客体联系的通道，能把客体引入主体认识领域，并使其在实践中获得进一步认知。实践发展到什么程度，认识也相应发展到什么程度。实践能力是指在完成各类任务、作业、活动中的运作能力，属于动手能力的范畴。美国加利福尼亚大学教授田长霖二十多年前指出，中国大学生通常考试能力强，书本知识学得还可以，可是动手能力相对较差，研究能力有欠缺，搞研究不如美国研究生[①]。近年来，我国高校主要通过组织学生参加创新创业教育活动等方式促进学生实践能力的发展[②]，然而，当前学生实践能力仍然存在理论与实践相脱节[③]等问题。现代社会需要的人才不仅具有扎实的理论知识，更要手脑并用，有很强的实践能力。在具体实际能力上，需要提高的主要是实验技能和计算机应用能力。

第一，实验技能。实验是科学认识活动的基础，对于自然学科，它不仅是理论的重要检验标准，更是理论的重要来源。例如在化学学科上，众多新发现是在不断实验的过程中获得的，新研究是在这一过程中开展的。所以人们不但要重视对实验的研究，更要重视对基本实验技能的学习，并且要具有实验操作和实验研究的技能。

第二，计算机应用能力。在进行科学研究时，很重要的一步是对所得到的实验数据进行处理和分析。例如在化学实验的数据处理环节，由于数据繁杂，直接用手作图耗时耗力且效果往往不佳。借助 Origin 绘图软件，研究者可以很方便地进行绘图以及线性拟合、非线性拟合等数据的处理，使实验数据处理的负担减轻。

（5）问题解决能力

问题解决能力是指能够把握问题本质，遵循一定研究方法有效解决研

① 卢粉艳. 论高等院校学生创新素质的培养. 咸阳师范专科学校学报，2001（S3）：30-33.

② 凌海蓉. "双创教育"视域下大学生实践能力培养的思考. 教育理论与实践，2018（27）：15-17.

③ 魏非，章玉霞，李树培，等. 微认证赋能师范生教师职业能力精准测评研究. 中国电化教育，2021（12）：79-86.

究中所遇困难的能力① 。问题解决能力的要素包括分析问题、提出解决方案、制订行动计划、执行行动计划与反思总结。其中，分析问题主要是了解和抓住问题的本质、原因和影响，梳理问题的各个方面及其之间的关系，从而形成对问题的全面认知；提出解决方案是根据对问题的全面认知与特点，提出多个解决方案（包括常规方法和创新方法），同时需要对每个解决方案进行可行性与解决效果的评估；制订行动计划是指在众多解决方案中选择最合适的解决方案，并制订具体的行动计划（包括明确目标、步骤和时间安排），从而确保解决方案的有效性和可控性；执行行动计划是指按照制订的行动计划执行，在执行过程中积极主动地解决问题，克服各种困难和阻力，并根据实际情况不断调整与适应工作环境和变化；反思总结是指在问题解决后进行反思总结，分析解决过程中的成功与失败，总结经验教训，为之后面对类似问题提供参考与借鉴。

第二节　创新人才的人格特征

创造性是人类的一种潜能，它既是人类社会得以进步和发展的宝贵因素，也是人在成长过程中极易丢失的个人财富。创造性水平层次高低取决于个人的素质特征。人格体现一个人的认知、情感和行为，具有统一性、稳定性、复杂性等特征。创新人才的素质不是一种"单一的"或"复合的"能力，而是一种涉及认知活动、人格活动、社会活动诸多层面的综合发展产物② 。创新的过程是遵循科学、依据事物的客观规律进行探索的过程，因此，创新人才必须具有求实的工作态度和严密的思维逻辑，以保证准确地分析、判断和把握事物的客观规律，以科学的精神进行创新实践。创新人才的人格特征包括个性品格特征和思维品格特征。

一、创新人才的个性品格特征

个性是指一个人比较稳定的、具有一定倾向性的各种心理特点或品质的独特组合③ 。对于创新人才而言，其所具备的主要个性品格包括好奇、质疑与批评、敏锐等。

---

① 董泽芳，何青，张惠. 我国研究生创新能力的调查与分析. 学位与研究生教育，2013（2）：1-5.
② 龚怡祖，周献. 再论创新人才的素质特征. 现代大学教育，2003（2）：26-29.
③ 陈琦，刘儒德. 当代教育心理学. 3 版. 北京：北京师范大学出版社，2018：336.

（一）好奇

好奇是思考与求知的重要的起点，也是创新人才的一个普遍特点。大部分诺贝尔奖获得者在接受各种调查或采访时，把富有好奇心列为自己走向成功之路的必备品格条件，列在各种因素的前列[①]。好奇既是一种特质[②]，也是一种情绪或动机状态[③]。

1. 好奇是激发探索未知的原动力

好奇是人类与生俱来的一种天性，是个体先天具有的倾向，是个体对于未知和新异事物做出反应的心理动力或内部动机[④]。具有好奇心的个体在遇到新奇的事物时，会主动地寻找问题与答案，对未知事物产生强烈的探索欲望与冲动。

2. 好奇有助于个体提出新的问题

好奇和多问是相互练习、相互影响、相互作用和相辅相成的[⑤]。好奇促使个体不仅要了解新异事物，更重要的是要理解新异事物。在探索未知事物过程中，个体必然提出一系列新的问题，如"是什么""为什么"等。在好奇心的驱动下，个体不断对未知的新异事物产生求知动力。一个人善于提问，并不断地探索和不断地解决问题，才能有突破与创新。

✎ 创新驿站

好奇心的五大维度模型

第一维度：剥夺敏感度（deprivation sensitivity），特指信息差引起的认知要求，这种过程不在于满足感提升，更多的是为了解决问题。典型的行为形式包括花时间思考问题和提出解决方案，并且在无法得到答案时感到沮丧，且坚持不懈地进行思考。第二维度：欢乐探索（joyous exploration），指对来自大千世界的种种奇妙之处感到惊叹，这个过程可能充满愉悦感。典型的行为形式包括认为挑战是成长和学习的好机会，努力挑战自我认知

---

① 龚怡祖，周献. 再论创新人才的素质特征. 现代大学教育，2003（2）：26-29.

② Litman J A, Spielberger C D. Measuring epistemic curiosity and its divisive and specific components. Journal of Personality Assessment，2003（1）：75-86.

③ 黄骐，陈春萍，罗跃嘉，等. 好奇心的机制及作用. 心理科学进展，2021（4）：723-736.

④ 黄骐，陈春萍，罗跃嘉，等. 好奇心的机制及作用. 心理科学进展，2021（4）：723-736.

⑤ 董妍，陈勉宏，俞国良. 科学好奇心：研究进展与培养途径. 教育科学研究，2017（9）：76-80，87.

和新体验，享受新知识的学习过程，期待能为自己提供深度思考的环境和机会，对于新的工作首先表现出的是热情。第三维度：社交好奇（socially curious）。人都有意愿通过沟通和观察来了解对方的想法和行为，社交本身也是维系人类社会的一块基石。通过社会化，人才走出了进化为人的重要一步，语言的产生也是社会群体的重要纽带。社交的需求与生俱来，差异只是体现在对什么样的思想和行为更感兴趣。第四维度：抗压能力（stress tolerance）。"信息差"和新鲜事物一定会给人带来焦虑，能不能接受这种焦虑并进一步探索在不同人群是有很大差异的。缺乏这种能力的人同样会展现出好奇的倾向，但是他们不会采取行动。典型的行为形式包括面对新的领域时如果觉得不够安全就不会选择，任何生活和工作中的意外都会影响注意力，面对任何不确定性都需要长时间的无效思考。第五维度：寻求刺激（thrill seeking），特指愿意承受各种风险而追求不同的、复杂的甚至是强烈的体验。典型的行为形式包括从事新工作的焦虑感会提升个人的兴奋度和活力，做事情随心所欲，并愿意和有类似维度特征的人交往，计划和行为随机性更强。

Birenbaum M，Alhija F N A，Shilton H，et al. A further look at the five-dimensional curiosity construct. Personality and Individual Differences，2019（149）：57-65.

（二）质疑与批评

想要培养学生的创新能力就必须培养学生形成质疑与批评思维。"怀疑，对世界抱怀疑态度，超脱世俗"被认为是创造性人格的 12 个重要特征之一[①]。"尽信书不如无书"（《孟子·尽心下》），因此，敢于质疑与批评以前的知识、结论的正确性并孜孜以求，才能够去粗存精、去伪存真，由现象到本质地认识事物发展的规律，才会推动人们认识水平的提高和科学的进步[②]。

质疑与批评是创新的切入点，是创新的基础。人只有习惯于质疑与批判，才会反复深入地思考问题。在这个过程中，思维会变得更开阔、更灵活，见解也就变得更深刻、更新颖；也就意味着，个体更容易进行创造。所以，质疑与批判既是破旧和革故的"清道夫"，又是立异和鼎新的"助产士"[③]。

---

①　郭黎岩. 心理学. 南京：南京大学出版社，2002：124.
②　陈兴. 中学化学教学中提高学生批判性思维能力的实践. 化学教学，2009（8）：56-59.
③　李醒民. 怀疑批判精神使科学永葆青春. 中国科学报，2012-07-16（5）.

（三）敏锐

敏锐是个体在知觉、思维等多个层面对外界反应能力的综合表现[①]，尤其是思维敏锐。思维敏锐是指短时间内能灵活变换思路的能力，表现在解决问题时能随机应变，善于转换问题和用不同策略解决问题[②]。因此，思维敏锐的人能够快速抓住问题的本质和要害，快速地透过现象看到事物的本质，同时发觉事物内在联系中所暴露的缺漏、悖谬、不寻常之处以及未完成部分，预见事物的发展方向和可能的结果。因而，从本质上讲，创新就是一种突破性的发现。这要求创新人才必须具有敏锐的观察能力、深刻的洞察能力、见微知著的直觉能力、一触即发的灵感和顿悟，能够不断地将观察到的事物与已掌握的知识联系起来，发现事物之间的必然联系，及时地发现别人没有发现的东西。

 创新驿站

培养洞察力的方法

第一，能够注意细节，不论是环境、行为或互动过程，个体都要保持客观，能够清楚区分证据与推论。第二，丰富的知识与经验。个体需要丰富的知识与经验导引观察，不然不知道该观察什么，也需要知识与经验帮助其诠释观察到的证据，并在有需要时形成并检验假设。第三，观察与知识都是必要的。缺乏知识的观察是盲目的，缺乏观察的知识是空洞的。个体必须同时磨炼自己的观察力并积累知识，不要只观察不读书，也不要死读书不观察。个体要把观察与思考变成一种习惯，这样，醒着的时候就会自动去做；同时也要广泛地学习，不论那个领域看起来与自己所学领域有没有直接的关联，因为对人与环境的知识掌握得越多，越能帮助自己导引观察与诠释证据。第四，观察与知识的连接需要个体自己建立。观察时，相关的知识不会自动出现，个体必须有意识地在记忆中、在书架上搜寻所需知识。在读书时，个体必须有意识地寻找现实世界中亲身经历或观察到的例子。

洞察力. https://wenku.baidu.com/view/566d9844fe4733687e21aa7b.［2023-08-28］.

---

① 龚怡祖，周献. 再论创新人才的素质特征. 现代大学教育，2003（2）：26-29.
② 卢义刚. 物理教学中培养学生敏锐思维的策略探讨. 物理教师，2016（10）：21-22，31.

二、创造人才的思维品格特征

创造活动不但与个性品格特征有关，还带有高度的认知成分，因此创造性与个体思维品格特征也有密切的联系。思维品格是指人们在思维过程中所表现出来的各自不同的特点。在创造性活动中，思维品格特征主要包括理性思维、发散思维、想象力等。

（一）理性思维

理性思维是一种有明确思维方向、建立在证据和逻辑推理基础上的思维方式[①]，是一种运用经验、知识去探索事物的本质及其规律，从而获得新知识新理论的高级本领[②]。一般而言，理性思维的精神实质在于追求物质本源，其外在表现为人的思考方式与行为风格[③]。在理性思维中，批判性思维对于创新活动非常重要。

批判性思维，在国际教育界被认为是和读写一样的学习与学术技能。关于批判性思维的定义，目前采用较广泛的是恩尼斯（R. Ennis）的观点：合理的反思性思维，其目的在于决定人们的信念和行动。批判性思维是一种在理解的基础上质疑、批判，从而对知识进行重构，成为知识的主人、学习的主体。它讲究的是不盲从，是把独立分析和理性思考作为思维的"过滤网"，既不要盲目地全盘接受，又要虚心地吸收对方的精华。批判性思考能力是培养创新人才的一块重要基石，一个人只有敢于质疑，才能有所创新。

🖊 创新驿站

岳麓书院批判性思维培养途径

岳麓书院教育理念："惟楚有才，于斯为盛"，培养经世致用之才，有所创新，独立思考。

（一）"讲会"与"会讲"式教学模式开启学生批判性意识

"讲会"：定期讲学，以集中传授知识，其余时间学生在斋舍自修，若遇疑难问题，则由老师解惑；"会讲"：不定期的特色教学活动，不同学派

[①] 蒋福明. 在科学探究中培养学生的理性思维能力. 科学大众（科学教育），2017（6）：44.

[②] 杨俊彩. 理论思维能力探析. 天津师大学报（社会科学版），1992（6）：17-20.

[③] 历晶，刘瑞. 化学教学中的理性思维：内涵分析、实践缺失与设计策略. 化学教育（中英文），2020（17）：66-71.

大师坐在一起，不拘门户，交流思想，切磋讲学，观点不同时甚至展开激烈辩论。

（二）"质疑问难"式教学方法促进学生批评性思考

对学习过程中产生的疑惑进行提问与质疑，并展开辩论，以求在辩论中找到问题答案，形成独立见解。

（三）"异义"与"辩义"式读书理路养成批判性思维

学生以自主学习，自我体悟为主，没有教师的跟踪教学，在自学过程中需要正确的读书方法才不至于事倍功半，其中《读经六法》包括"正义""通义""余义""疑义""异义""辩义"。"正义"和"通义"是正确理解儒家经典本义，并达到融会贯通的程度；"余义"是推敲有没有其他的意思；"疑义"是怀疑前人和官方的说法对不对；"异义"是通过深思熟虑提出自己的观点；"辩义"是阐述自己的观点，并辨别哪个说法更合理。

刘晓玲，黎娅玲. 岳麓书院批判性思维培养途径及其现代意义. 现代大学教育，2015（3）：93-97.

心理学家在研究孩子的成长过程时发现，当孩子可以进行抽象思考的时候，就应该开始教他们如何进行批判性思考，如果孩子十年来一直采用同一种思考方式，那么即使他们在大学期间接受批判性思维教育，也很难改变思考方式[①]。因此，如何让学生善于提问，并提升批判性思考能力，是我国教育主管部门、教育工作者需要认真思考的问题，因为在当下竞争激烈的国际和国内环境中，创新人才的培养至关重要。

（二）发散思维

发散思维是指从问题的多种可能方向扩散出去，探索问题的多种解决方案的一种思维活动[②]。从不同方向、不同角度进行联想，开阔视野，寻求问题的最优化解法，是发散思维的具体表现。发散思维在观察方向和思维方向上具有高度扩张性，能够突破常规和经验的束缚，打破思维系统化、定型化、有序性过强的凝固状态，以丰富事物的内涵并扩展其外延，更新问题的指向和选择。发散思维的主要特征就是求异性，其实质是创新。正如徐利治教授所说："数学的新思维、新概念和方法往往来源于发散思维。"[③]发散思维是促使认识发散跃迁或突变的重要因素，对培养创

[①] 段子扬. 学前儿童批判性思维培养的现状与启示. 教育导刊（下半月），2020（5）：45-51.
[②] 王超良. 训练发散思维 培养创新能力. 物理教学，2009（10）：36-39.
[③] 转引自苏李贺. 发散思维与创新思维能力的培养. 南方论刊，2009（S1）：145-146.

新人才具有十分重要的意义。

 创新驿站

培养发散思维的一般方法

材料发散法——以某个物品尽可能多的"材料"，以其为发散点，设想它的多种用途。

功能发散法——从某事物的功能出发，构想出获得该功能的各种可能性。

结构发散法——以某事物的结构为发散点，设想出利用该结构的各种可能性。

形态发散法——以事物的形态为发散点，设想出利用某种形态的各种可能性。

组合发散法——以某事物为发散点，尽可能多地把它与别的事物组合成新事物。

方法发散法——以某种方法为发散点，设想出利用方法的各种可能性。

因果发散法——以某个事物发展的结果为发散点，推测出产生该结果的各种原因，或者由原因推测出可能产生的各种结果。

郭石川，赵莉. 星级发散思维训练（3—6岁）. 上海：少年儿童出版社，2009：45-51.

（三）想象力

创新能力的培养首先需要开拓思维和想象力，要让思想插上自由的翅膀，在探索的天空中尽情而自主地翱翔。

第二章 中国创新人才培养的教育实践

实施创新发展战略对提高我国经济增长的质量和效益、加快转变经济发展方式具有重要意义。创新发展关键在于创新人才的培养，人才培养关键在于教育的发展。学校是人才培养的主阵地，承担着创新人才培养的主要责任与任务。本章期望通过梳理我国教育领域创新人才培养发展的历史与现状，并通过基础教育与高等教育培养案例分析，管见我国创新人才培养的教育实践情况。

第一节 创新人才培养历史发展渊源、政策解读与发展现状

一、我国人才观的历史发展渊源

人才观是关于人才现象和问题的基本观念与体系，包括对人才的本质、标准以及培养过程等一系列的基本看法。在我国的文明与教育发展的漫长的历史长河中，人才观经历了哪些发展历程？接下来，将按照历史发展阶段对人才观进行总结与阐述。

（一）近代及以前的人才观

中国古代，教育目的与政治抱负绑定，学校教育重在培养"士""君子"等治世贤臣，以实现"治国、平天下"的理想。春秋战国时期，为了恢复"礼崩乐坏"的周朝礼制，孔子主张培养志士、仁人、君子；《大学》载"大学之道，在明明德，在亲民，在止于至善"，即在养成文武双全、德艺兼备、经世致用的人才；孟子主张教育以"明人伦"为目的，"设为庠序学校以教之……皆所以明人伦也。人伦明于上，小民亲于下"（《孟子·滕文公章句上》）。荀子认为教育的目的在于化性起伪，使人"始乎为士，终乎为圣人"（《荀子·劝学篇》）。到了汉代，儒家思想被进一步宣扬，西汉董仲舒主张培养"以仁安人，以义正我"（《春秋繁露》）的君子；东汉王充认为教育的最高目的就是培养杰出的政治人才（文人）和学术人才（鸿儒）。唐代韩愈则认为教育目的在于培养体道、悟道、行道的人。宋代朱熹基于"明天理，灭人欲"的理学主张，强调教育目的要

"明人伦"，他认为"是以古之圣王，设为学校，以教天下之人……必皆有以去其气质之偏，物欲之蔽。以复其性，以尽其伦而后已焉"（《经济文衡·续集卷一》）。在朱熹看来，要克服"气质之偏"，革尽"物欲之蔽"，以恢复具有的善性，就必须"尽人伦"。宋代另一著名理学家张载认为，教育目的在于"为天地立心，为生民立命，为往圣继绝学，为万世开太平"（《张子全书·提要》），以实现民胞物与的理想境界。至此，孔孟之道和朱子理学奠定了整个中国古代教育的根基，也确立了教育目的的"圣人"情节。此后，虽然教育目的的内涵有所改变，但"至善至美"的终极教育目的几乎是不变的宗旨。明代的王守仁认为教育目的在于致良知："圣人之学，惟是致此良知而已……是故致良知之外，无学矣。"（《王文成公全书》卷八）值"西学东渐"之际的清代末期，张之洞等于 1904 年奏请颁布《奏定学堂章程》时声明立学在于"造就通才、慎防流弊"，明显反映了"中学为体，西学为用"的指导思想。1906 年，学部奏请清廷，并颁布"忠君、尊孔、尚公、尚武、尚实"的教育宗旨。中国古代封建教育服务于帝王政治，趋向培养"圣人"这一终极化目标，由此，"学而优则仕"（《论语·子张》）成为教育的理想出路。

（二）新中国成立后的人才观

在新中国成立初期，教育目的主要是为新民主主义服务，1949 年 9 月颁布的《中国人民政治协商会议共同纲领》第四十一条规定："中华人民共和国的文化教育为新民主主义的，即民族的、科学的、大众的文化教育。人民政府的文化教育工作，应以提高人民文化水平、培养国家建设人才、肃清封建的、买办的、法西斯主义的思想、发展为人民服务的思想为主要任务。"但随着社会主义改造的完成，新民主主义的教育显然不再适合中国国情，我国开始探索适应中国新时期的教育。1958 年颁布的《中共中央、国务院关于教育工作的指示》明确提出，教育要与生产劳动相结合，"教育的目的，是培养有社会主义觉悟的有文化的劳动者"。1978 年颁布的《中华人民共和国宪法》对前 20 年的教育事业进行了总结："教育必须为无产阶级政治服务，同生产劳动相结合，使受教育者在德育、智育、体育几方面都得到发展，成为有社会主义觉悟的有文化的劳动者。"

改革开放以后，中国开始反思并继续探讨适合自己的教育目的。1981 年，党的十一届六中全会通过的《中国共产党中央委员会关于建国以来党的若干历史问题的决议》提出，要"坚持德智体全面发展、又红又专、知识分子与工人农民相结合、脑力劳动与体力劳动相结合的教育方针"。1986年颁布的《中华人民共和国义务教育法》规定，教育要培养有理想、有道德、有文化、有纪律的社会主义人才；1993年颁布的《中国教育改革和发展纲要》提出，教育要培养德、智、体全面发展的建设者和接班人；1995年，上述教育目的整合后被载入我国教育的根本大法《中华人民共和国教育法》，其中规定"教育必须为社会主义现代化建设服务，必须与生产劳动相结合，培养德、智、体等全面发展的社会主义事业的建设者和接班人"。这一时期我国教育目的的内涵极为丰富，蕴含许多积极的新鲜元素，如"三个面向""四有新人"等，体现了时任国家领导人所提倡的"改革""开放"的特色。

1999年颁发的《中共中央 国务院关于深化教育改革全面推进素质教育的决定》把教育目的表述为"以提高国民素质为根本宗旨，以培养学生的创新精神和实践能力为重点，面向现代化，面向世界，面向未来，造就'有理想、有道德、有文化、有纪律'的社会主义事业建设者和接班人"。

（三）21世纪的人才观

随着知识结构体系与教育背景的不断变革与发展，进入21世纪，教育活动所培养的人才应具有多维性、全面性和适应性等特点，具体表现为科学素养与人文素养、全球视野与本土情怀、创新与创造力、可持续发展与社会责任感相结合等方面。

21世纪是人类依靠知识创新进行可持续发展的世纪，世界将进入全球化知识经济时代，创新是知识经济的灵魂，能否迎接未来知识经济的挑战和增强知识创新的竞争力[1]，最重要且最急迫的是能否培养创新人才。所谓创新人才，就是指具有创新意识、创新精神、创新思维、创新知识、创新能力，以及良好的创新人格，并且能为社会发展和人类进步做出一定贡献的人。他们通常表现出灵活、开放、好奇的个性特点，具有精力充沛、坚持不懈、注意力集中、想象力丰富、富于冒险精神等特征。创新人才的培养离不开智力体力的协调共进，他们需要充分全面地发展，以达到适应社会发展与个人的完满。

2001年印发的《国务院关于基础教育改革与发展的决定》进一步提出，"高举邓小平理论伟大旗帜，以邓小平同志'教育要面向现代化，面

---

① 丁辉. 浅析创新型人才的含义与特征. 当代教育论坛（管理版），2010（5）：89-90.

向世界，面向未来'和江泽民同志'三个代表'的重要思想为指导，坚持教育必须为社会主义现代化建设服务，为人民服务，必须与生产劳动和社会实践相结合，培养德智体美等全面发展的社会主义事业建设者和接班人"。2002 年，党的十六大报告提出，我国的教育目的是"坚持教育为社会主义现代化建设服务，为人民服务，与生产劳动和社会实践相结合，培养德智体美全面发展的社会主义建设者和接班人"。这在党的历史上还是第一次对教育目的进行完整表述，可见党对教育的重视度大大提升。从上述文件的描述中可以发现，这一阶段的教育目的基本上是在"为社会主义现代化建设服务"基础上的进一步发展，有为社会主义现代化建设服务和为人民服务双重属性。

2007 年，党的十七大报告提出，"坚持育人为本、德育为先，实施素质教育，提高教育现代化水平，培养德智体美全面发展的社会主义建设者和接班人，办好人民满意的教育"。"办好人民满意的教育"的提法让人眼前一亮。其实，它可算作"为人民服务"的一个新发展，但其意义不容忽视。从"为人民服务"到"让人民满意"是一种立场的变化："为人民服务"的主体是党和国家，主要站在国家的立场上；"让人民满意"则将评价权利赋予人民，主要站在人民的立场上。

习近平总书记在加快发展职业教育做出的指示中明确提出，"要树立正确人才观，培育和践行社会主义核心价值观，着力提高人才培养质量，弘扬劳动光荣、技能宝贵、创造伟大的时代风尚，营造人人皆可成才、人人尽展其才的良好环境，努力培养数以亿计的高素质劳动者和技术技能人才"[①]。2021 年，习近平总书记在《求是》杂志上发表《深入实施新时代人才强国战略　加快建设世界重要人才中心和创新高地》一文，明确提出关于加快建设世界重要人才中心和创新高地发展三个阶段的目标，即"到 2025 年，全社会研发经费投入大幅增长，科技创新主力军队伍建设取得重要进展，顶尖科学家集聚水平明显提高，人才自主培养能力不断增强，在关键核心技术领域拥有一大批战略科技人才、一流科技领军人才和创新团队；到 2030 年，适应高质量发展的人才制度体系基本形成，创新人才自主培养能力显著提升，对世界优秀人才的吸引力明显增强，在主要科技领域有一批领跑者，在新兴前沿交叉领域有一批开拓者；到 2035 年，形成我国在诸多领域人才竞争比较优势，国家战略科技力量和高水平人才队

---

① 习近平：加快发展职业教育 让每个人都有人生出彩机会. http://jhsjk.people.cn/article/25188994.（2014-06-23）[2023-08-28].

伍位居世界前列”①。此外，党的二十大报告明确提出“实施科教兴国战略，强化现代化建设人才支撑”的观点，强调国家和民族长远发展大计在于培养造就大批德才兼备的高素质人才，强调当前教育需要全面贯彻党的教育方针，落实立德树人根本任务，培养德智体美劳全面发展的社会主义建设者与接班人。

二、我国创新人才培养政策解读

教育是一个国家进步和发展的基石，而每一次社会变革都会带来教育上的革新。党和国家历来高度重视教育，特别是改革开放以来，我国教育事业取得长足进步，开辟了中国特色社会主义教育发展道路。步入 21 世纪，党的十七大做出“优先发展教育，建设人力资源强国”的战略部署；党的十八大报告进一步强调，要坚持走中国特色自主创新道路；党的十九大报告提出要“不断推进理论创新、实践创新、制度创新、文化创新以及其他各方面创新”；党的二十大报告更是提出，到 2035 年“实现高水平科技自立自强，进入创新型国家前列”的目标。此外，国家先后印发《中共中央 国务院关于深化体制机制改革加快实施创新驱动发展战略的若干意见》《中国教育现代化 2035》，重点强调了创新人才培养的相关模式与改革措施。由此可见，创新人才培养已是当今教育发展的重点探讨命题。

（一）《中共中央 国务院关于深化体制机制改革加快实施创新驱动发展战略的若干意见》

党的十八大报告明确提出，“科技创新是提高社会生产力和综合国力的战略支撑，必须摆在国家发展全局的核心位置”，强调坚持走中国特色自主创新道路、实施创新驱动发展战略。创新驱动实质上是人才驱动。

1. 创新人才的培养是一项系统工程

系统工程是为了更好地实现系统的目的，对系统的组成要素、组织结构、信息流、控制机构等进行分析研究的科学方法。它运用各种组织管理技术，使系统的整体与局部之间的关系协调和相互配合，实现总体的最佳运行。2015 年印发的《中共中央 国务院关于深化体制机制改革加快实施创新驱动发展战略的若干意见》，共 9 个大点、30 个小点，其中第二十一点“构建创新型人才培养模式”包括以下内容。

---

① 习近平. 深入实施新时代人才强国战略 加快建设世界重要人才中心和创新高地. 求是，2021-12-16（1）.

1）开展启发式、探究式、研究式教学方法改革试点，弘扬科学精神，营造鼓励创新、宽容失败的创新文化。改革基础教育培养模式，尊重个性发展，强化兴趣爱好和培养创造性思维。

2）以人才培养为中心，着力提高本科教育质量，加快部分普通本科高等学校向应用技术型高等学校转型，开展校企联合招生、联合培养试点，拓展校企合作育人的途径与方式。

3）分类改革研究生培养模式，探索科教结合的学术学位研究生培养新模式，扩大专业学位研究生招生比例，增进教学与实践的融合。

4）鼓励高等学校以国际同类一流学科为参照，开展学科国际评估，扩大交流合作，稳步推进高等学校国际化进程。

中国亟须建设一支规模宏大、富有创新精神、敢于承担风险的创新人才队伍，学校教育毫无疑问地承担起这一任务。该文件从基础教育、本科教育和研究生教育方面针对创新人才培养模式给出了相关建议，值得我们思考。

创新人才培养并不是一蹴而就的，也不是仅靠高校的培养就能成功的，而是要基础教育与高等教育协同进行：在基础教育阶段，开启面向全体的素质教育，创新教学方法和教育理念，养成学生的创造性思维；在高等教育阶段，创新人才培养模式，联合培养出一大批高素质创新人才。在基础教育阶段，要做到面向全体学生，尊重学生个性发展；改变传统上以教师为中心、以讲授法为主的课堂，开展启发式、探究式、研究式教学方法，提升学生发现问题和解决问题的能力；弘扬求真务实的科学精神，营造鼓励创新、宽容失败的创新文化，激励学生勇于探究试验的精神；强化学生的兴趣爱好和创造性思维培养。在高校人才培养模式上，主要改革方向是促进教学与实践的融合：一是要加快普通本科高校向应用技术型高校转型；二是要扩大专业学位研究生招生比例，探索科教结合的学术型研究生培养模式；三是要开展校企联合招生或联合培养，以适应市场对人才的需求；四是要稳步推进高校国际化进程，积极借鉴和学习他国人才创新人才培养模式，扩大国际交流合作。

✐ 创新驿站

创新人才教育研究会成立于 2012 年，是由国务院参事、中国人民大学附属中学校长刘彭芝联合科学家、院士、大学校长、中小学校长及幼儿园园长发起成立的国家一级学会。研究会长期致力于推动创新人才教育的研究与探索、合作与交流，截至 2023 年，有会员单位 400 余个，涵盖全国各省市优秀学校。研究会旨在搭建一个跨地区、跨领域、跨学科、跨学段的高端平台，推动拔尖创新人才教育的交流、研究和发展。研究会设有大学、中学、小学、幼儿园、基础教育资源共建共享等专业委员会，全面助力我国拔尖创新人才教育事业发展。研究会始终致力于推进教育优质均衡发展和优质教育资源的社会共享，自 2021 年 4 月起组织 40 多家会员单位对河北省保定市 22 个县（市、区）的薄弱普通高中和乡村薄弱学校进行教育帮扶，开展振兴县域教育综合实验，提升当地基础教育整体水平。

研究会简介. http://www.sfci.cn/zt/sfci/gx2013112814540270430998.shtml.［2023-08-28］.

2．加强高中教育培养与高等教育衔接

（1）加强高中教育与高等教育衔接的必要性

当前，我国已经普及九年义务教育，大学不断扩招，大部分高中毕业生能够进入高校学习；高等教育也跨上新的台阶，由精英教育走向大众化教育。所以，创新人才的培养不再仅由高等教育承担，进行所谓的精英教育，而应该在高中教育阶段甚至更早的阶段就打下基础，培养学生的创新思维和创新意识，为之后的高等教育做铺垫。众所周知，学生的心理发展是阶段性和连续性的统一，学生上一阶段的心理发展水平必将影响其下一阶段的发展。所以，为了适应学生心理发展的连续性以及系统地培养学生，必须加强高中教育与高等教育的衔接。

教育家杜威曾指出，我们说教育这个浪费、那个浪费，其实最大的浪费是分离、脱节[①]。在我国，通常情况下，学生在步入大学校园之前，为了在高考中取得好成绩，需要用一年左右的时间复习高中前两年所学的知识，几乎所有的知识、思维、想象力都集中在高考上。在高考前，各科教师大多争取时间不断向学生传授知识点、考点，学生的学习压力大，在这种情况下教师往往难以顾及创新人才的培养。这不得不让我们反思这种衔接方式是否束缚了多样化人才的成长发展与培养。我国应关注高中教育与高等教育衔接的问题，因为它关系到创新人才出现和成长的重要体制性基础，它是我国教育体制改革中必须攻克的一个难题。做好两者的衔接，既有利于学生心理发展的继承与开拓，也有利于系统地培养创新人才。

---

① 约翰·杜威. 学校与社会·明日之学校. 赵祥麟，任钟印，吴志宏译. 北京：人民教育出版社，1994：57.

🖉 创新驿站

　　高中与高校的衔接，最主要的是课程的共建和教师的流动。现在国内很多学校纷纷开设大学先修课程，这是中学与高校的课程共建的一个良好的开端。需要注意的是，国际文凭组织（International Baccalaureate Organization，IBO）为高中生设计的 IB 课程、英国的普通中等教育证书考试高级水平（General Certificate of Education Advanced Level，A-Level）课程等，不仅仅是大学的先修课程、准大学的课程，更重要的是这些课程的教学要求是按照大学的要求进行的。也就是说，课程的开发不再以知识的传授和再现为主要内容，而以问题的提出、发现，批判思维的培养，以及小组合作意识的培养为主。

　　（2）国外高中教育与高等教育衔接相关经验

　　国外对高中教育与高等教育的衔接问题关注较早，也累积了一定的经验，值得我们借鉴和学习。英国设置的第六学级（the sixth form）、两年制的普通教育高级程度证书（Advanced Level，General Certificate of Education，GCE A-Level）预修课程，美国实施的大学预修（Advanced Placement，AP）课程、高中-大学双学分（Dual Enrollment）课程等都是为了将高中教育与高等教育连接起来而采取的有效改革措施。这些课程的设置侧重对学生批判性思维和团队合作意识的培养，教学以问题提出、收集资料和分析资料为主，而不是以知识传授为主。另外，进入 21 世纪，日本在中学阶段启动了旨在培养未来能够在全球范围领军的科研人才的培养项目，其中包括允许高中生到大学听课、允许高中生接触大学的尖端科技项目、邀请大学教授到中学讲课等。这些举措在高中学习阶段为学生埋下了学习兴趣与人生发展方向的种子，能够发现和挖掘学生的创新潜质，培育其创新基因，为创新人才的培养奠定坚实的基础。澳大利亚是联邦制国家，各州的教育政策并不完全一致。维多利亚州的高中实行的是毕业教育证书制度，在该制度下共有 100 多门学科供学生选读和应考，各高等院校根据所选择的学科的成绩自主决定是否录取学生。

　　（3）我国高中教育与高等教育衔接的相关探索

　　在我国，高中教育与高等教育的衔接问题越来越受到关注，但衔接问题的突破口一直是一个有争议的课题[①]。是借鉴美国、英国的大学预修课

---

① 裴钢. "苗圃计划"：我们不是坐等收割. 中国教育报，2013-05-20（5）.

程，让一部分学有余力的高中生提前接受大学课程内容，并给予学分认定，同时作为高校选拔录取参考，还是借鉴澳大利亚维多利亚州将高中阶段多次成绩纳入大学录取综合评价中，加大高中综合评价在高校录取时的权重，进一步改革高校选拔与评价人才的制度体系？这一直是教育界思考的问题①。目前，我国最广为人知的改革措施是高校自主招生选拔，它为具有兴趣特长和创新潜质的学生进一步深造提供了有效的衔接性保证。2020 年，教育部推出"强基计划"，从 2020 年起，不再组织开展高校自主招生工作。

我国从未停止对高中教育与高等教育衔接的探索，并不断尝试利用各类举措来建立健全创新人才培养机制。如北京市教委在推进普通高中课程改革的过程中，为了培养拔尖创新人才，推出了"翱翔计划"。"翱翔计划"是为了稳步推进普通高中课程改革，发挥首都教育资源优势，在青少年中培养拔尖创新人才而提出的项目计划。该计划由北京教育科学研究院负责组织实施，高校、科研院所、区县教委、示范高中校相关人员共同参与。该项目组侧重建立培养机制和预警机制，防止项目走偏，切实做好监控和学生培养工作，逐步创建项目传播与理解的良好社会氛围；高校及科研院所侧重制定有针对性的培养方案，选派专家级、导师级、业务能力强、指导能力强的导师亲自参与辅导；各区县侧重组织协调，鼓励示范高中校真正参与到项目组研究中。参与学校奉行"让学生在科学家身边成长"的理念，突破高中和大学间的壁垒，采取联合培养的方式，为学员配备优良教授导师，以学生兴趣为主导，以实验室研究型课程培养为核心，指导学生进行课题研究。

✎ 创新驿站

"2021 青年学者计划"于 2021 年 4 月 29 日在复旦大学附属中学（简称复旦附中）启动，由复旦附中的学生和来自复旦大学、上海纽约大学、上海大学、上海巴斯德研究所的教授以及复旦附中国际部的教师共同组成课题组，课题组的研究内容覆盖市场经济、物理学、认知神经学、社会学、经济学和病毒学。复旦附中国际部希望在教育资源与个性选择复杂多变的当下，让学生能够选择真正适合的大学与专业，让学生在高校教授

---

① 赵婳娜. 如何处理好高中教育与大学教育的衔接. http://edu.people.com.cn/n/2013/0425/c1053-21270392.html.（2013-04-25）[2022-07-11].

和科研人员的带领下，初步尝试探索学术兴趣，通过真实的研究与实践明确自己未来的研究方向。青年学者计划希望激发学生学术兴趣、初步理解学术研究、实践学术诚信并为未来的大学研究做准备。复旦附中副校长李峻认为，这一计划的一大亮点是团队组成的模式有所创新，除了学术上的大学教授进行长辈式的引导，还有高三的学生对高一高二学生的指导，让毕业生的正能量对在校生起到榜样示范作用。

韩晓蓉. 上海复旦附中启动青年学者计划：中学生和大学教授一起做课题. https://www.thepaper.cn/newsDetail_forward_12459492.（2021-04-29）［2023-08-28］.

（4）改革高校培养模式，协同培养创新人才

高校仍旧是培养创新人才的主战场，需要采取各种措施，提高教育质量，积极改革教育制度，营造有利于创新的氛围，以培养更多创新人才。2022 年，中共中央办公厅、国务院办公厅印发的《关于加强新时代高技能人才队伍建设的意见》明确提出创新高技能人才培养模式：探索中国特色学徒制。深化产教融合、校企合作，开展订单式培养、套餐制培训，创新校企双制、校中厂、厂中校等方式；完善项目制培养模式，针对不同类别不同群体高技能人才实施差异化培养项目。创新人才的培养是一项系统工程，其间除了大学改革自身教育制度外，更离不开大学与外界的合作，从而实现协同培养创新人才。同时，要积极改革人才培养模式，提升教师队伍水平，加强教师队伍建设，激发教师培育人才的责任感与使命感；发挥行业高校优势，加强校企合作，提高学生的实践能力和社会责任感，联合培养创新型人才；要进行广泛的国际合作，开展优秀学生海外学习计划，引进国外优质教育资源等。

📝 实践路上

现阶段大学生可以参与的高规格、高标准的国家级创新创业项目共有 5 个，分别是国家级大学生创新创业训练计划（简称"国创计划"）、全国大学生电子商务"创新、创意及创业"挑战赛、中国国际"互联网+"大学生创新创业大赛、"挑战杯"中国大学生课外学术科技作品竞赛、"挑战杯"中国大学生创业计划竞赛。"国创计划"面向本科生，原则上要求项目负责人在毕业前完成项目，创业实践项目结束时，要按照有关法律法规和政策妥善处理各项事务。全国大学生电子商务"创新、创意及创业"挑

战赛是激发大学生兴趣与潜能，培养大学生创新意识、创意思维、创业能力以及团队协同实战精神的学科性竞赛。中国国际"互联网+"大学生创业创新大赛由教育部与政府、各高校共同主办，旨在深化高等教育综合改革，激发大学生的创造力，培养造就"大众创业、万众创新"的主力军；推动赛事成果转化，促进"互联网+"新业态形成，服务经济提质增效升级；以创新引领创业、创业带动就业，推动高校毕业生更高质量创业就业。"挑战杯"竞赛在中国共有两个并列项目，一个是"挑战杯"中国大学生课外学术科技作品竞赛，另一个是"挑战杯"中国大学生创业计划竞赛。这两个项目的全国竞赛交叉轮流开展，每个项目每两年举办一届。"挑战杯"竞赛被誉为中国大学生科技创新创业的"奥林匹克"盛会，是国内大学生最关注、最热门的全国性竞赛之一，也是全国最具代表性、权威性、示范性、导向性的大学生竞赛。

（二）《中国教育现代化 2035》

《中国教育现代化 2035》明确遵循教育规律，坚持改革创新，加快推进教育现代化、建设教育强国、办好人民满意的教育的指导思想，提出了提升一流人才培养与创新能力、建设高素质专业化创新型教师队伍的战略任务。《中国教育现代化 2035》是面对我国教育现代化发展新阶段的一个更高的历史起点，而不是以往政策文件的简单延续。

党和国家高度重视教育在推进现代化进程中的作用，先后印发《中共中央关于教育体制改革的决定》《国家中长期教育改革和发展规划纲要（2010—2020 年）》《国家教育事业发展"十三五"规划》等政策文件，以引导并推动我国教育在不同历史时期、不同发展阶段均实现持续跨越式发展。

1. 创新人才培养战略目标

《中国教育现代化 2035》聚焦教育发展的突出问题和薄弱环节，立足当前，着眼未来，重点部署了面向教育现代化的十大战略任务。2023年，教育部颁布《基础教育课程教学改革深化行动方案》，明确提出培养创新人才是智能时代的内在要求，是中华民族伟大复兴的本质体现，是建设教育强国的核心任务；培养创新人才，就是要发现每个人独特的创新本能，并以适合的方式把这种创新本能激发和实现出来，引导学生创新地学习、生活、成长，最终成长为各不相同的创新人才。《中国教育现代化 2035》战略任务六、七均体现创新驱动发展战略，促进教育现代化。

战略任务六为提升一流人才培养与创新能力。其中提及：①分类建设一批世界一流高等学院。分类推动高等学院提高办学水平。建立完善的高等学院分类发展政策体系，引导高等学院科学定位、特色发展。持续推动地方本科高等学院转型发展。②加快发展现代职业教育。不断优化职业教育结构与布局。推动职业教育与产业发展有机衔接、深度融合。集中力量建成一批中国特色高水平职业学院和专业。③构建适应区域和产业发展需要的教育布局。④优化人才培养结构。综合运用招生计划、就业反馈、拨款、标准、评估等方式，引导高等学院和职业学院及时调整学科专业结构。加强创新人才特别是拔尖创新人才的培养。加大应用型、复合型、技术技能型人才培养比重。⑤加强高等学校创新体系建设。按照统一规划和布局，在高等学院建设国际一流的国家科技创新基地，加强应用基础研究，全面提升高等学院原始创新能力。探索构建产学研用深度融合的全链条、网络化、开放式协同创新联盟。提高高等学院哲学社会科学研究水平，加强中国特色新型智库建设。健全有利于激发创新活力和促进科技成果转化的科研体制。

战略任务七为建设高素质专业化创新型教师队伍。其中提及：①大力加强师德师风建设。将师德师风作为评价教师素质的第一标准，推动师德建设长效化、制度化。②优化教师队伍管理。加大教职工统筹配置和跨区域调整力度，切实解决教师结构性、阶段性、区域性短缺问题。完善教师资格体系和准入制度。健全教师职称、岗位和考核评价制度。③培养高素质教师队伍，健全以师范院校为主体、高水平非师范院校参与、优质中小学（幼儿园）为实践基地的开放、协同、联动的中国特色教师教育体系。强化职前教师培养和职后教师发展的有机衔接。夯实教师专业发展体系，推动教师终身学习和专业自主发展。④提高教师社会地位，完善教师待遇保障制度，健全中小学教师工资长效联动机制，全面落实集中连片特困地区生活补助政策。加大教师表彰力度，努力提高教师政治地位、社会地位、职业地位。

创新驿站

2019 年，华东理工大学通过深化改革、引育并举，开展了建设高素质专业化创新型教师队伍实践，其实践分为三大工程：一是实施以"立德树人"为根本任务的师德师风建设工程，学校通过健全师德建设长效机制，推动师德建设常态化、长效化，包括强化组织保障、加强师德宣传与师德教育、落实师德奖惩政策与完善师德监督制度三大步骤；二是实施以分类管理和绩效考核为基础的人事制度改革工程，学校重点实施了以校院两级人力资源规划改革、教师分类考核聘用改革、收入分配机制改革等为代表的一系列人事制度改革工程；三是实施以服务国家重大需求为导向的"汇贤"人才体系建设工程，通过加快领军人才的培养与引进、重视优秀青年人才的选拔与培育等步骤健全"汇贤"人才体系建设。

高乐，程家高，张雪芹，等. 深化改革、引育并举，建设一流师资队伍——华东理工大学建设高素质专业化创新型教师队伍实践. 化工高等教育，2019（5）：89-92.

中国特色社会主义进入新时代，教育的基础性、先导性、全局性地位和作用更加凸显。加快向创新型国家迈进，建设现代化经济体系，建设富强民主文明和谐美丽的社会主义现代化强国，实现中华民族伟大复兴的中国梦，满足人民群众的美好生活需要，就必须加快推进教育现代化，把我国建设成为教育强国。从全球来看，当前新一轮科技革命和产业革命兴起，重大科技创新正在引领社会生产变革，互联网、人工智能等新技术的发展不断重塑教育形态，知识的获取方式和传授方式、教与学的关系发生了深刻变革。人民群众对教育的需求更为多样，对高质量、公平、有个性教育的需求更为迫切。我国必须抓住机遇，提前布局，以更高的历史站位、更宽广的国际视野、更深邃的战略眼光对加快推进教育现代化、建设教育强国做出战略部署和总体设计，加快创新人才培养，建设高素质专业化创新型教师队伍，从而推动我国教育不断朝着更高质量、更有效率、更加公平、更可持续的方向前进。

2．创新型教师队伍建设

（1）创新型人才的培养，离不开创新型教师

《中国教育现代化2035》提出，要建设高素质专业化创新型教师队伍，加快信息化时代教育变革。培养具有创新意识的教师，应以师范类院校为主要平台，以非师范院校为拓展平台，构建灵活、开放、优质的教师培养体系。针对师范类院校招生，应规范招生程序，提高生源质量，强化师范类院校的师范教育属性，支持师范类院校教师教育改革；探索师范生国际化培养模式，加大财政投资力度，全面提升师范教育质量。创新教师培养形态，突出教师教育特色，重点培养教育硕士，适度培养教育博士。

完善师范生的培养模式，建立系统的师范生培养体系，促进师范生专业化发展。提升师范院校吸引力的同时，提高生源质量，鼓励高水平综合大学成立教师教育学院，设立师范专业，将此作为教师队伍建设的补充途径。

（2）完善职前教师教育实习评价制度，提高教师队伍整体质量

《中国教育现代化2035》提出，要"完善学校内部质量控制机制。推动学校以持续提高质量为目标，针对课堂教学、实习实践、考试评价等教育教学过程中的关键环节制定指导性规范，建立全过程、全方位人才培养质量反馈监控体系……"。进一步延伸，针对职前教师教育实习评价，我国应规范教育实习的评价标准，确定教师评价的具体条目，并以此为基础，对职前教师进行评价，促进教师的专业化培养。在美国，进行教育实习评价，需要大学指导老师、中小学合作教师、实习教师共同参与，展开三方会议，对实习师范生的表现进行讨论后给出成绩。实习师范生有一定的质疑权，大学指导教师对实习师范生的表现，给予反馈意见，促进师范生的专业发展。我国可以借鉴这种做法，采用多元化的教育实习评价主体，完善教师资格考试，注重入职前教师师风师德考核和教师整体素质考核，提高教师入职标准，进一步提升教师队伍质量。

（3）创新教师考评机制，激发教师内驱动力

《中国教育现代化2035》提出，要"大力加强师德师风建设""健全教师职称、岗位和考核评价制度"。具体而言，我国要制定可操作、可落地、可追踪、可反馈的教师绩效考评机制，且考核评价要充分体现教师的专业素质和师德师风。教师评价不仅从学生学业成绩出发，做到教师的绩效考核指标多样化、评价主体多元化，而且要通过外在约束与内在激励，培养教师在教学中的创新意识和创新人才培养意识。教师作为创新人才培养的引领者，能够促进学生创新意识和创新能力的培养，因此，应全面激发教师创新的内在动力，提升教师谋求自我发展、自我提升、立德树人的积极性，激发教师的教学热情，使其提升教学效率、创新教学手段。

（4）促进教师专业沟通，建设教师专业成长共同体，开创教育对外开放新格局

我国应借助教师交流、名师培训、校际合作等有效手段，促进教师专业沟通，建设区域内教师专业成长共同体，以合作交流为核心，以共同解决教育实践中的问题为目的，搭建教师沟通、研修服务平台，实现资源共享与信息互通，打破教师学科壁垒、地域壁垒，为教师职业交流和专业发展创设良好的环境，从而提高教师从教水平和教育思想水平，不断更新教

学手段。《中国教育现代化 2035》提出，要"开创教育对外开放新格局""构建中外教育交流合作新格局""提升中外合作办学质量""充分利用国际优质资源培养我国急需人才"。

（5）切实提高教师待遇，增强教师获得感、幸福感、安全感，使教师真正成为让人羡慕的职业

《中国教育现代化 2035》提出，要完善教师待遇保障制度，健全中小学教师工资长效联动机制，加大教师表彰力度，努力提高教师政治地位、社会地位、职业地位。具体来说，通过实施教师资格认证制度，确定教师的专业化地位；同时，凸显教师职业的公共属性，提升教师地位；提高教师待遇；加大教师表彰力度，建设现代学校制度，突出教师主体地位，维护教师职业尊严和合法权益。这样就能吸引高素质人才加入教师队伍，并在教师岗位上不断发挥自己的主动性，推动教育事业的创新发展。

✎ 创新驿站

"建设高素质专业化创新型教师队伍"作为推进教育现代化的十大战略任务之一，是加快教育现代化、建设教育强国的基石。要建设师德高尚、业务精湛、结构合理、充满活力的高素质专业化创新型教师队伍，需要在社会、制度、核心和基础四个层面同时发力，相互促进。在社会层面，为教师队伍建设提供外在的基础和保障；在制度层面，为教师队伍建设提供基于专业特性的、稳定的制度保障；在核心层面，通过培养培训提供高质量的教师；在基础层面，为教师队伍建设提供理性认识。四个层面形成一个有机整体，任何一个层面的欠缺都会形成"木桶效应"而影响教师队伍建设。

李琼，裴丽. 建设高素质专业化创新型教师队伍. 中国电化教育，2020（1）：17-24.

3．创新型高等学校建设

随着全球经济一体化的发展，新兴产业成为经济发展的重要支柱，到2035 年，我国现代产业发展必须适应全球新一轮科技革命和产业变革从蓄势待发到群体迸发的客观发展态势。现代社会的信息革命进程持续快速演进，信息产业、高科技行业（如物联网、云计算、人工智能等创新产业）广泛渗透到经济社会各领域，信息行业经济发展成为国家实力的重要标志。增材制造（3D 打印）、机器人与智能制造、超材料与纳米材料等领

域技术不断取得重大突破，推动传统工业体系分化变革，将重塑以制造业为基础的产业发展国际分工格局；新能源革命正在改变现有国际资源能源版图；数字技术与文化创意、设计服务深度融合，数字创意产业逐渐成为促进优质产品和服务有效供给的智力密集型产业，创意经济作为一种新的发展模式正在兴起。创新驱动的新兴产业逐渐成为推动全球经济复苏和增长的主要动力，引发国际分工和国际贸易格局重构，全球创新经济发展进入新时代[①]。

《中国教育现代化 2035》明确指出，分类建设一批世界一流高等学校，建立完善的高等学校分类发展政策体系，引导高等学校科学定位、特色发展。持续推动地方本科高等学校转型发展。加快发展现代职业教育，不断优化职业教育结构与布局。优化人才培养结构，加强高等学校创新体系建设，提高高等学校哲学社会科学研究水平。这样就能推进高校科研体制改革与创新，全面提升高等教育的综合服务能力和水平，为增强国家自主创新能力和核心竞争力作出应有的贡献。通过国际合作，把握经济发展的新机遇，通过建设一流高等学校和一流人才的培养，提升我国的国际竞争力。将新兴产业、技术用于推动"一带一路"建设，共同建构"人类命运共同体"。另外，从人的全面发展的角度看，根据多元智能理论，人民群众对教育的需求更为多样，国家为满足人民群众的需求，必须加快发展更高质量、更加公平、更具个性的教育，促进个体的自我实现。

创新驿站

经中央全面深化改革委员会第二十三次会议审议通过，《关于深入推进世界一流大学和一流学科建设的若干意见》（以下简称《意见》）2022年1月26日由教育部、财政部、国家发展改革委（以下简称三部委）印发。经国务院批准，"双一流"建设高校及建设学科名单更新公布，新一轮建设正式启动。

三部委深入学习贯彻习近平总书记在中央全面深化改革委员会第二十三次会议上的重要讲话精神，在《统筹推进世界一流大学和一流学科建设总体方案》的基础上，进一步明确和细化新一轮"双一流"建设的指导思想、基本原则、主要任务和支持机制。《意见》是深入贯彻党的十九大和十九届历次全会精神，深入落实习近平总书记关于教育的重要论述、关于

---

① 张元. 我国职业教育现代化 2035 发展探析. 教育与职业，2019（9）：16-19.

研究生教育工作的重要指示精神和全国教育大会、中央人才工作会议精神的重要举措。《意见》指出，建设高校和建设学科要胸怀"两个大局"，心系"国之大者"，立足新发展阶段，贯彻新发展理念，构建新发展格局，全力推进"双一流"高质量建设，在解决中国问题、服务经济社会高质量发展中创造世界一流大学和一流学科建设新模式。

扎根中国大地，办出中国特色，争创世界一流——深入推进新一轮"双一流"建设. https://www.gov.cn/xinwen/2022-02/14/content_5673502.htm.（2022-01-26）[2023-08-28].

对大学的评价，应打破"五唯"评价体系，实现科研与教学的平衡。"大学排行榜"会影响大学所获得的资源，为了提升大学排名，一些高校可能刻意迎合评价内容，或者将资源向一些效果显著、周期较短的容易产出获奖数、论文数和项目数的学科领域倾斜，对人才培养、文化传承与创新、现代大学制度建设等建设周期长和见效慢的领域则投入不足。在人才培养模式方面，一些高校未能完全满足学生全面发展和个性化发展的需求，缺乏合理的培养方案，部分单科性或多科性高校为了招生向综合性高校发展，教学课程与内容趋同，失去了自身的特色，培养出的人才也缺少学校特色。因此，我国需要增强高校的学科和科研优势转化为本科人才培养优势的体制机制，完善高水平人才培养体系[①]，以促进一流人才和创新能力培养。

三、我国创新人才培养的现状与不足

随着改革开放进入深化发展阶段，国家目前对创新以及创新人才越来越重视。经过多年不断的投入与发展，我国创新人才及其培养呈现以下现状。

（一）创新人才培养整体情况呈现逐年向好发展态势

2022年，我国全社会研发（research and development，R&D）经费投入达3.09万亿元，是2012年的3倍，稳居世界第二大研发投入国，R&D经费投入占比快速增加，从2012年的1.91%提升至2022年的2.55%，超过欧盟国家平均水平。同时，我国基础研究经费稳步增长，2022年基础研究经费达到1951亿元，是2012年的3.9倍，基础研究经费占R&D经费的6.32%，连续稳定在6%以上。监测同时显示，从科技人才上看，

① 张雪刚. 世界一流大学建设路径思考. 江苏高教，2017（10）：49-51.

2021 年，我国 R&D 人员总量为 572 万人，是 2012 年的 1.8 倍，稳居世界第 1 位。每万名就业人员中研发人员数由 2012 年的 43 人提高到 2021 年的 77 人。我国各省、自治区、直辖市入选世界高被引科学家数量从 2014 年的 111 人次，增长到 2022 年的 1169 人次，世界顶尖科技人才加速涌现。从科技创新产出来看，2021 年我国高被引论文数为 42920 篇，排名世界第 2 位，是 2012 年的 5.4 倍，占世界比重为 24.8%，比 2012 年提高 17.5 个百分点。每万人发明专利拥有量从 2012 年的 3.2 件提升至 2021 年的 19.1 件。专利国际化水平不断提高，PCT 专利申请量从 2012 年的 1.9 万件增至 2021 年的 6.96 万件，连续三年位居世界首位。2021 年，技术合同成交额达到 37294 亿元，是 2012 年的 5.8 倍。[①]

总而言之，经过多年不断发展，我国在全球创新版图中的地位和作用发生了变化。在世界知识产权组织发布的全球创新指数排名中，我国从 2012 年的第 34 位上升至 2021 年的第 12 位，成功进入创新型国家行列[②]。

📝 创新驿站

《中国创新人才指数 2021》（高校）主要从中国高校培养的顶尖学术人才、商业管理人才、商业创业类人才以及大国工匠人才四个维度评估高校的创新人才培养情况。

《中国创新人才指数 2021》（高校）综合排名前 10 榜单

学校名称	综合得分	排名
清华大学	90.52	1
北京大学	89.91	2
浙江大学	74.99	3
南京大学	73.94	4
武汉大学	72.30	5
复旦大学	71.42	6
西安交通大学	71.19	7
上海交通大学	70.32	8

---

① 李波. 我国科技人才 稳居世界首位 企业科技创新主体地位更加强化 科技创新市场现状及前景分析报告. https://www.chinairn.com/news/20230224/110449176.shtml.（2023-02-24）[2023-08-28].

② 张昕，关红妍，曹筱征，等. 我国全球创新指数排名上升至第 12 位 成功跨入创新型国家行列. https://finance.sina.com.cn/china/2022-06-06/doc-imizmscu5331754.shtml.（2022-06-06）[2023-08-28].

学校名称	综合得分	排名
中国人民大学	70.29	9
中国科学技术大学	69.72	10

《中国创新人才指数 2021》报告发布，中国创新人才现状如何？https://mp.weixin.qq.com/s?__biz=M zkyMjM0NTI4MQ==&mid=2247560396&idx=2&sn=f74533291cafa1bc2806e471683eaac7&source=41#wech at_redirect.（2022-01-01）［2023-08-28］.

（二）我国创新人才培养的规模与环境世界排名靠前，但人才投入、人才效能、人才培养质量有待提高

《全球人才流动趋势与发展报告》通过人才规模、人才质量、人才环境、人才投入、人才效能五个方面评析世界 38 个主要国家人才竞争力指数，从而总结全球人才流动现状与趋势。根据"2022 全球人才流动与发展论坛"发布的报告指数，我国在创新人才规模方面稳居世界第一，达到人才规模指标满分得分（分数为 16000）；人才环境部分排名世界第二（分数 79.08）。我国在人才投入（得分 48.19，排名第 28 位）、人才效能（得分 30.45，排名 26 位）与人才质量（得分 18.83）三个方面与世界先进国家之间仍然有不小的差距，尤其在人才培养质量方面与世界国家创新人才培养的质量方面。

（三）高校高层次创新人才不足，应加强营造鼓励创新的文化环境

虽然我国高校科研人才众多，但人才创新能力仍不足[①]。我国高校每年在科研论文发表数量较大，但是高被引用论文数量较少，且能代表国家核心竞争力的原创性科研成果不足。与此同时，我国一些高校在人才培养方面还沿用传统的灌输式教学方法，强调知识的传达和接受，而不是批判性地学习，且教学中涉及学科面较狭窄，导致"专业的狭窄""狭窄于专业"等情况。这种学科面狭窄的情况使得当前部分高校在人才培养过程中缺乏鼓励创新的文化环境，在很大程度上制约了学生创新精神的发挥和创新能力的培养。

（四）人才培养过程中，对学生创新实践的培养有待加强

有学者于 2015 年指出，无论是在基础教育阶段还是在高等教育阶

---

① 朱晓江，陈瀛. 我国高校在创新人才培养方面存在的问题与解决办法探析——与美国创新人才培养现状的比较. 湖北经济学院学报（人文社会科学版），2010（9）：70-71.

段，对于人才培养大多还侧重知识的传授，其教学方法缺乏灵活性，缺乏创新思维与实践能力培养[①]。在基础教育阶段，部分学生只会死读书、做题，部分学校不注重自主创新实践的培养。由于基础教育阶段的教育方式存在的不足，学生在接受高等教育培养过程中，尤其是在实践方面，缺乏主动性且参与度不高，甚至存在消极应对的现象。近些年，一些新的教学方法不断出现，比如翻转课堂、对分课堂、微课等，旨在培养学生的创新力和实践能力。部分学校已经开始实施新的教学方法，但总体来看，对学生创新实践培养还有待进一步加强。

（五）人才培养过程中，对学生批判思维的培养有待加强

在人才培养过程中，部分学生满足于课堂认真听讲记好笔记、课后背笔记，较少学生能够质疑所学的知识或提出问题。出现这种情况的原因主要是新课改之前，我国长期注重知识传授与应试教育的教育教学理念的影响。尤其是在基础教育阶段，部分学生花大量时间对知识进行死记硬背，缺乏自主思考与批判，导致在人才培养过程中，他们质疑和批判性思维能力等方面不足。新课改之后，一些教师采用新的教学法，鼓励学生进行思考，旨在培养其批判性思维。但总体来看，对学生批判思维的培养还有待进一步加强。

（六）基础教育阶段师资分配的合理性有待增强

师生比例的失衡是基础教育改革缺乏动力的原因之一。《2022 年全国教育事业发展统计公报》的数据显示，该年基础教育阶段的师生比约为 1∶16.4，在小学阶段，师生比为 1∶16.19，在初中阶段与普通高中阶段，师生比为 1∶12.72。一方面，平均数据较为合理；另一方面，1 位老师带 1—2 个班，每班 50—70 个学生的情况也较为普遍，偏远地区更是一师难求。在这种情况下，教师既要备课上课，又要分出有限的精力探索新课改倡导的自主、探究、合作等学习方式，教学效果难免受到一定影响。

（七）基础教育与高等教育衔接有效性有待增强

基础教育与高等教育衔接不仅是新时代教育的需要，还是学生成才的需要，更是创新人才培养的关键。但在较长时间内，基础教育较为关心教学成绩与升学率，高等教育则关心高素质创新人才的培养，教育理念的差别使两者衔接的有效性不足。因此，在基础教育改革之中，进一步增强了

[①]　吴琼. 高校创新人才培养现状与路径研究. 鄂州大学学报，2015（9）：71-72，76.

"以人为本"的教学理念，与高等教育一样，旨在"培养全面发展的人"，将创新人才培养作为教育改革的使命。

第二节　中国创新人才培养的实践与案例分析

创新是一个民族进步的灵魂，是一个国家兴旺发达的不竭动力。当前党和国家非常重视创新人才的培养与发展。创新人才是国家民族发展的力量与源泉，是把我国建设成为创新型国家的关键因素。因而，无论是在基础教育阶段还是在高等教育阶段，学校都在尝试进行人才培养模式改革，以期达到培养学生的创新思维与创新能力的目标。本节呈现基础教育阶段与高等教育阶段的优质案例并对其进行分析，以期为创新人才培养提供有益的借鉴与参考。

一、基础教育课堂实录与案例分析

（一）课堂实录：基于锰元素的探究性实验设计

1. 课堂背景

人教版初高中化学教材中的锰元素章节主要介绍了高锰酸钾的物理性质、强氧化性（能氧化乙烯、乙醇、乙炔）、溶解性（与碘的溶解性形成对比），制取氧气（受热分解为锰酸钾、二氧化锰、氧气），二氧化锰的物理性质、催化作用（加速过氧化氢的分解）、氧化性（用软锰矿与浓盐酸反应制取氯气、锌锰干电池、碱性锌锰干电池中做正极），锰的物理性质，我国锰储量，金属材料中加入锰（Mn）可增强强度与韧度（超级钢、铝合金）等。总体而言，中学教材中有关锰的知识点较多，但过于分散，并未对锰及其化合物划分单元进行系统介绍。要想将教学与学生原有的知识经验和生活经验相联系，教材就不应停留在对高锰酸钾、二氧化锰等锰元素的常见氧化态与常见用途上。若缺乏锰的各种氧化态相互转化的过程，则不利于学生形成对锰元素的整体认识。其实，锰元素拥有丰富的氧化态，包括+2价、+3价、+4价、+5价、+6价和+7价，其不同氧化态通常对应不同颜色。然而在锰的6种氧化态中，由于Mn^{3+}易被歧化和水解，在基础教育中几乎不见其身影。研究表明，Mn^{3+}在环境污染防治和有机合成等方面有着重要意义，适合学生进行拓展了解。

2. 课堂实录

【PPT】锰元素探究实验PPT如图2-1所示。

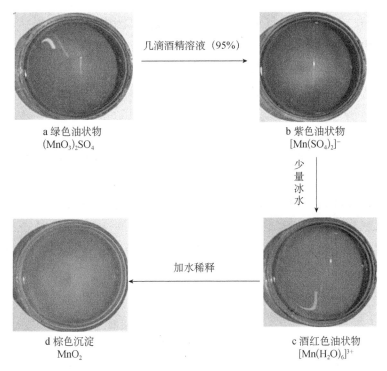

图 2-1　锰元素探究实验 PPT

【探究实验】主题一：$KMnO_4$ 和浓 H_2SO_4 反应后产生易受热爆炸的绿色油状物，通过一系列的探究性实验，证明深绿色溶液的主要成分，并据此开展相关的实验室教学。

【教师提问】用浓 H_2SO_4 与 $KMnO_4$ 粉末混合制得的绿色油状物，究竟是否含有 Mn_2O_7 呢？

【学生提出假设】学生自行查阅资料，并提出假设：用浓 H_2SO_4 与 $KMnO_4$ 粉末混合制得的绿色油状物含有 Mn_2O_7。

【学生实验方案设计】教师引导学生查阅文献，设计实验方案。

在一个干燥洁净的小烧杯中加入 10mL 95%—98% H_2SO_4 与 1g $KMnO_4$ 粉末，混合均匀后得到一种绿色油状物[①]；再将绿色油状物平均分为 3 份，分别置于 3 个干燥洁净的表面皿中按照以下条件进行实验。

【学生探究实验】进行探究实验操作，并记录实验现象。

步骤一：在第一份新制的绿色油状物中，滴加几滴 95%的酒精溶液，酒精立即着火燃烧，迅速搅拌后绿色油状物转变为紫色油状物。

---

① 此反应有爆炸危险，需在实验室正规操作。

步骤二：把第二份绿色油状物置于干燥的环境中放置数小时后，绿色油状物仍保持原有的绿色；再将干燥的绿色油状物分成两份，其中一份滴加几滴95%的酒精溶液，酒精不能燃烧，搅拌后，绿色油状物转变为紫色油状物；另一份置于100℃的水浴中加热后，结果发现绿色油状物能稳定存在。

步骤三：在第三份绿色油状物中加入一小粒冰块，待冰块融化后，可在液体表面析出红褐色的油状物，滴加几滴95%的酒精溶液，酒精发生爆炸性反应。

【教师讲解】由于$KMnO_4$和H_2SO_4（浓）是两种处于高价态并且具有强氧化性的化合物，因此生成绿色油状物的过程中Mn元素化合价保持不变，发生非氧化还原反应。通过实验发现，这种绿色油状物即使在100℃的水浴中加热也较稳定，而Mn_2O_7在95℃立即爆炸分解，因此我们认为这种绿色油状物的成分为$(MnO_3)_2SO_4$更合理，其中可能残留很少量的Mn_2O_7。这种物质具有超强氧化性并属于不稳定结构，几乎可以跟任何有机物迅速发生反应燃烧爆炸，这就是新制的绿色油状物遇酒精着火燃烧的原因；而久置的绿色油状物中几乎不存在Mn_2O_7，绿色的$(MnO_3)_2SO_4$比Mn_2O_7稳定，其氧化性不如Mn_2O_7强，所以久置的绿色油状物遇酒精不能燃烧。

【探究实验】主题二：利用浓H_2SO_4与K_2MnO_4实现了实验室简易制备MnO_3，对MnO_3的易歧化性、酸性及不稳定性等性质也进行了一系列的探究实验。

【教师提问】MnO_3是否存在？

【学生回应】应该存在吧？

……

【教师追问】如果MnO_3存在的话，怎么制定这种物质呢？

【学生讨论】学生互相讨论MnO_3的制备问题（教师提供资料信息：众所周知Mn_2O_7是高锰酸的酸酐，而MnO_3是锰酸的酸酐）。

【教师提问】那我们能不能采用类比的方法，采用Mn_2O_7的制备方法能否成功制备MnO_3呢？

【学生实验方案设计】学生思考并设计实验方案：使用浓H_2SO_4与K_2MnO_4为反应原料，尝试制备MnO_3并对其展开一系列性质实验。

【学生实验探究】操作探究实验并记录实验现象。

步骤一：取1g $KMnO_4$粉末于试管中，加热至完全分解为K_2MnO_4和

MnO_2。将生成的混合物置于室温下，自然冷却后备用。在一个干燥洁净的表面皿中加入 2mL 95%—98%的 H_2SO_4，小心地把制备好的 K_2MnO_4 和 MnO_2 混合物转移到表面皿中，该反应迅速挥发出暗红色的烟。立即在表面皿上方盖上一个干燥洁净的漏斗，收集此暗红色物质，猜测该物质为 MnO_3。

步骤二：将得到的暗红色物质溶于适量浓 H_2SO_4 中，得到棕黄色溶液且溶液中有少量气泡产生。将棕黄色溶液静置数小时，观察到溶液逐渐由棕黄色变为绿色，并伴有棕色沉淀析出。

步骤三：将得到的暗红色物质溶于蒸馏水后，溶液呈红色并有棕色沉淀析出。用 pH 试纸检测发现该溶液显酸性。

步骤四：用酒精灯对得到的暗红色物质进行加热，发现该物质立即发生分解反应，颜色由暗红色变为棕色。

【教师讲解】类比 Mn_2O_7 的制备方法用锰酸钾和浓 H_2SO_4 制备了 MnO_3，并通过对所得的目标产物进行一系列性质探索实验，验证了该产物确实就是 MnO_3。该反应实际分为两步进行：第一步，K_2MnO_4 与浓 H_2SO_4 反应生成 H_2MnO_4 和 $KHSO_4$；第二步，H_2MnO_4 在 H_2SO_4 的作用下快速脱水生成暗红色的烟，所得物质就是 MnO_3。我们对 MnO_3 的制备方法及其易歧化、酸性及不稳定性这一系列性质进行了探索性实验。最终，通过这些实验检验证明了制备得到的暗红色物质确实为 MnO_3。与此同时，我们通过实验得出：①MnO_3 在酸性条件下容易发生歧化反应生成 MnO_2 和 Mn_2O_7；②MnO_3 与水反应后溶液呈酸性；③MnO_3 受热易分解为 MnO_2 和 O_2。

3．案例分析

在该化学实验案例中，教师注重化学实验在化学学习过程中的价值与作用。通过引导学生对相关的实验主题查询资料，基于所掌握的资料进行相应的实验设计。在这个过程中，以学生为中心的教育价值理念得以体现。此外，在化学实验设计过程中，不仅可以培养学生的实验操作能力，同时教师还善于引导学生对问题进行思考，并对问题进行分析，从而可以培养学生的思维能力与问题解决能力。与此同时，在该实验教学中，教师对锰元素的探究实验设计，激发了学生的学习兴趣并吸引了其注意力；教师在教学过程注重所学知识与学生的已有知识经验等的相关性。综上所述，在该化学实验教学案例中，教师让学生充分体验了科学探究的一般步骤，这有助于培养学生的科学思维意识与能力，进而有利于学生的创新能力的培养与发展。

（二）课堂实录：影响铁生锈条件的探究

1．课堂背景

通过引导学生研究身边十分熟悉的铁制品生锈现象来经历科学探究的全过程，探究铁钉生锈的原因，并制定防锈的种种措施。学习的重点是能够制定"影响铁钉生锈因素"[①]的实验方案。教材安排了小组合作学习的形式，意在启发小组经历"提出问题—做出假设—制定计划—设计实验—搜集信息—得出结论"的科学探究的全过程，让学生"真刀真枪"地搞科研，提高他们的科学探究水平。铁生锈是十分常见的现象，学生非常熟悉，但他们可能没有考虑过铁锈是否为一种不同于铁的新物质。在这个课例中，教师将引导学生通过观察和实验，确定铁锈是一种不同于铁的新物质。这需要学生收集足够的证据，探索活动将成为学生收集证据的过程。观察铁生锈的过程也是很有意义的活动，学生将自己设计对比实验的研究计划，并在课外进行对比实验，分析实验结果并得出结论。这个过程有机地融合了课内和课外的学习。

2．课堂实录

【PPT 展示】探究铁生锈条件的 PPT 如图 2-2 所示。

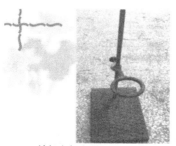

铁架台怎么了？

铁锈是什么颜色？

铁与铁锈是同一种物质吗？

铁生锈是物理变化还是化学变化？

图 2-2　探究铁生锈条件 PPT

【教师提问】（展示教学 PPT 并让学生观察 PPT 图片）这里的钢铁发

---

① 唐云波. 引导探究发现 培养创新能力——"影响铁生锈条件的探究"教学实录与反思. 中学化学教学参考，2012（8）：35-37.

生了什么事情？

【学生回应】生锈了。

【教师讲解】钢铁的生产和使用是人类文明和进步的标志。战国的时候，人们就会炼铁，从1996年起，我国钢铁产量突破1亿吨，居世界首位。而每年铁由于生锈而造成的损失是年产量的1/4，大家看到PPT的这些图片，你们又发现了什么问题呢？

【学生回答】雨水使铁容易生锈吗？

【教师提问】防止铁生锈的措施有哪些？

【学生回答】我觉得，要防止铁生锈首先应该知道导致铁生锈的因素是什么。

……

【教师讲解与提问】好，我们一起来探究一下这个问题，根据你们的经验，讨论一下铁生锈可能跟什么因素有关并说出猜想的依据。

【学生回答】我想铁生锈可能与水有关。

【教师提问】有什么依据呢？

【学生回答】我曾经观察到我家的铁锅洗过后如果不擦干的话，就容易生锈。

【教师讲解】他的猜想很好，大家要谨记：猜想不是胡编瞎猜，要有一定事实依据。铁生锈还可能跟其他因素有关吗？

【学生表达观点】根据食品保存在真空袋里不容易变质，我认为铁生锈可能是铁与空气中的氧气作用的结果，也有可能与空气中的氮气、稀有气体、二氧化碳有关。

不对，制作灯泡时氮气和稀有气体可作填充气体，金属焊接时它们又可作保护气，这说明铁生锈与氮气和稀有气体无关。

二氧化碳可以用来灭火，所以我认为铁生锈与二氧化碳也无关。

……

【教师追问】不错，大家很会动脑筋思考问题，还有吗？

【学生回答】铁生锈可能是铁跟水、氧气共同作用的结果。

【教师讲解与提问】很好，现在我们已经讨论出影响铁生锈的因素，那么大家可以提出哪些猜想呢？

【学生提出猜想】猜想1：铁可能与水作用的结果。

猜想2：铁可能与氧气作用的结果。

猜想3：铁可能与水、氧气共同作用的结果。

【教师讲解】请大家思考一下，如果这些因素（水、空气）都存在的情况下铁生锈了，你能确定铁生锈到底是由哪种因素引起的吗？

【学生表达】先让铁钉只跟其中一个因素接触而远离其他因素，观察是否生锈，如果生锈了说明与这个因素有关。

【教师讲解】很好，在研究受多个因素影响的问题时，我们通常采用这种方法，叫作控制变量法。大家分小组讨论一下，根据你们提出的猜想如何控制变量设计实验。

【学生实验设计】学生分组进行设计实验并按照实验步骤进行操作。

【教师讲解】请各个小组分享自己设计的实验方案。

【学生讲解】我们组同学设计以下实验方案：取 3 支试管，第 1 支试管中放入一根光亮的铁钉，再倒入一些自来水完全盖住铁钉，可验证猜想1 是否成立；第 2 支试管中放入一根铁钉和干燥剂，然后用橡皮塞塞住试管口，可验证猜想2 是否成立；第 3 支试管中放入一根铁钉和少量自来水，水不要浸没铁钉，可验证猜想3 是否成立。

【教师提问】为什么第 1 支试管中要用自来水完全盖住铁钉呢？

【学生回应】使铁钉与空气隔绝。

【教师追问】对于这个设计，有什么不同看法吗？

【学生回应】鱼能在水中生活，说明水中溶有氧气，而且自来水中含有的消毒剂可能产生干扰，所以我们组认为应该把自来水改为蒸馏水。

【教师讲解】很好，铁生锈的速度较慢，要想观看到实验结果，需要将试管放置一段时间，同学们可以按照大家讨论的方案组装装置，也可以使用其他方案到实验室组装，还可以从自己家里选用一些物品进行实验，一周之后大家带着自己的装置交流实验结果。

3．案例分析

该案例充分体现了科学探究的过程，科学探究的过程是解决问题的过程，创新能力就是发现和解决问题的能力。因此，在铁生锈的实验探究过程中，教师以问题解决为纽带，以探究为主线，以创造性思维训练为核心，引导学生追求问题解决，从而培养学生的创造性思维。无论是猜想的提出还是实验方案的制定，都体现了创造性思维的培养。在猜想提出阶段，学生从不同方面提出各种各样的猜想，这体现了发散思维的培养；随后，教师引导学生根据生活经验和已有知识经验对每一个猜想进行初步检验，这体现了逻辑思维的培养。此外，教师利用真实的情境、结构化材料催生学生丰富、无序的"原始资料"，并在教学目标和课程标准的引导下，把这些具有典型意义的方案作为样例组织学生深入地交流和讨论活动，形成大家认可的实验方案。在这个过程中，教师引导学生对自己的实验方案进行反思，从而不断完善培养方案。

（三）课堂实录：氨的系统化、绿色化实验设计

1. 课堂背景

教材通过氨与水的"喷泉"实验、氨与氯化氢的生成氯化铵、氯化铵与氢氧化钙制取氨三个实验，介绍了氨的物理、化学性质和实验室制取原理。在进一步学习中，教师需要将前面学过的知识联系整合，让学生形成系统、全面的知识网络，从而使其比较全面地理解氨的性质和感受化学的魅力，并增强实验教学的对比性和综合运用知识的能力，强化实验教学带来的各种化学美。这堂课将围绕系统化、绿色化理念探究更加高效、环保、节能、优化的"氨的实验室制取方法"，并将氨的实验室制取和性质检验系统化，培养学生创新实验设计能力和通过化学实验整合知识的能力。

2. 课堂实录

【情境导入】（出示情境导入 PPT）2011 年 9 月 22 日，湖北宜昌一化工厂氨气泄漏事故，事故区周围弥漫着刺鼻、刺眼的气体，人员无法靠近。消防救援人员赶到后，果断要求厂内技术人员将氨气阀门关闭，但由于残留在管道的数吨氨气无法堵漏，只能继续排空。氨是有毒气体，且与空气混合在一定条件下可形成爆炸，指挥员命令再出 2 支水枪对厂房内部进行喷雾稀释。3 小时之后，现场处置完毕。

【教学主题】对制取氨的方法特点进行反思，并引导学生思考制取氨的高效、环保、节能、优化的途径。

【学生活动】观察、思考、发现、归纳存在的问题。

问题 1：用 $Ca(OH)_2$ 和 NH_4Cl 制备氨需要加热，操作麻烦，耗时久。

问题 2：浓 HCl 与浓氨水的反应无法实现。

问题 3：方案中烧瓶的橡皮塞需要打 4 个孔，不易实现。

问题 4：浓 HCl 与浓氨水的反应不易操作。

问题 5：没有止水夹，容易引起倒吸。

······

【学生反思】反思 1：氨气制备与性质实验分开，连贯性不足。

反思 2：课前收集的气体易逸散，有毒气体污染环境、危害健康。

反思 3：用玻璃棒分别蘸取浓氨水、浓 HCl 靠近发生反应，看似简便，但污染较大，不利于培养正确的操作习惯，同时产物 NH_4Cl 随空气

迅速逸散，不利于观察其为固体颗粒的事实。

……

【教师提问】通过对前面问题的思考与反思，能否设计一套装置既能实现药品微量，也能实现氨的上述一体化实验？

【学生活动】思考、假设、讨论、设计、搭建、再讨论、优化，分析原理并做出假设。

【设计探究实验】①实验药品：药品模型；②实验仪器：仪器模型；③其他：白纸、剪刀、彩笔、磁铁、小白板等。

【学生讨论】根据前面要求设计方案，从系统化、绿色化理念出发设计出制取和检验氨的性质的实验装置并通过讨论，选择最优方案。

【实验验证】验证前面的优化的方案与设想：

1）用 25mL 注射器吸取 10—15mL 浓氨水，然后将注射器的针头插入锥形瓶上的乳胶塞。

2）关闭止水夹 K_3，打开止水夹 K_1、K_2。随后推动注射器的活塞，使注射器中的浓氨水不断滴到生石灰上。

3）关闭止水夹 K_1，打开止水夹 K_3。此时可观察到烧瓶中产生红色喷泉并充满整个烧瓶。

4）拔出注射浓氨水的注射器，用另一支洁净的 25mL 注射器吸取浓 HCl 4mL 左右。再将注射器插入锥形瓶口的乳胶塞内，然后缓缓推动注射器的活塞，可观察到锥形瓶中充满白色烟雾。

实验验证装置如图 2-3 所示。

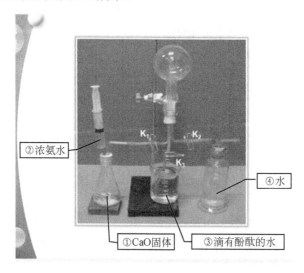

图 2-3　实验验证装置

【教师讲解】CaO 与浓氨水制取氨反应快速、高效、环保、节约能源。充分体现了绿色化学的理念，使氨的产生和性质实验系统化、绿色化，有助于增进同学们的环保意识。创新性实验设计的思路：①科学性。实验原理，操作程序方法须正确。②安全性。药品操作应注意安全、环保。③可行性。满足同学们现有的实验仪器。④简约性。装置简单、步骤少、药品用量少、时间短等。⑤绿色化。减少能源浪费，高效、环保，最少的副产品。

3．案例分析

该实验设计教学体现了三个创新。一是教学的创新：将教学媒体与教学活动紧密结合，有助于增强学生的学习兴趣，使其体验到学习的快乐；通过探究教学，培养学生自主建构、自主学习的能力，发现问题、分析问题、解决问题的能力；通过氨的性质与制取实验系统化有机整合，培养学生的实验设计创新意识与整合知识的能力；向学生展示化学的变化之美、艺术之美和创新之美；让学生理解学好化学对人类社会的责任，化学让社会更加美好。二是实验的创新：药品用量少、操作简单、氨的产生更方便，喷泉实验效果更好，从而彻底消除教师课前收集好氨，同时又担心氨易扩散，上课演示实验效果受影响，甚至实验失败的担忧和顾虑；充分体现了绿色化学的理念，使氨的产生和性质实验绿色化、系统化，有助于增进学生的环保意识；该实验方法操作简便、时间短、成功率高，是一种无污染、经济易行的绿色化学实验；在以 CaO 既做反应物又做干燥剂的条件下，可以大大加快氨生成的速度；双功能尾气处理设计体现了实验设计的环保和高效。三是教学手段的创新：运用教学媒体师生互动增强教学的直观性和学生学习化学的兴趣；运用学生自制教学用具直观、形象、高效地进行化学实验装置设计思路创新的教学，提高了教学效率。

二、高等教育阶段实践案例分析

（一）南昌大学"三化、三制、三融合"创新人才培养模式改革

1．创新人才培养模式改革背景

高等教育从大众化阶段迈入普及化阶段的同时，我国踏上了高等教育大国向高等教育强国转变的征程，旨在提升高等教育质量、建设一流本科院校、培养拔尖创新人才，更好地响应建设创新型国家的号召，满足区域经济社会发展的迫切需要，破解大众化教育背景下地方高校拔尖创新人才培养的难题，提升地方高校的人才培养质量。

2．创新人才培养模式改革内容

南昌大学在培养创新人才方面，提出了"三化、三制、三融合"的培养模式[①]，"三化"即"个性化、小班化、国际化"教学模式，"三制"即"学分制、导师制、书院制"管理模式，"三融合"即"教书与育人融合、理论与实践融合、课内与课外融合"育人模式。

1）实施"个性化、小班化、国际化"教学模式：①实施"个性化"培养，充分彰显学生个性。新生进校后，以学生兴趣和意愿为前提，通过笔试、面试等形式，既注重考查学生的显性知识，更注重考查学生的隐性知识和发展潜力。②开展"小班化"教学，培养学生自主学习能力。积极推进小班化教学，培养学生的创新精神、创业意识和实践能力。将教师在研究领域的新观点、新视角、新发现引入教学，坚持课内与课外、科研与教学、理论与实践、动脑与动手相结合，培养学生自主学习和独立思考的能力，激发学生的学习兴趣和潜能。③拓宽"国际化"渠道，开阔学生国际视野。充分利用学校开拓的国内外优质教学资源，积极为学生创造到国内外大学进行学习交流的机会。

2）实行"学分制、导师制、书院制"的管理模式：①完善"学分制"管理，营造自由的学习空间。实行"完全学分制"，打破专业壁垒，淡化学科界限，通过整合学校的优质师资和课程资源，构建"通识课+学科基础课+跨学科基础课+专业主干课+跨专业选修课+科研训练课"学科交叉融合、专业互通集成的多学科一体化课程体系。②实行"导师制"指导，实现全方位育人。导师与学生互选，导师对学生进行一对一指导，导师既要做学生思想上的引路人，促进学生综合能力协调发展；又要做学生科研上的启蒙人，对学生培养方案制定、学业发展规划、科研训练、毕业论文等方面进行全方位的指导。③创新"书院制"管理，营造浓郁的研学氛围。书院不断完善软硬件建设，为学生提供自主学习、研讨交流、图书资源阅览和小型报告等服务。学生在书院自发成立各种学习兴趣小组，开展丰富多彩的文化活动。通过开办名师讲坛、高研院讲堂、国学讲习堂等学术讲座和举办学术活动周等多种形式的学术活动，努力培养学生"博学、审问、慎思、明辨"的治学求进精神。

3）坚持"教书与育人融合、理论与实践融合、课内与课外融合"育人模式：①坚持"教书与育人融合"，塑造学生健全人格。充分发挥导师

---

① 朱友林，曹文华．"三化、三制、三融合"拔尖创新人才培养模式的改革与实践. 中国高等教育，2018（18）：36-38.

的作用，低年级导师指导学生尽快适应大学的学习与生活，帮助学生解决思想、学习、生活、情感等问题，为学生初步制定学业规划，指导学生第三学期的学习和实践。高年级导师侧重指导学生制定学业规划、个性化学习方案、专业选择，关注学生的学习进程，解决学生在学习过程中的实际困难，负责安排学生参加学术活动。②坚持"理论与实践融合"，提高学生的实践创新能力。通过开设"科学思维与训练"等课程，探索课堂教学与学术能力相结合的学术培养模式，锻炼学生的科学搜集处理信息与灵活运用信息能力、综合思辨能力和学术创新能力，并充分依托学校资源进行科学实验，由导师引导学生参与教师的科研项目、指导学生参加各种学科竞赛，建立学术论文制度等，培养学生的研究兴趣、创新思维、创新能力。③坚持"课内与课外融合"，增强学生社会责任感。始终围绕立德树人的根本使命，积极开展社会实践和书院文化活动等第二课堂活动，扎实推进素质教育，坚持抓教育资源、育人平台、教育内容，践行全员、全程、全方位的育人理念，全面提升育人水平。

3．案例分析

该案例全面阐述了南昌大学在培养创新人才过程中进行的模式改革与实践内容。首先，在培养目标层面，明确提出培养学生的创新思维、创新能力、科研能力、社会责任感等多层次的目标，从而实现立德树人、素质教育的教育目的。其次，在"三化、三制、三融合"培养模式中，"三化"教学模式是培养创新人才的途径，其根本目的在于发挥学生的潜能，调动学生的内在学习动力，增强学生的自主学习意识，激发学生的潜能，培养学生的创新思维与创新实践能力；"三制"是创新人才培养模式的根本保证，其主要目的在于为培养创新人才提供全方位指导，营造有利于创新人才培养的氛围与环境；"三融合"育人模式则贯穿"三化"与"三制"的全过程，既有助于培养学生的社会责任感、实践创新能力，也有助于塑造学生的健全人格。

（二）昆明理工大学"11345"创新人才培养模式改革与实践

1．创新人才培养模式改革背景

地矿行业的精神内涵由 20 世纪 80 年代的"三光荣""四特别"转变为新时代的"绿色、安全、和谐、智能、高效"。其中"三光荣"是指"以献身地质事业为荣、以艰苦奋斗为荣、以找矿立功为荣"，"四特别"是指"特别能吃苦、特别能忍耐、特别能战斗、特别能奉献"。传统矿业类专业本科人才培养模式已难以适应"创新驱动发展"的时代要求，因此，培养能够解决矿业工程复杂问题的创新型工程人才十分紧迫。

2．"11345"创新人才培养模式改革内容

昆明理工大学国土资源工程学院坚持立德树人的根本任务，为培养能够解决矿业工程复杂问题的创新人才（1个目标），面向采矿工程、矿物加工工程两个矿业类专业，通过与企业合作开展全过程全链条产教融合协同育人，构建了"教师-工程师-学生"协同育人共同体（1个共同体），基于优质师资、优质教材和优质课程（3优），融通教书与育人、课内与课外、线上与线下、教学与科研（4融通），将"绿色、安全、和谐、智能、高效"的新时代"开发矿业"精神内涵融入人才培养的全过程（5融入）①。

1）开展全过程全链条产教融合协同育人。广泛邀请企业及科研院所参与到人才培养全过程中，共同打造"教师-工程师-学生"协同育人共同体，促进人才培养与产业需求紧密结合。

2）打造优质师资、优质教材和优质课程，提供人才培养资源保障。①打造优质师资：指导教师由专任教师、企业外聘教师、国内外知名高校专家共同组成，打造一支"师德高尚、纪律严明、业务精湛、善于学习、敢于担当"的优质师资队伍。②打造优质教材：依托省部共建复杂有色金属资料，利用国家重点实验室科研成果，开发与编写专著与教材。③打造系列优质课程：将课程思政元素、工程伦理和职业道德、国内外最新研究成果及进展、创新创业教育融入课程建设中，开展课程内容"新""优""深"改革，并开展以学生为中心的探究式教学及多元化考核。

3）融通教书与育人、课内与课外、线上与线下、教学与科研。①体现育人为本的教育理念，在教学过程中，始终坚持立德树人根本任务，重视与加强师德师风建设。让学生在教学过程中收获知识、培养创新能力与思维。②对学生的培养不局限于课内时间，而是打通课内培养与课外培养。在课内培养中，主要采用成果展示、主题宣讲、分组讨论等形式；在课外培养中，鼓励学生积极参与创新项目、学科竞赛、科研训练等活动。③利用当前的网络教育资料，采用线上+线下的方式指导学生。④始终将科研成果与教学内容相结合。将国内外最新研究成果融入课程教学内容中，为学生提供新观点、新问题与新课题。

4）构建多层次递进式创新训练培养模式，提高学生创新实践能力。基于贯穿本科四年的"实践教学群"，包括课程实施、工程训练、课程设

---

① 童雄，李克钢，王超，等. 新时代"开发矿业"精神引领下创业类创新人才"11345"培养模式改革与实践. 中国矿业，2020（S02）：44-48.

计、电子实习、地质实习、测量实习、认识实习、生产实习与毕业实习，以及"创新项目群"（包括各类大创项目、课外学术科技创新基金课题等）。在此过程中，以兴趣为驱动，以创新实践项目为支撑，以训促赛，指导学生参加中国国际"互联网+"大学生创新创业大赛、"挑战杯"中国大学生课外学术科技作品竞赛等，持续激发学生的创新动力和潜能，有效提升学生的实践创新能力。

3．案例分析

该案例充分展示了昆明理工大学在培养创新人才过程中进行了培养模式改革。在模式改革中，以培养创新人才为目标，利用科研带动教学、科研带动学生创新能力、创新思维等方式，打造了"11345"创新人才培养模式。从这一点可以看出，对于高校进行创新人才培养，科研及其成果是重要的影响因素，也占据重要的地位。科研是一种可以让学生以科研者的身份亲身实践与操作，并真切体验科学研究过程的可行方式。因此，昆明理工大学致力于打造"教师-工程师"的教师团队，这样的教师团队不仅可以给予学生理论层面的指导，更可以给予学生实践层面以及专业问题与发展层面的指导，充分培养学生思考问题的能力与实践能力。

第三节　中国创新人才培养的特点

创新人才的培养是整个人才培养体系的高端部分，也是难度最大的部分。人才（特别是创新人才）的培养和成长有其内在规律，创新人才培养的关键就是深刻把握人才培养的规律。《国家中长期教育改革和发展规划纲要（2010—2020年）》明确指出，要"适应国家和社会发展需要，遵循教育规律和人才成长规律，深化教育教学改革，创新教育教学方法，探索多种培养方式，形成各类人才辈出、拔尖创新人才不断涌现的局面"。因此，本节基于前文对基础教育阶段、高等教育阶段的创新人才培养教育实践案例以及对我国创新人才培养历程发展的综合分析，总结与归纳我国创新人才培养的特点。

一、基础教育阶段创新人才培养的特点

（一）基础教育课程目标特点

基础教育实施的价值取向由原来的应试教育转向为素质教育价值。义务教育阶段各学科课程标准（2022年版）以及普通高中各学科课程标准

（2017 年版 2020 年修订）的颁布与实施，体现了当前基础教育课程目标的以下特点。

1）全面性。基础教育课程旨在培养学生的全面素质和综合能力。例如，《普通高中化学课程标准（2017 年版 2020 年修订）》强调，高中化学课程需要培养学生的"变化观念与平衡思想""宏观辨识与微观探析""证据推理与模型认知""科学探究与创新意识""科学态度与社会责任"五大核心素养。这些素养涉及学生的基础知识、基本技能、思维能力、创新能力、情感态度等方面。

2）阶段性。基础教育课程根据学生的发展特点、年龄特点和认知能力特点等因素，设置了逐级递进的学习目标，确保学生在不同学段能够逐步掌握和增强相关能力。例如，《义务教育化学课程标准（2022 年版）》强调帮助学生初步认识物质的多样性，能对物质及其变化进行分类，能从元素、原子、分子视角初步分析物质的组成及变化；《普通高中化学课程标准（2017 年版 2020 年修订）》则强调帮助学生学会通过观察能辨识一定条件下物质的形态及变化的宏观现象，初步掌握物质及其变化的分类方法，能运用符号表征物质及其变化，能从物质的微观层面理解其组成、结构和性质的联系，形成"结构决定性质，性质决定应用"的观念。

3）实用性与社会适应性。基础教育课程将知识与实践相结合，注重培养学生的实际运用能力和解决问题的能力，让学生在学习过程中能够将所学知识应用到实际生活中，并在此过程中培养学生具备与社会需求相适应的能力，包括社会责任感、合作意识、创新精神等。例如，《普通高中化学课程标准（2017 年版 2020 年修订）》强调，教师在授课时从学生平常的生活经验入手，创设具体的生活化情境线索，开展探究式教学，培养学生的探索精神和创新意识等素养。与此同时，化学高考试题常以化学学科最新科研成果和社会热点问题为背景，创设客观、真实的试题情境，实现对化学学科主干知识、学科能力和核心素养的考查，促进学生认识化学与人类生活的密切关系，关注人类面临的与化学相关的社会问题，培养学生的社会责任感、参与意识和决策能力。

✎ 创新驿站

《义务教育化学课程标准（2022 年版）》第三部分 课程目标

义务教育化学课程围绕核心素养，体现课程性质，反映课程理念，确立课程目标。核心素养是学科育人价值的集中体现，是学生通过课程学习而逐步形成的适应个人终身发展和社会发展所需要的正确价值观、必备品格和关键能力。主要包括化学观念、科学思维、科学探究与实践、科学态度与责任。具体目标要求如下：

（1）形成化学观念，解决实际问题

初步认识物质的多样性，能对物质及其变化进行分类；能从元素、原子、分子视角初步分析物质的组成及变化，认识"在一定条件下通过化学反应可以实现物质转化"的重要性；初步学会从定性和定量的视角研究物质的组成及变化，认识质量守恒定律对资源利用和物质转化的重要意义；能通过实例认识物质的性质与应用的关系，形成合理利用物质的意识；能从物质及变化的视角初步分析、解决一些与化学相关的简单的实际问题，发展辩证唯物主义世界观。

（2）发展科学思维，强化创新意识

初步学会运用观察、实验、调查等手段获取化学事实，能初步运用比较、分类、分析、综合、归纳等方法认识物质及其变化，形成一定的证据推理能力；能从变化和联系的视角分析常见的化学现象，能以宏观、微观、符号相结合的方式认识和表征化学变化；初步建立物质及其变化的相关模型，能根据物质的类别和信息提示预测其性质，并能解释一些简单的化学问题；能从跨学科角度初步分析和解决简单的开放性问题，体会系统思维的意义；能对不同的观点和方案提出自己的见解，发展创新思维能力，逐步学会辩证唯物主义方法论。

（3）经历科学探究，增强实践能力

认识实验室科学探究的重要形式和学习化学的重要途径，能进行安全、规范的实验基本操作，独立或与同学合作完成简单的化学实验任务；能主动提出有探究价值的问题，从问题和假设出发确定探究目标，设计和实施探究方案，获取证据并分析得到结论，能用科学语言和信息技术手段合理表述探究的过程和结果，并与同学交流；能从化学视角对常见的生活现象、简单的跨学科问题进行探讨，能运用简单的技术与工程的方法初步解决与化学有关的实际问题，完成社会实践活动；在科学探究与实践活动中，能与同学合作、分享，善于听取他人的合理建议，评价、反思、改进学习过程与结果，初步形成自主、合作、探究的能力。

（4）养成科学态度，具有责任担当

具有对物质世界及其变化的好奇心、探究欲和审美情趣；热爱科学，逐步形成崇尚科学、严谨求实、大胆质疑、追求真理、反对伪科学的科学精神及勇于克服困难的坚毅品质；学习科学家胸怀祖国、服务人民的爱国精神，勇攀高峰、敢为人先的创新精神，淡泊名利、潜心研究的奉献精神；认识科技创新在我国现代化建设全局中的核心地位，努力把科技自立自强信念自觉融入人生追求之中。

（二）基础教育课程教材特点

基础教育阶段现行的课程教材呈现"一标多版"的特点，即依据各学科课程标准进行课程教材的编撰。当前使用较多的教材版本分别是人教版、鲁科版、沪科版、苏教版等。接下来以高中化学人教版教材为例，对基础教育课程教材特点进行分析。

1．体现了新旧知识的衔接

新旧知识的衔接意味着将已学过的旧知识与新学到的知识相结合，以便学生更好地理解和应用新的概念和原理。因此，当前高中化学人教版教材在编写过程中，在内容上注重与初中化学知识的衔接，体现了知识的连续性特点。

该教材首先回顾了初中阶段用于表示溶液浓度的物理量——溶质的质量分数，然后在实际操作中，取用溶液时往往通过量取体积而非称取质量的方式。面对质量分数的适用范围小这一问题，教材顺势提出了物质的量浓度的定义及其应用，在架构新知识与学生原有知识之间的桥梁、实现新旧知识的关联整合以激活启动知识的同时，呈现表示浓度的物理量的迭代历程，以促使学生感受到科学是随着时代的进步而发展的。

✏️ 实践路上

高中化学人教版教材首先说明了取用溶液时是通过量取体积而非称取质量这一操作，阐述了为何不再沿用质量分数，而后提出了"物质的量浓度"这一概念及其数学表达式，将溶液体积与物质的量相联系。同时教材呈现了一张体检单，其中测量指标使用了物质的量浓度单位，促使学生了解这一概念的实际意义。

序号	项目名称	英文缩写	检查结果	单位	参考范围
12	*钾	K	4.1	mmol/L	3.5-5.5
13	*钠	Na	140	mmol/L	135-145
14	*氯	Cl	103	mmol/L	96-111
15	*钙	Ca	2.43	mmol/L	2.13-2.70
16	胱抑素C	CysC	0.78	mg/L	0.59-1.03
17	*肌酐（酶法）	Cr(E)	71	μmol/L	59-104
18	*尿素	Urea	4.18	mmol/L	2.78-7.14
19	*葡萄糖	Glu	5.1	mmol/L	3.9-6.1
20	*尿酸	UA	310	μmol/L	210-416
21	*无机磷	P	1.19	mmol/L	0.81-1.45
22	*总胆固醇	TC	4.65	mmol/L	2.85-5.70
23	*甘油三酯	TG	1.50	mmol/L	0.45-1.70
24	高密度脂蛋白胆固醇	HDL-C	1.08	mmol/L	0.93-1.81

2．注重化学实验内容呈现，凸显化学实验的价值与作用

化学是一门以实验为基础的学科。化学实验能够帮助学生巩固和扩展所学的化学理论知识，能将所学的抽象概念转化为实际操作和观察，有助于学生理解化学原理及其实际应用；此外，化学实验还可以培养学生的操作能力、观察和分析能力、实验技能等。通过化学实验还可以培养学生的科学思维方式，学习提出问题、制定实验计划、设计实验方法、预测实验结果、分析数据和得出结论的能力。

在影响化学反应平衡的因素实验中，学生主要通过三个化学探究实验进行各因素的探究，形成科学的认识视角。在实验的教学内容的呈现中，教材给出了具体的操作步骤，学生只需观察、分析或者记录实验现象和实验结论。基于以上内容，培养学生证据推理与模型认知、科学探究与创新意识等核心素养，以及科学思维方式。

✎ 实践路上

以 $2NO_2 \rightleftharpoons N_2O_4$ 为例，探究压强大小对于化学反应平衡的影响，提供了以下实验操作步骤。

⚠【实验2-2】

如图2-6所示，用 50 mL 注射器吸入 20 mL NO_2 和 N_2O_4 的混合气体（使注射器的活塞位于Ⅰ处），将细管端用橡胶塞封闭。然后把活塞拉到Ⅱ处，观察管内混合气体颜色的变化。当反复将活塞从Ⅱ处推到Ⅰ处及从Ⅰ处拉到Ⅱ处时，观察管内混合气体颜色的变化。

实验	体系压强增大	体系压强减小
现象		
结论		

在上述反应体系中存在下列平衡：

$$2NO_2(g) \rightleftharpoons N_2O_4(g)$$

（红棕色）　　（无色）

随后提出以下思考：①有气体参加的反应可能出现反应后气体体积增大、减小或不变三种情况。请根据这三种情况进行分析：体系压强增大会使化学平衡状态发生怎样的变化？②对于只有固体或液体参加的反应，体系压强改变会使化学平衡状态发生变化吗？帮助学生巩固压强对什么体系下的化学平衡会存在影响。然后继续以 $2NO_2 \rightleftharpoons N_2O_4$ 中 $\triangle H = -56.9kJ/mol$ 为例，探究温度对于化学反应平衡的影响，提供了以下实验操作步骤。

【实验2-3】

如图2-7所示，把 NO_2 和 N_2O_4 的混合气体通入两只连通的烧瓶，然后用弹簧夹夹住乳胶管；把一只烧瓶浸泡在热水中，另一只浸泡在冰水中。观察混合气体颜色的变化。

实验	浸泡在热水中	浸泡在冰水中
现象		
结论		

通过探究浓度、压强、温度等因素对化学平衡的影响，进而引出勒夏特列原理。

3. 教材编写中栏目设计呈现多样化

栏目可以为学生提供有序、导航清晰的学习环境，帮助学生更好地掌握知识，并激发他们的思考和学习动力。高中化学人教版教材在编写过程中所设计的栏目具有多样化特点，从而满足学生的个性发现需求。例如，在高中人教版中所设计栏目包括"科学史话""科学·技术·社会""实验活动""资料卡片""思考与讨论""化学与职业""方法导引"等。

教材通过"思考与讨论"栏目，根据学生的先验知识——金属的熔点差异很大，提问："同样地，离子晶体的熔点是不是也差异很大呢？"教材通过提问激发学生的好奇心，然后请学生通过查阅理化手册或者互联网查找图表中离子化合物的熔点。学生得出结论后，与同学交流讨论，提出问题。教材引导学生进入教学活动，培养学生的问题意识。

实践路上

首先，教材直接给出了离子晶体的定义，并且展示了 NaCl 和 CsCl 两种典型离子晶体的晶胞，根据离子间存在较强的离子键，介绍了 NaCl 和 CsCl 具有较高的熔点和沸点。

二、离子晶体

离子晶体是由阳离子和阴离子相互作用而形成的晶体。离子晶体种类繁多，结构多样，图3-30给出了NaCl和CsCl两种离子晶体的晶胞。

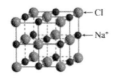 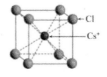

图3-30　NaCl和CsCl的晶胞

在NaCl和CsCl晶体中，离子间存在着较强的离子键，使离子晶体的硬度较大，难于压缩；而且，要使它们由固态变成液态或气态，需要较多的能量破坏这些较强的离子键。因此，NaCl和CsCl具有较高的熔点和沸点，如NaCl的熔点为801 ℃，沸点为1 413 ℃；CsCl的熔点为645 ℃，沸点为1 290 ℃。

以上讨论了NaCl和CsCl两种离子晶体，实际上，大量离子晶体的阴离子或阳离子不是单原子离子，有的还存在电中性分子（如H_2O、NH_3等）。例如，$CaCO_3$、K_2SO_4、

为了进一步让学生认识到离子晶体的熔点差异，教材设置了"思考与讨论"，让学生自己去查找一些离子晶体的熔点，比较其熔点的差异，让学生进行归纳、总结，最后得出概括性结论。

💿 思考与讨论

我们知道，金属的熔点差异很大，如钨的熔点为3 410 ℃，而常温下，汞却是液体。离子晶体的熔点是不是也差异很大呢？请从理化手册或互联网查找下列离子化合物的熔点，并得出结论与同学交流。

化合物	熔点/℃	化合物	熔点/℃
CaO		Na_2SO_4	
KCl		Ca_2SiO_4	
NH_4NO_3		Na_3PO_4	
$BaSO_4$		CH_3COOCs	
$LiPF_6$		$NaNO_2$	

（三）基础教育课堂教学特点

教学是基础教育阶段培养创新人才的主要渠道与方式。经过多年的基础教育课程改革，无论是基础教育课堂教学的教学理念还是教学方式等，都发生了重要的改变，具体呈现以下特点。

1. 在课堂教学中，突出学生主体地位

课堂是学生获得知识与能力发展的主要渠道。在新课改前的课堂教学中，教师往往占据"主体"地位，将知识传授给学生，而忽视学生的地位与作用。这不利于学生的创新意识与创新思维的培养。因此，新课改重视与强调学生在课堂教学中的"主体"地位，教师是学生知识获得与学习过程中的引导者。这意味着在课堂教学中，教师是学生学习的组织者与引导者，即教师的教学活动从课堂设计、教学方法、教学目标到教学评价等均要以学生为中心，充分发挥学生的主体作用；在教学活动中，提倡学生之间、师生之间的交流互动和共同发展。教师要选择与学生活动经验密切相关的、有利于学生探究和满足学生不同要求的内容，基础知识应低起点，让学生，特别是基础知识掌握不牢的学生，参与学习活动。教师通过设计具有探究性、挑战性的问题，让学生的创新思维与意识得到发展。

✎ 实践路上

"84 消毒液及其合理使用"教学片段

活动二：实验验证、探究 84 消毒液的性质

【教师展示】请同学们根据下表所展示的实验用品，设计实验，验证 84 消毒液的腐蚀性。

实验验证腐蚀性

实验主要用品	实验现象	现象解释	实验结论
84 消毒液、鸡翅、烧杯			

【学生活动】小组讨论，设计方案，观察并记录实验现象。

【教师活动】教师引导学生利用生物知识解释现象并得出结论。

李智，孙晓春，李文彭. 基于 BOPPPS 教学模式的高中化学教学设计——以"84 消毒液及其合理使用"为例. 化学教与学，2023（6）：26-29, 22.

在该案例中，教师通过化学探究实验设计，鼓励学生积极参与到实验

探究中，不仅体现了学生学习主体的地位，同时也在这个过程中帮助学生体验科学研究的过程与方法，训练了学生科学思维方法，即"制定实验计划—执行实验计划—观察与记录现象—解释实验现象得出结论"。

2．设置开放性问题，激发学生求知与探究欲望，培养学生创新意识

在教学过程中，培养学生研究意识及探究精神势在必行。一般而言，最常见的创新精神培养方式就是拓宽解题思路，变通思维方式。创新思维能力的形成应该有一个开放的空间，以培养学生的广阔思维，使学生能够全面地考察问题，多角度地思考问题，多方面地进行联想。因此，在教学中，教师要倡导求异思维，鼓励一题多解，改变习题的条件或结论，增删例题条件、组合条件相似或结论相似的系列习题，创造让学生多角度思考问题的机会；要调动学生深钻细研、标新立异的积极性；要充分利用电教手段辅助教学，使抽象的思维活动直观化、生动化，以调动学生所有感官，激发其想象力。

在该教学片段中，教师首先创设情境，激发学生的学习兴趣，同时也引发学生思考"为什么温室中植物会提前开花"；紧接着教师利用学生所产生的疑问，组织学生进行讨论；最后引发该节课堂学习的主题——乙烯。教师在进入课堂之前提出了几个核心问题，从而引起学生的学习注意，也渗透了该节课的重点内容。

3．教师积极鼓励学生质疑

创新的过程一般被认为是"发现问题—制定方案—进行验证—形成结论"的过程，可见发现问题或提出问题的重要性。创新过程的关键是创新意识的建立，对于教学而言，创新在某种程度上讲就是培养学生敢问想问善问、不盲从教师和教材、不迷信权威的批判性思维，从而初具创新型人格特质。批判性思维就是拒绝人云亦云，就是要保持自己进行独立思考。

✎ 实践路上

钠与氯气反应的教学片段

【教师演示实验】取一块绿豆大的金属钠（切去氧化层），用滤纸吸净煤油，放在石棉网上，用酒精灯微热。待钠熔成球状时，将盛有氯气的集气瓶迅速倒扣在钠的上方，观察现象。

【教师活动】教师引导学生针对演示实验进行讨论与反思，并将该实验不足进行记录。

①将盛有氯气的集气瓶倒扣住熔成球状的钠块过程中，会有较多的氯气泄漏，并且在把握倒扣的时机和操作上有一定的难度。

②由于实验装置没有密封，在反应过程中放出大量的热使氯气大量泄漏，造成环境污染。

……

【创新实验设计】取一支硬质玻璃试管（25mL）收集满干燥的氯气，取一块绿豆大小已经切掉表面氧化层的金属钠，用小刀压扁；然后拔开装氯气试管的胶塞，迅速把钠块投入其中，塞上胶塞。

【实验现象】钠块表面很快有白烟慢慢冒出，接着就燃烧起来，产生黄色火焰，燃烧完后，试管内壁附着一层白色的固体。

陈允任. 在实验评析和改进中培养学生的批判质疑和创新能力——以"钠与氯气反应"实验评析及创新设计为例. 化学教与学，2019（3）：78-80，88.

在该案例中，首先，教师演示教材中钠与氯气的实验，并让学生观察实验现象；其次，教师做完演示实验之后，引导学生质疑与讨论实验现象及实验操作过程中存在的不足和缺陷；再次，教师将学生质疑和讨论的各小点进行总结与展示，并引导学生针对问题创新实验设计；最后，教师进行创新实验操作，让学生再次观察实验现象。在这个过程中，教师不仅激发了学生的学习兴趣，还锻炼了其质疑、发现问题、提出问题、提出解决方案等方面的能力。

4．在课堂教学中渗透科学思维方法

科学的思维方法有利于创新意识的激发。笛卡儿曾指出，"最有价值的知识是方法的知识"[①]。尤其是科学类课程，以实验为基础，为培养学生的动手能力和创造性思维提供了广阔的天地。在传授化学知识的时候，渗透科学思维方法不仅必要，而且可行。为此，教师在实施新教材的过程中，必须突破传统的教学模式，探索知识向能力迁移的内在规律，抓好教学过程中的各环节，以便构建渗透科学思维方法的科学体系，达到素质教育之要求、培养学生能力之目的。

✏ 实践路上

人教版教材首先通过反应 $H_2(g)+I_2(g) \rightleftharpoons 2HI(g)$ 为例引入，提供了

---

① 转引自刘知新. 化学教学论. 北京：高等教育出版社，2009：10-11.

457.6℃时反应体系 $H_2(g) + I_2(g) \rightleftharpoons 2HI(g)$ 中各物质的浓度表格。

表 2-1　457.6 ℃时反应体系 $H_2(g) + I_2(g) \rightleftharpoons 2HI(g)$ 中各物质的浓度

起始时各物质的浓度/(mol·L⁻¹)			平衡时各物质的浓度/(mol·L⁻¹)			平衡时
$c(H_2)$	$c(I_2)$	$c(HI)$	$c(H_2)$	$c(I_2)$	$c(HI)$	$\dfrac{c^2(HI)}{c(H_2)\cdot c(I_2)}$
1.197×10^{-2}	6.944×10^{-3}	0	5.617×10^{-3}	5.936×10^{-4}	1.270×10^{-2}	48.37
1.228×10^{-2}	9.964×10^{-3}	0	3.841×10^{-3}	1.524×10^{-3}	1.687×10^{-2}	48.62
1.201×10^{-2}	8.403×10^{-3}	0	4.580×10^{-3}	9.733×10^{-4}	1.486×10^{-2}	49.54
0	0	1.520×10^{-2}	1.696×10^{-3}	1.696×10^{-3}	1.181×10^{-2}	48.49
0	0	1.287×10^{-2}	1.433×10^{-3}	1.433×10^{-3}	1.000×10^{-2}	48.70
0	0	3.777×10^{-2}	4.213×10^{-3}	4.213×10^{-3}	2.934×10^{-2}	48.50
$\dfrac{c^2(HI)}{c(H_2)\cdot c(I_2)}$ 平均值						48.70

通过分析数据，找出规律，进而得到"化学反应速率常数"的概念与含义，紧接着介绍了浓度熵和化学平衡常数的相对大小与反应方向的联系。在此之后，教材列举了两道有详细解答的例题：①计算在某温度下某反应的化学平衡常数；计算在相同温度下，再向反应中通入某气体，化学平衡时各物质的浓度。②计算某反应的平衡转化率。

教师首先举例 H_2 与 I_2 反应生成 HI 的体系各物质浓度表格，并将信息进行规范整理，帮助学生对各物质浓度改变有整体认识，并根据对体系中物质的浓度之间的关系进行推导，最终实现以个别性前提得出一般性结论，即促使学生运用分析综合、归纳演绎的科学方法概括表中浓度数据，找到共同属性特征，进而实现对"化学平衡常数"概念的学习，进而进行抽象化符号表征，写出"化学平衡常数"的数学表达式。通过这个过程，培养学生"宏观—符号—微观—曲线—模型"化学表征思维。

（四）人才培养模式基础教育信息化

《义务教育课程方案（2022 年版）》强调"做中学"，引导学生参与学科探究活动，经历发现问题—解决问题—建构知识—运用知识的过程，体会学科思想方法；强调推进综合学习，整体理解与把握学习目标，注重知识学习与价值教育有机融合，创设以学习者为中心的学习环境。因而，人才培养模式的特点主要体现在教学模式与教学技术两个方面。

1）在教学模式方面。此改革方案汲取了国外经验，引入慕课（massive open online courses，MOOC）、翻转课堂、微课等新型教学模式（表 2-1），并不断探索其与中国基础教育课堂教育的结合。例如，2013年，华东师范大学慕课中心牵头成立了 C20 慕课联盟（小学、初中、高中），借助慕课平台，实施翻转课堂，实现学校教学模式的变革，为培养拔尖创新人才创造良好的环境。同年，中国人民大学附属中学启动"1+1慕课教学"，利用网络把中国人民大学附属中学等学校的优质课程同步到全国 10 余所试点学校，促进了优质教学资源的共享与传播。与此同时，受翻转课堂的启发，上海市金山中学开展的"三学三研教学模式"（以自学、互学、深学为主体，以自研、互研、深研为主线）也大获好评。

表 2-1　三种新型教学模式

类型	理念
慕课	为所有人提供免费高等教育，将世界上最优质的教育资源传送到地球最偏远的角落。其课程具有易于利用、受众面广、自主性与参与性强等特点
翻转课堂	重新调整课堂内外的时间，将学习的决定权从教师转移给学生。学生在课前通过老师提供的视频、资料或在线的辅导完成"信息传递"；在课堂上通过师生互动及教师的有效指导来完成"吸收内化"过程
微课	以视频为主要载体，记录教师在围绕某个知识点或教学环节中开展的简短、完整的教学活动。微课是一种交互式、碎片式、个性化的泛在教学模式

2）在教学技术方面。2022 年出台的《北京教育信息化"十四五"规划》提出了七个全面：教育新型基础设施全面建成、教育大数据应用全面深化、智能化教育管理服务全面普及、师生信息素养和能力全面提升、信息技术和教育教学全面融合、信息化育人环境全面升级、网络安全保障能力全面增强。该文件不仅体现了北京市对教育信息化的重视，还体现了"坚持素养为先，育人为本""坚持应用驱动，深度融合""坚持统筹协调，系统推进""坚持创新引领，高效发展"的教育理念。

（五）人才培养评价方式高考改革

在我国传统教育中，由于教师过于注重对知识与技能的获得，往往忽略对学生的创新素质与能力的培养，学生通过高考这个"独木桥"进入高等教育，虽然知识与技能提升不少，但是创新素质与能力的发展与提升往往不充分，甚至一些学生的创新意识受到多年接受的教育模式的影响而消磨殆尽。当前我国基础教育改革的重点是大力发展创新素质教育，从而为国家培养大批创新人才。

与素质教育的发展息息相关的，正是高考的改革。2022 年高考改革方案在以下三个方面诠释了高考改革对创新人才培养的重要作用。

1）营造了对创新人才选拔的良好环境。该方案提出的提高中西部地区和人口大省高考录取率、形成保障农村学生上重点高校的长效机制等措施，使中西部的招生计划趋于合理，同时也让更多农村学生有了接受高等教育的机会。不仅如此，该方案的提出也促进了中西部教育资源的共享以及乡村教师队伍的自主建设，为创新人才的选拔营造了良好的环境。

2）促进了创新人才选拔的流程规范化和策略多元化。该方案细化落实《国务院关于深化考试招生制度改革的实施意见》，明确各省份分批次解除文理分科的绑定，鼓励学生可以结合自己的兴趣以及未来深造的专业和从事的职业来选择相应的学科；此外，伴随学科选考，该方案提出深化外语考试改革，即额外增加一次外语考试机会，学生可以参加两次外语考试，取两次中的最高分为外语高考成绩。同时，我国基础教育改革正极力减小人为主观因素对创新人才选拔的影响，力求人才选拔流程的规范化、透明化。

3）提高了对创新人才综合能力培养的重视度。该方案提出取消分科，规划各省份分批次逐步扩大试点，在高考中解除 3+X 的文理绑定模式。截至 2023 年，已有 29 个省份启动高考综合改革，前 3 批共 14 个省份的新高考平稳落地[①]。具体地，前两批次上海、浙江、北京、天津、山东、海南等 6 省（市）实行"3+3"选科模式[②]；同时，改革过程中也反映出一些新情况、新问题，教育部组织专家对 2018 年启动改革的省份开展了逐省实地评估，确定了河北、辽宁、江苏、福建、湖北、湖南、广东、重庆等 8 个省（市）作为第三批高考综合改革试点，主要是根据本地实际情况采取"3+1+2"选科模式[③]。具体地，"3"是指统一高考的语文、数学、外语 3 门科目；"1"是指在普通高中学业水平选择性考试中，在物理或历史中所选择 1 门科目；"2"是指在政治、地理、化学、生物 4 门科目中选择 2 门科目。这一方案的提出使学生在高中的学习不局限于文科或理科，尊重学生兴趣，有利于学生的个性化发展，也突出了基础教育对创新人才综合能力的重视。同时，该方案突出了物理、历史分别在自然科学和人文社会科学中的基础性地位。选考科目组合从原来的

①　赵婀娜，丁雅诵，吴月. 推动教育强国建设行稳致远—5 年来我国教育事业改革发展综述. 人民日报，2023-09-08.
②　董少校，朱振岳. 沪浙启动高考综合改革试点—考试科目均为"3+3"打破文理分科 外语一年两考. 中国教育报，2014-09-20.
③　万玉凤. 八省份发布高考综合改革方案. 中国教育报，2019-04-24.

20 种减少至 12 种，降低了中学选课走班教学的难度。

总体来说，面对国家对创新人才的渴求，高考改革不仅影响中学基础教育的教学模式和长期规划，还是大学人才培养战略规划的关键影响因素，它努力为培养创新人才铺平道路。

二、高等教育阶段创新人才培养的特点

高等教育肩负着人才培养、科学研究和社会服务三大基本职能，其中，人才培养也是高等教育亘古不变的基本诉求。党的十八大报告提出"扎实推进社会主义文化强国建设"。建设文化强国的关键在于增强全民族的文化创造力，这对高等教育的人才培养目标提出了更高的要求。党的二十大报告更是提出，到 2035 年将我国"建成教育强国、科技强国、人才强国、文化强国、体育强国、健康中国"，"全面提高人才自主培养质量，着力造就拔尖创新人才"。当下，高等教育的主要任务是培养创新人才，为知识创新、技术创新提供人力资源与智力支持，高校在创新人才培养中承担着主要责任，是国家创新体系和区域创新体系的重要组成部分。

（一）高校创新人才培养目标特点

1999 年召开的第三次全国教育工作会议正式提出创新人才培养目标，并通过《中共中央 国务院关于深化教育改革 全面推进素质教育的决定》，提出"高等教育要重视培养大学生的创新能力、实践能力和创业精神"，"要加快课程改革和教学改革，继续调整专业结构和设置，使学生尽早地参与科技研究开发和创新活动，鼓励跨学科选修课程，培养基础扎实、知识面宽、具有创新能力的高素质专门人才"。该决定既肯定了创新人才培养的重要性，又提出了培养创新人才的具体举措、途径。之后，国家陆续出台的相关文件都重点提到了创新人才的培养。2010 年颁布的《国家中长期教育改革和发展规划纲要（2010—2020 年）》再次强调了创新人才的培养，具体提出培养创新人才的意义、模式、途径等；2013年，教育部、国家发展改革委、财政部印发的《关于深化研究生教育改革的意见》明确提出，"研究生教育是培养高层次人才的主要途径，是国家创新体系的重要组成部分"，并提出了具体建议；2015 年印发的《国务院办公厅关于深化高等学校创新创业教育改革的实施意见》明确指出，"到2020 年建立健全课堂教学、自主学习、结合实践、指导帮扶、文化引领融为一体的高校创新创业教育体系，人才培养质量显著提升，学生的创新精神、创业意识和创新创业能力明显增强，投身创业实践的学生显著增

加"的目标；2016 年印发的《关于深化人才发展体制机制改革的意见》明确提出，"注重人才创新意识和创新能力培养，探索建立以创新创业为导向的人才培养机制，完善产学研用结合的协同育人模式"；2017 年印发的《国务院办公厅关于深化产教融合的若干意见》明确提出，"构建教育和产业统筹融合发展格局"，"健全高等学校与行业骨干企业、中小微创业型企业紧密协同的创新生态系统，增强创新中心集聚人才资源、牵引产业升级能力。适应以城市群为主体的新型城镇化发展，合理布局高等教育资源，增强中小城市产业承载和创新能力，构建梯次有序、功能互补、资源共享、合作紧密的产教融合网络"；2022 年印发的《关于加强新时代高技能人才队伍建设的意见》明确提出，"到'十四五'时期末，高技能人才制度政策更加健全、培养体系更加完善、岗位使用更加合理、评价机制更加科学、激励保障更加有力，尊重技能尊重劳动的社会氛围更加浓厚，技能人才规模不断壮大、素质稳步提升、结构持续优化"等。

从国家出台的文件可以看出创新人才培养的战略性地位。结合文件来看，我国高等教育创新人才培养的具体目标主要包括以下几点。

1）具有丰富的知识。21 世纪，随着社会的不断发展，学科之间的界限越来越模糊，出现了许多综合性学科。社会生产越来越需要知识集成型人才，即既有一定的专业能力，又有宽广知识面的人才，以应对越来越复杂的社会形势。

2）具有创新意识和能力。创新能力是引领国家发展、促进现代化经济体系建设的第一动力。社会生活生产的不断进步离不开具有创新意识和能力的人才。因此，培养具有创新意识和能力的人才是创新人才培养的重要目标。

3）具有合作意识。当今世界，经济全球化不断加强，全球的交流、合作日益频繁，这就需要人才具有团队合作意识及能力。联合国教科文组织在 1986 年提出教育的四个目标中就有"学会合作"（有的译为"学会交往"），由此可见合作（交往）的重要性。因此，创新人才要能够与他人合作，依靠团队的力量完成各项任务。

（二）高校创新人才培养特点

1. 教育理念：从专才教育转变为通才教育

教育思想的转变是全面实施素质教育的前提[①]。创新人才的培养是素

---

① 贺书平. 高等教育创新人才培养体系改革与重构. 郑州航空工业管理学院学报，2011（6）：123-126.

质教育的重要组成部分。因而，在高等教育创新人才培养过程中，必须改变传统教育思想中的价值观、质量观、人才观、教师观、学生观等，使从原来的专才教育理念转变为通才教育理念；充分融入人本主义、建构主义等教育理念，帮助学生从适应性学习方式转变为主动性、创新性学习方式，从接受学习转变为学会学习。

✐ 创新驿站

5 "I" 创新人才培养理念

个性化（individual）教育理念：在注重学生各方面素质得到均衡发展并达到基本要求的前提下，重视学生的个性自由发挥和优势充分挖掘。启发式（illuminative）教育理念：以承认并尊重学生的主体地位为前提，以激发学生内在的学习动机和学习需要、实现知识经验的成功转化为目标，以培养具有创造意识和探索精神的创造性人才。执行力（implementary）教育理念：从学生的实际出发，为学生创设实践条件，让学生在实际行动中获得更多的感性认知。互动性（interactive）教育理念：强调面向全体学生，重视全员参与，鼓励所有学生参与学习活动的积极性和自主性，鼓励他们充分展示自我，重视他们提出的不同见解。创新性（innovative）教育理念：树立以学生为中心的教育教学观，突出学生的主动性、自主性，充分发挥学生的主观能动作用。

马艳红. 高校创新人才培养的 5 "I" 教育理念探析. 吉林省教育学院学报（学科版），2010（5）：3-4.

2. 教学计划从注重知识转变为注重素养发展，教学方式从单一化转变为多元化

高校在创新人才培养过程中，需要秉持拓宽基础、淡化专业、加强素质教育和创新能力培养的思路。因而，需要改变原来的教学计划中存在的过分注重专业需要和偏重知识传授的做法，改变过去专业教学内容划分过细、各专业过分强调各自的系统性与完整性的状况，加强不同学科之间的交叉与融合，注重课程体系和课程结构的整合与优化；注重增加创新内容，使学生在学习过程中既掌握知识，又学会学习和研究。在教学方式上，应改变传统的注重知识传授单一的讲授式教学方式，注重利用教育技术、大数据等最新的优质教育教学方式，体现多元化教学特征。

✎ **实践路上**

塔里木大学种子科学与工程专业教学改革

①优化人才培养方案，合理配置专业课程：强化专业方向教育平台课程、专业特色教育课程和实践教学等教学环节的主体地位，重视基础教育与专业知识的交叉融合，做好课程之间、课程与实践教学环节之间的合理衔接。②推进教学方法改革，打造线上线下混合教学模式：线上教学可根据专业课程的特点，充分利用微课、网络在线课堂等进行，引导学生主动参与，全面促进学生素质和能力的协调发展。线下教学则以课堂授课为媒介，采用教师讲解与师生讨论式、探讨式、任务驱动等相结合的方式开展，突出学生在学习中的主体地位，增进学生的交流和学习。

徐翠莲，胡文明. 应用创新人才培养模式下高校种子专业课程的教学改革实践——以塔里木大学种子科学与工程专业为例. 黑龙江科学，2022（3）：80-81.

3．理论知识与实践教学相结合

培养创新人才要求高校重视教学过程中的实践性环节。目前，部分高等院校在学生培养过程中往往忽视实践性活动，或者其实践性活动流于形式。然而实践性对创新人才培养非常重要，实践环节是培养学生分析问题和解决问题能力的重要环节。因而，高校在进行创新人才培养过程中，应有意识地加大实践教学在课程体系中的比重，并不断更新其内容，组织与设计实践性活动。通过实践教学，学生不但可以积累丰富的经验，还可以提高观察能力、动手操作能力、问题解决能力。

✎ **创新驿站**

高校创新人才培养实践教学体系构建对策

①制定科学完善的实践教学计划，为培养创新人才打好基础：实践能力是基础，实践教学计划是前提，制定计划必须以发展学生为根本，围绕创新型人才培养目标，选择实践教学内容，确立合理的课时，选择灵活多样的教学方法和手段。②建设完善的实践教学基地，优化实践教学管理体制：建设完善实践教学基地，造就高素质创新人才需要优化实践教学管理体制，做好全体师生的综合考核，引导教师更加注重实践教学，鼓励学生

积极实践操作。③扩充实践型教师数量，优化实践教师队伍结构：鼓励更多的教师从事实践教学，提高实验室教师的理论水平和实践指导技能，推荐更多的教师深入企业和科研单位，从事实验实践研究，同时为更多教师提供发展的条件。

余霞. 高校创新人才的培养与实践教学体系的构建对策. 产业与科技论坛, 2016（6）: 141-142.

4. 教师评价体系：从过分强调科研评价转变为育人价值评价

构建创新型人才培养体系，首先必须建立一支具有创新精神与实践能力的教师队伍。目前，我国衡量一所大学师资队伍水平往往是学历、职称、期刊发文量等。然而，这些评价方式可能导致部分教师把主要精力放在科研方面而忽略教学工作，进而使其培养的学生创新精神与实践能力不足，从而影响人才培养的质量。因此，在高等教育改革过程中，应改革教师评价体系，以保证教师培养学生的创新精神、创新能力与实践能力。

✏️ 实践路上

安顺学院"第二课堂成绩单"评价体系应用

安顺学院依托全国学校共青团研究中心指导开发的"第二课堂成绩单"网络管理系统（到梦空间），建立第二课堂学生成长评价体系并通过网络管理系统实现对活动项目的审核、监督、测评的认证。安顺学院第二课堂学分由校团委及二级学院共同认定，其中二级学院认定18学分，团委认定13学分，其课程体系分别为思想成长、实践学习、志愿公益、创新创业、文体活动、工作履历、技能特长7个类别；针对学生参与第二课堂活动的情况建立系统的记录、审核、评价机制，并坚持"客观为主，兼顾主观"的原则，以科学的量化标准为依据，构建科学、系统、操作性强的制度规范和操作细则，实现对学生参与第二课堂情况的规范化管理。

伍国桃，伍国梅，秦开宇. "第二课堂成绩单"评价体系与地方高校创新创业人才培养研究——以安顺学院为例. 智库时代, 2019（41）: 145, 151.

第三章　美国基础教育创新人才培养的教育实践

美国基础教育有其鲜明的特色。本章通过对阿波罗高中与圣约翰预备高中两所学校学习现状的调查和课堂实录的案例分析，总结美国基础教育创新人才培养实践中的特点，以期为我国基础教育创新人才培养提供参考。

第一节　美国基础教育学习现状调查

为了解美国基础教育的现状，笔者选取美国公立学校阿波罗高中、美国私立学校圣约翰预备高中，以问卷调查的形式对两校学生学习化学的兴趣、方法、是否需要教师的帮助等五个维度进行问卷调查。

一、研究对象及研究维度

（一）圣约翰预备高中简介

圣约翰预备高中成立于 1870 年，是一所私立高中，坐落在圣约翰大学校内。其在管理上附属于圣约翰大学，并由纽约州理事会授权，由独立的董事会进行管理。圣约翰预备高中是一所有宗教背景的私立中学，其工作人员由专门的宗教和教职员工组成。它提供专门设计的具有挑战性的多样化课程，以满足学生的差异性需求。

圣约翰预备高中是一所大学预备性合作高中，或称大学预科学校，这从高中的名称"预备高中"就可知道，这样的高中是为了"升学"做准备。其使命是致力于促进学术卓越，并在积极的培育环境中遵循天主教信仰的原则和价值观。圣约翰预备高中的准备工作基于对每个人的尊重，通过有力的学术课程、有吸引力的宗教计划、丰富的服务经验和广泛的课外机会，培养学生的品格形象，帮助学生成功应对 21 世纪的挑战，引导学生创造有生命意义的、更丰富的世界。

圣约翰预备高中在一定程度上代表着美国私立学校，例如学生常有机会到顶尖大学、科技公司、研究所等参观甚至长期学习，更有教授亲自带队教学，这种项目一般受到某些公司的资助。视野上的开阔、文化科技上的熏陶使学生能够很快地适应全新的大学生活，对研究方向也会比较熟悉。在圣约翰预备高中的经费来源中，学生的学费是非常重要的部分，同时学校还为贫困且学习优秀的学生设立奖学金。

（二）阿波罗高中简介

阿波罗高中成立于 1970 年，是一所公立高中，位于明尼苏达州圣克劳得，因美国宇航局阿波罗太空计划而获名。阿波罗高中是该地区两所公立高中之一，另一所是技术高中。在诞生之初，该校工作人员与学生一起学习，学校的时间安排非常灵活。

阿波罗高中面向全体适龄学生开放，充分尊重来自世界各地不同种族和不同阶层的学生。其课堂氛围轻松活跃，学生可以使用图书、期刊、录像带等资源。阿波罗高中提供各种课程，以满足不同学生的学习需求，如 AP 课程、IB 课程、普通课程等。学校设置了各种奖助学金和多种升学渠道，部分学生被常春藤大学联盟和一些知名高校录取，如哈佛大学、普林斯顿大学、宾夕法尼亚大学、麻省理工学院、斯坦福大学等，且完成学业顺利毕业。同时，阿波罗高中是一所十分注重"安全"环境建设的中学，为充分保障校园平安，学校有十分严格的安保措施，平均每 50 米就有一名安保人员执勤。此外，学校有着丰富多样的课外活动，如冰球、篮球、足球等课外体育活动，这些活动受到学生的欢迎和家长的好评。

（三）研究维度

为了解美国高中生的学习状况，笔者参考了已有研究（部分硕士学位论文）中关于学生学习现状的研究范围（表 3-1）。

表 3-1　部分硕士学位论文中关于学生学习现状的研究范围

研究者	学生学习现状的研究范围
潘超[①]	学习态度、学习兴趣、数学认识、学习动机、学习方法、学习效果
仲维洁[②]	学习目标、学习内容、学习计划、学习策略、学习结果、学习环境
杨静[③]	学习感受、学习兴趣、学习习惯、学习方法、学习目的、课外辅导

① 潘超. 渝中区中职学生数学学习现状调查研究. 西南师范大学硕士学位论文, 2005.
② 仲维洁. 中高级阶段留学生汉语自主学习现状调查研究. 大连外国语大学硕士学位论文, 2022.
③ 杨静. 农村小学英语学习现状调查研究：基于对常熟市农村小学的调查. 华东师范大学硕士学位论文, 2009.

续表

研究者	学生学习现状的研究范围
孙仲霞[1]	学习动机、学习内容、学习时间、学习方法、学习过程、学习结果
张艳[2]	学习适应性、学习方式方法、学习非智力因素、学习结果

由表 3-1 分析可知，关于学生学习现状的调查维度没有统一的标准，依据研究目的及所研究的内容而有所改变。此次调查结合已有的"现状调查"及人本主义学习理论，增加了一个新的现状调查维度，即学生是否需要教师帮助。化学学习现状调查问卷涉及问题（中英文）如表 3-2 所示。

表 3-2　化学学习现状调查问卷涉及问题[3]

Chemistry Education Investigation	化学教育问卷调查
1. Would you like chemistry course? What sparked your interest in studying chemistry?	1. 你是否喜欢化学？什么使你对化学学习产生兴趣？
2. Which concepts are difficult or easy in your chemistry class?	2. 在化学课程上，哪些知识点是困难的，或者是容易的？
3. Do you have any smart strategies in your chemistry learning? Give some examples.	3. 你在学习化学方面有没有好的方法？请给出例子。
4. What has changed in your life after learning chemistry class?	4. 在学习化学之后，你的生活发生了什么改变？
5. Do you prefer the teacher to help you more with in chemistry class?	5. 你是否需要教师帮助？

2014 年，为了了解美国高中的学习现状，笔者在圣约翰预备高中与阿波罗高中发放了调查问卷 116 份（其中圣约翰预备高中 56 份，阿波罗高中 60 份），回收有效问卷 116 份，回收率为 100%，符合问卷调查所需数量的基本要求。

二、研究结论

笔者对调查问卷进行进一步的整理和分析，发现圣约翰预备高中和阿波罗高中在学习兴趣、学习内容、学习方法、学习后的变化、是否需要教师帮助等维度虽然存在一定差异，但也表现出美国基础教育的一些

---

[1] 孙仲霞. 农村高中学生地理自主学习现状调查研究：以甘肃省庄浪二中为例. 陕西师范大学硕士学位论文, 2014.

[2] 张艳. 初一学生英语学习现状调查研究：以宁津第二实验中学为个案. 山东师范大学硕士学位论文, 2015.

[3] 肖富林. 美国明尼苏达州高中生化学学习现状的调查研究. 西南大学硕士学位论文, 2018.

共同特点。

（一）学习兴趣

兴趣是最好的老师，学习兴趣不仅促进学生对化学学科知识本身的学习，还促进其化学学习的人文思想、过程体验、思维方法的发展，进而有助于其"科学"创新精神及其能力的提高。所以要了解高中生的化学学习现状，就必须先研究学生对化学的学习兴趣。化学学习兴趣的浓厚程度决定着学生学习化学的动力大小。对于化学的学习兴趣，教师担负着主要的指导责任。针对化学学习兴趣的调查，笔者设置两个问题相互印证，首先"你是否喜欢化学"。回答"Yes"则为喜欢化学，回答"No"则为不喜欢化学，回答"I don't know"则为"不知道"。

表 3-3 的统计数据显示，总体而言，两校喜欢化学的学生的总体平均占比为 74.13%，这表明两校的学生对化学学习有着较为浓厚的兴趣；明确表示不喜欢的总体平均占比为 21.55%，他们对化学学习没有兴趣。同时，两校对化学课程学习的兴趣表现出较大差距：圣约翰预备高中喜欢化学的学生占比为 82.14%，而阿波罗高中喜欢化学的学生占比为 66.67%，仅从数据分析，两者相差 15.47 个百分点，圣约翰预备高中的学生对化学的学习兴趣浓厚程度明显高于阿波罗高中。明确表示不喜欢化学学习的学生，在圣约翰预备高中占 16.07%，在阿波罗高中占 26.66%，两者相差 10.59 个百分点。数据初步显示，两校学生在化学学习的偏向上存在明显差异，这在一定程度上反映了明尼苏达州公立学校学生和私立学校学生在化学学习兴趣上的情况。

表 3-3　两校学生的化学学习兴趣　　　　　　　单位：%

学校	喜欢	不知道	不喜欢
圣约翰预备高中	82.14	1.79	16.07
阿波罗高中	66.67	6.67	26.66
总体平均	74.13	4.32	21.55

在化学课堂上，激发学生的学习兴趣有助于保持学生的注意力。美国高中生认为化学在哪些地方更有吸引力呢？为了进一步了解学生学习化学的兴趣点，笔者设置了调查问题"什么使你对化学学习产生兴趣"，结果如表 3-4 所示。

表 3-4　两校学生对化学学习产生兴趣的原因　　单位：%

学校	基本概念	基本理论	元素化合物	有机化学	化学实验	化学计算	化学实用性	情感态度价值观	教师魅力
圣约翰预备高中	10.91	34.55	0	0	27.27	1.82	9.09	14.55	1.82
阿波罗高中	10.34	29.31	0	3.45	37.93	0	5.17	12.07	1.72

注：由于四舍五入，加总可能不是 100%，余同。

通过表 3-4 的数据分析可见，两校学生的学习兴趣有着较高的相似度。学生对化学学习产生兴趣的主要原因是基本理论与化学实验，两者的总占比，在圣约翰预备高中为 61.82%，在阿波罗高中为 67.24%。圣约翰预备高中的学生对基本理论学习产生兴趣的占比最高；阿波罗高中的学生则对化学实验产生兴趣的占比最高，这是学校重视化学实验、培养学生实验操作的结果。两校学生都对元素化合物不感兴趣。在有机化学、化学计算、情感态度价值观、教师魅力等方面，两校学生的占比接近，其中有机化学、化学计算、教师魅力对学生吸引力小。值得一提的是，在因教师魅力而对化学产生学习兴趣方面，两校学生的占比分别为 1.82%、1.72%。显然，在喜欢化学这一门课上，教师个人魅力并不是重要因素。

（二）学习内容

进一步调查两校学生对化学知识内容的掌握情况，探查学习内容对学生化学学习的影响，并根据学生的回答进行归类划分。

1．掌握程度

首先统计两校学生掌握化学知识良好的占比情况（表 3-5）。

表 3-5　两校学生掌握化学知识良好的占比　　单位：%

学校	基本概念	基本理论	元素化合物	有机化学	化学实验	化学计算
圣约翰预备高中	27.00	27.00	16.20	5.40	10.80	13.50
阿波罗高中	21.60	37.80	8.10	2.70	27.00	2.70

由表 3-5 数据可知，两校学生对基本理论、基本概念、化学实验掌握较好。在化学计算中，阿波罗高中的学生在掌握程度上明显低于圣约翰预备高中的学生，由此推断化学计算对阿波罗高中的学生来说更有难度，对此掌握好的学生也较少。两校学生对有机化学掌握良好的占比都很低。为了进一步研究学习兴趣与知识掌握程度的关系，笔者将两校学生的学习兴趣与知识掌握程度进行分析，结果如图 3-1 和图 3-2 所示。

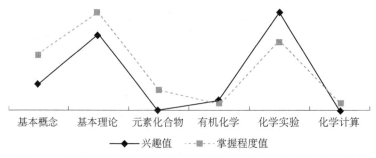

图 3-1　圣约翰预备高中学生学习兴趣与知识掌握程度的关系示意图

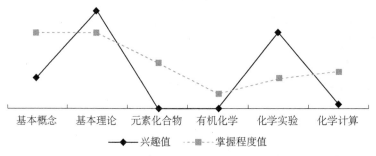

图 3-2　阿波罗高中学生的学习兴趣与知识掌握度的关系示意图

在圣约翰预备高中，学习兴趣与知识掌握程度的趋势相似，学生的化学学习兴趣主要为基本理论与化学实验，其中，基本理论的学习兴趣值高，掌握得也好。基本概念与之相似。化学实验的兴趣值最高，但掌握程度值相对较低。而兴趣值较低的元素化合物、化学计算，学生的掌握程度却相对高一些。对于有机化学相对而言，其兴趣值低，学生掌握程度也不高。

在阿波罗高中，学生的学习兴趣与知识掌握程度的趋势相似度不高：在有兴趣的方面，学生的知识掌握程度良好；在不感兴趣的方面，学生的知识掌握程度也不会很差。

2．掌握难度

学生在学习过程中总会遇到各种各样的困难，就化学教学内容而言，两校学生对化学学习困难因素的选择如表 3-6 所示。

表 3-6　两校学生认为化学学习困难的因素　　　　单位：%

学校	基本概念	基本理论	元素化合物	有机化学	化学实验	化学计算	都有困难
圣约翰预备高中	22.45	18.34	4.08	0	0	38.78	16.33
阿波罗高中	22.73	25.00	0	0	4.54	15.91	31.81

由表 3-6 的统计数据可知，圣约翰预备高中学生认为化学计算是其学习困难的因素的占比最高，为 38.78%，其次为基本概念、基本理论。阿波罗高中学生认为，所有化学知识都有困难的占 31.81%，圣约翰预备高中为 16.33%，相关的回答包括"它们都很难""对于我来说都很难""所有的一切都很困难"等。笔者在调查中还发现，有部分阿波罗高中的学生描述为"看不懂"，说明他们在题目理解及内容阅读上有困难。两校的学生都认为有机化学、元素化合物、化学实验的学习难度较低。值得注意的是，虽然两校学生的有机化学知识掌握程度较低，但他们觉得学习有机化学并不难。

两校学生认为化学计算是其化学学习困难因素占比较高，结合学生的回答及对 IB 教材内容知识中涉及的计算问题进行类别划分和统计（表 3-7），其中圣约翰预备高中的学生认为化学综合计算的难度最大，其次为物质的量，化学方程式的配平也有较大难度；阿波罗高中的学生认为这三者都难。

表 3-7　两校学生在与化学计算相关学习中的具体困难　单位：%

学校	物质的量	溶液浓度	化学反应速率	氧化还原反应	化学方程式的配平	化学综合计算
圣约翰预备高中	28.57	0	4.76	9.52	19.05	38.09
阿波罗高中	28.57	14.29	0	0	28.57	28.57

（三）学习方法

学习方法是学生需要掌握的学习策略，能够帮助学生提高学习效率。笔者对两校高中生化学学习过程中有没有好的学习方法指导其化学学习进行了调查，结果如表 3-8 所示。

表 3-8　两校学生有没有好的学习方法　　　单位：%

学校	有	不知道	没有
圣约翰预备高中	82.10	1.80	16.10
阿波罗高中	68.30	3.40	28.30
总体平均	75.00	2.59	22.41

调查结果显示，总体而言，两校学生认为自己有好的学习方法的占75.00%，认为自己没有好的学习方法的占 22.41%。具体而言，82.10%的圣约翰预备高中学生认为自己有好的学习方法，68.30%的阿波罗高中学生认为自己有好的学习方法。

为了弄清楚学生到底用的是什么学习方法，笔者继续调查并设置问题让学生对所用学习方法进行举例说明。

结合以上对研究方法的研究论述，笔者以化学知识加工阶段活动中的学习过程对学生所用的学习方法进行划分：笔记法、阅读法、合作探究法（产生疑惑、做出提问、做出假说、合作解决）、理解记忆法（归纳概括）、练习法等。分析调查问卷后发现，学生的学习方法并非单一的，例如有些学生阅读笔记和书，并做练习题。将调查问卷中所有涉及的学习方法的出现次数 N 相加作为总次数 M，使用该方法的占比 $P=N/M$ 的结果如表 3-9 所示。

表 3-9　两校学生的化学学习方法　　　　　　单位：%

学校	笔记法	阅读法	合作探究法	理解记忆法	练习法
圣约翰预备高中	27.70	16.90	15.40	20.00	20.00
阿波罗高中	20.80	17.00	13.20	37.70	11.30

由表 3-9 可知，圣约翰预备高中的学生所用的学习方法相对均衡，但最常用的还是笔记法，其次为理解记忆法与练习法。"笔记法"是学生明确提到的，如"做笔记是必须的""写下老师所讲的""课堂上做笔记"。而对于阿波罗高中学生，其所用的学习方法存在较大差距，最常用的是理解记忆法，占比为 37.70%，其次为笔记法、阅读法。

根据化学知识加工阶段分类：在知识激活阶段，学生普遍使用的是阅读法，他们在上新课之前会阅读相关书籍，部分学生还提到运用"谷歌搜索"；上课后，他们会阅读相关笔记、课本等。在知识获得阶段，学生常用的是笔记法、合作探究法，如记录教师在上课之时所列举的内容。值得强调的是，当学生有困惑时，他们明确表示会及时提问或者寻求同伴、教师的帮助来解决问题。在知识巩固阶段，学生常用的是练习法，在课堂上有在线测试等习题练习，课堂结束后有家庭作业作为补充练习。

总体来看，被调查的美国高中生虽然有使用学习方法的意识，却道不出哪些方法更有利于其化学学习。此外，学习方法的使用还具有很强的共性，并且受化学教师的影响较大。

（四）学习后的变化

学生在学习化学之后，其生活发生了什么变化？为了厘清这个问题，笔者首先调查学生在学习化学之后是否产生了变化，回答"Yes"则为发生变化，回答"No"则为无变化，回答"I don't know"则为不知道，其结果如表 3-10 所示。再进一步设计问题调查学生具体产生了哪些变化，这些变化对学生产生了怎样的影响。

表 3-10　两校学生在学习化学后，其生活是否产生了变化　单位：%

学校	发生变化	不知道	无变化
圣约翰预备高中	85.70	3.60	10.70
阿波罗高中	66.70	1.60	31.70
总体平均	76.72	2.58	20.70

总体而言，学习化学以后，两校学生认为其生活发生变化的占76.72%，因此化学学习改变了大部分学生的生活状态。同时也要注意，无变化的学生占 20.70%。就学校而言，两校学生产生变化的差距较明显，圣约翰预备高中有 85.70%学生的生活发生了变化，比阿波罗高中的学生的占比 66.70%高出 19.00 个百分点，差距明显；生活无变化的学生，圣约翰预备高中的占比为 10.70%，阿波罗高中的占比为 31.70%，具体答案是"没太大变化，大概是因为我们才刚开始化学的学习""没太大变化，因为化学学习还没进行多久"。由此可知，化学学习对其生活没有产生变化的一个原因为学习时间不太长。

变化又可分为积极变化和非积极变化。为了更好地展现原始回答，笔者根据学生的回答提取关键词，学生回答中发生的变化如表 3-11 所示。

表 3-11　两校学生学习化学后生活产生变化的情况　单位：%

学校	影响实际生活	改变对待世界的态度/看法	理解事物的工作原理	获得更多知识	作业多，自己的时间少	更多的困惑和压力	GPA[①]下降	更讨厌数学、物理
圣约翰预备高中	16.30	28.60	22.40	24.50	2.00	0	4.10	2.00
阿波罗高中	12.50	12.50	15.00	45.00	2.50	7.50	2.50	2.50

圣约翰预备高中学生的生活产生变化最多的是"改变对待世界的态度/看法"，占比为 28.60%，如"化学思想改变了我""我看待事物不同了""它改变了我对事物的思考方式"等；其次为"获得更多知识"，占比为24.50%；再次是"理解事物的工作原理"，占比为 22.40%，如"我更好地理解了世界是怎么工作的""我现在能理解事物的工作原理"等。但化学的学习也使部分学生感到作业多，使其 GPA 成绩下降，并且影响到其他

① GPA（grade-point average）平均成绩点数，是大多数高校以及少量中学所采用的一种评估学生成绩的制度。GPA 计算方法是把各科成绩按等级乘以学分再以总学分除之。

学科的学习。阿波罗高中产生的变化较明显，学生最大的变化是感觉"获得更多知识"，占比为45.00%，如"我知道了更多的化学知识""我了解了更多在电视节目中体现的化学知识""在化学上有更多的知识"等。两校学生在该项的占比差距较大，在其他方面产生变化的占比相对接近。

（五）是否需要教师帮助

需要帮助是一种学习态度。帮助也是师生间的一种互动，教师有义务也有责任为学生提供力所能及的帮助。根据马斯洛的需要层次理论，每个人都是有需要的，帮助属于一种高级的需要。学生在哪些方面需要帮助的回答包括多个方面，从是否需要帮助的角度，笔者将其分为需要帮助、不知道、不需要帮助三个维度。

从表3-12调查数据可以看出，两校学生"需要教师帮助"的占比都很高，总体平均占比为80.18%，这一方面反映出学生的学习热情很高，也反映出学生遇到的学习困惑很多。"不需要教师帮助"的占比，在圣约翰预备高中为7.10%，在阿波罗高中为16.60%。同时，依然有平均7.75%的学生"不知道"是否需要教师帮助。

表 3-12　两校学生是否需要教师帮助　单位：%

学校	需要教师帮助	不知道	不需要教师帮助
圣约翰预备高中	85.70	7.10	7.10
阿波罗高中	75.00	8.30	16.60
总体平均	80.18	7.75	12.07

为了进一步弄清楚学生所需要的帮助，笔者通过edTPA系统（美国最新的教师评价系统）的科学评价手册调查两校学生需要帮助的具体情况，结果如表3-13所示。

表 3-13　基于 edTPA 系统对两校学生需要帮助的具体分析 单位：%

学校	科学内容理解的规划	满足学生学习需要的规划	确定并满足语言需求的规划	创设积极、安全的学习环境	激发学生学习	深化学生学习	特定的学科教学法	学生学习的分析	提供反馈指导学习
圣约翰预备高中	16.07	0	0	19.64	0	41.07	17.85	1.78	3.57
阿波罗高中	15.00	18.33	1.66	11.66	1.66	15.00	23.33	5.00	8.33

由表3-13可以看出，两校学生所需要的教师帮助有着较大的区别。在圣约翰预备高中，学生最需要的帮助是化学教师"深化学生学习"，占比为41.07%，"深化学生学习"能够使学生掌握更深、更难的化学知识。

如学生回答中多表述的"想了解更多复杂的东西""在概念上提供更加多的解释和例子""教得更加详细具体"，都属于"深化学生学习"，它能够加深学生的学习。同时，学生还希望教师能够讲得慢一点，多给些时间来提问和反馈。圣约翰预备高中的学生还需要化学教师"创设积极、安全的学习环境"，因为良好的学习氛围更有利于学生的学习；同时，在具体的化学学科知识上，学生需要教师提供在化学实验与化学计算上的"特定的学科教学法"。阿波罗高中的学生所需要帮助的各项占比相对均匀，最需要的是教师采用"特定的学科教学法"，将化学知识简单化，以使其更符合自己的认知；同时阿波罗高中的学生需要教师"满足学生学习需要的规划"，而被调查的圣约翰预备高中的学生不需要这样的帮助。阿波罗高中的学生是多元化群体，化学教师在需要帮助上囊括的范围更广，如"所有""都需要""我需要的帮助很多"等。在"科学内容理解的规划"上，两校的学生的占比分别为16.07%、15.00%，此外，也有学生表示不知道需要什么帮助，因为在化学学习的内容上教师没有向学生展示他们所需要的知识点。在"确定并满足语言需求的规划"和"激发学生学习"上，两校学生认为这两项的占比最低。

三、美国基础教育现状特点

两校学生的学习状况在一定程度上显示了美国公立高中和私立高中的学生存在一定的差异，同时也能体现出美国教育的一些特点。

（一）注意化学学习兴趣意识的培养

基本概念与基本理论是一门学科的本质知识，化学概念及理论体现的是化学的基本研究内容，展现的是学科最基本的学科思想与学科思维。所以理解学科概念才能理解学科，理解学科才会觉得它有吸引力，学习兴趣才能长时间地得到保持。在化学知识内容的分布上，基本理论与基本概念是吸引美国高中生学习化学的重要因素。美国的科学教育极其重视科学概念的渗透，并将其作为学生学习的兴趣点来开发、引导。

化学实验属于实践操作，是学科思想的外化表现，对高中生有着很大的吸引力，实验成为学生产生化学学习兴趣的重要的前期手段，在所调查的公立学校中尤为明显。尤其是在学生的动机水平不高的情况下，美国教师通过操作性强的外化手段——化学实验来吸引学生的学习兴趣，其最终目的是使学生保持学习兴趣。

（二）培养学科概念的融合能力

　　　　　　　　　　化学是一门基础科学，学生在学习化学的过程中还会受数学、物理、生物等学科的影响。在科学迅速发展的背景下，促进大概念的生成、学科概念的相互融合和科学素养的提升是教育发展的必然趋势。

图 3-3　"K-12 科学教育框架"　　美国的科学教育深受"K-12 科学教育框架"（图 3-3）和《新一代科学教育标准》（Next Generation Science Standard，NGSS）的制约与影响，"K-12 科学教育框架"是由实践、核心概念、通用概念三个维度组成的有机系统，这三个维度既互相联通又相辅相成，其中实践是学生认识自然与现实世界的手段，学生在此过程中能建构与使用核心概念。

　　"通用概念""核心概念"都是《新一代科学教育标准》与"K-12 科学教育框架"下的维度。研究结果表明，在概念的学习与融合上，数学、物理的概念影响着圣约翰预备高中和阿波罗高中学生的化学学习。笔者对美国认为的 10 个重要的国家科学教育标准进行研究后发现，其最强调的是"物质科学"领域，即物理、化学的内容，并且这些概念的理论内容并不是脱离的，而是相互关联的，因而要提升学生的科学素养，还要注重科学概念的融合。

（三）扎实的基础知识

　　认知心理学的广义知识加工理论将知识划分为陈述性知识、程序性知识。也有学者将知识划分为陈述性知识、程序性知识和策略性知识三大类[①]。陈述性知识是指"是什么"的知识，即对内容的了解和意义的掌握如概念、规律、原则等的知识；程序性知识是指"怎么用"的知识，就是在新遇到问题中有选择地运用概念、规律、原则的知识，它与认知技能直接联系；策略性知识是指"为什么"的知识，即知道为何、何时、何地使用特定的概念、规律、原则。它是关于如何思考以及思维方法的知识，它与认知策略直接联系，所以学生一旦掌握，就能自觉地、熟练地、灵活地运用，那么它就转化成了能力。策略性知识的加工以掌握陈述性知识和程序性知识为必要条件，通过程序性知识的自动化和创新应用，完成陈述性

① Tennyson R D M. Linking cognitive learning theory to instructional prescriptions. Instructional Science，1988，17（4）：369-385.

知识和程序性知识向策略性知识的转化。教材中呈现的知识是陈述性知识与程序性知识。

化学陈述性知识是指反映物质及其变化的本质属性和内在规律的有关化学概念、事实及原理的知识。程序性知识是指在认知策略的控制下用于操作具体任务的方法或步骤。在化学教学中包括两类知识：一是概念、原理和规则的运用与计算，如识别物质的类别、配合物、有机物的命名等；二是根据有关原理、规则进行实验操作的化学实验技能，如气体的制备、物质的提纯、有机物的合成等。策略性知识是学习者用来调控学习和认知活动本身的，目的在于获得新知识或用已有知识来解决问题。化学策略性知识是指有关化学学习的方法和策略的知识，包括学习获得能力、实践能力、创新能力、元认知能力。[①]

通过调查，对于化学程序性知识，在圣约翰预备高中和阿波罗高中学生学习效果好的内容中，"基本概念""基本理论"为陈述性知识，"化学实验""化学计算"为程序性知识，这表明他们的化学基础相当扎实，而且体现了学校注重基础知识教育。正是由于对基础知识的重视，学生才能更好地掌握化学学科知识。这些知识对化学所反映的物质性质、现象、原理做了初步融合，又注重让学生理解知识的机制，特别是教师在讲解陈述性知识时，通过对化学史的讲解，让学生理解知识的来源、发展以及内在机制；引导学生将陈述性知识程序化，促进了学生对知识的深刻理解和记忆。在教学中，教师通过对化学理论知识的探究，不仅让学生明白"化学是什么"，而且让学生知道"为什么学化学"。例如，教师在讲述原子结构模型知识时，结合道尔顿实心模型、卢瑟福模型、汤姆森模型、玻尔量子化轨道、现代电子云模型等化学史实的发展，让学生感受学科的魅力，发掘学生的潜力，激发学生的学习兴趣，让学生理解化学理论所蕴含的学科思想，进而培养学生的科学素养。

（四）注重运用笔记法

笔者在研究中发现，笔记法是圣约翰预备高中和阿波罗高中的学生使用较多的学习方法。学生采用笔记法记录了课堂教学中的重要信息，因此不管是在课上还是在课下，学生都可以借助笔记巩固自己的化学知识。同时，笔记法也改变了美国教师教学行为。笔记法在圣约翰预备高中课堂教

---

① 黄梅. 化学陈述性知识的教学逻辑与教学策略. 中学化学教学参考，2012（7）：12-15；黄梅. 化学程序性知识的加工阶段与教学条件. 中国教育学科，2014（3）：71-75.

学中的应用情况如表 3-14 所示。

表 3-14　笔记法在圣约翰预备高中课堂教学中的应用情况

活动类别	学生	教师
课堂设计	学生听讲；学生活动	教学环节少
教师讲解 （1 小时 20 分钟）	学生听讲；记录笔记；贴上学案；查询知识	详细的板书和讲解过程
学生活动	翔实、真实地记录学生活动内容；组内的同伴相互商量	给学生更多的自由空间，辅助他们完成完整的小组活动

在各种学习方法中，圣约翰预备高中的学生经常使用笔记法。他们在课堂上需要接收大量信息，并且课程难度不小，学生运用笔记法记录课上所涉及的主要内容。笔者通过调查发现，学生学好化学的关键还是化学教师的指导及化学课堂的教学设计理念，因为此时学生灵活运用学习方法还处于初级阶段，他们受教师的影响较大。

（五）注重运用阅读法

美国十分重视对学生阅读能力的培养，认为阅读是一项最基本的生存与学习技能。20 世纪 60—80 年代，美国儿童阅读能力普遍低下，为此，20 世纪 90 年代，克林顿总统不仅促成了《2000 年目标：美国教育法》，更在白宫做了"美国阅读动员报告"，实施"美国阅读挑战计划"，号召全民参与该计划，并帮助孩子提高阅读能力。美国中学的每个年级都有阅读量的要求。同时，普通班与 AP 班的要求也有所不同，通常 AP 班的阅读量更大（表 3-15），其阅读内容也更复杂。

表 3-15　美国高中 10—12 年级学生每学期阅读数量[①]

班级	阅读量/本	班级	阅读量/本	班级	阅读量/本
10 年级普通班	14	11 年级普通班	6	12 年级普通班	8
10 年级 AP 班	14	11 年级 AP 班	19	12 年级 AP 班	19

化学方面的阅读是指学生阅读与课程内容相关的资料，包括化学课程内容、化学教育、化学前沿发展、化学家传记、化学发展史等。美国学生常在课前阅读相关书籍，做好预习，或者在课后阅读相关的笔记进行复习巩固。阅读能力是一种综合能力，化学学习不是简单地学习化学这门学科的知识，而是以阅读为基础，将其很好地应用于任何学科的学习。阅读也是能够被激发的能力，美国高中生阅读能力的提高不是简单地多阅读几本

---

① 王文. 零距离美国课堂. 北京：中国轻工业出版社，2010：125-127.

书，而是以具体学科知识为基础，广泛阅读相关材料。学生阅读能力强，有助于其化学学习，阅读和预习化学相关资料有助于其化学成绩的提升，从而进一步促进阅读所带来的成功体验。

（六）提倡合作探究学习

合作和探究是两种学习方法，在实际应用中两者往往互相渗透、互相促进。合作探究学习是相对于个体学习而言的，是指教学条件下学习的组织形式，通常是小组或团队为了完成共同任务，有明确责任分工的互助性学习。如在进行化学实验时，学生大都是以实验小组的形式合作完成化学实验的。合作探究学习能够促进学生培养问题意识和团队意识，并且勇于及时地向教师、同伴求助。

合作探究学习评价以激励学生为主要目的，强化学生在实验过程中的高效合作行为，如在实验过程中，有学生负责计时，有学生负责记录数据，有学生负责实验操作等；在实验结束后，教师需要对此做出评价，对高效、成功合作的小组进行表扬与奖励。通过这种行为把个人之间的竞争变成小组之间的竞争，使小组成员紧密地联系在一起，并认识到相互合作、共同进步的意义。

✎ **专家论坛**

美国著名科学家、芝加哥大学教授施瓦布于1964年首先倡导"探究学习"，就是运用"探究过程"来获得科学概念的一种学习活动。其特点是注重调动学生的自觉性，使其通过探究过程获得科学概念；强调让学生通过掌握科学方法来提高探究的能力；在探究学习科学知识的同时，进行科学态度的培养。下图反映了探究性学习的一般模式。

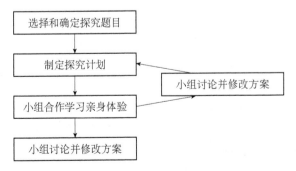

《课程的逻辑》读书笔记之九：探究学习与理科教学. https://www.jianshu.com/p/85be74dd546c.
（2018-03-04）［2023-08-28］.

（七）改变对世界的认识

当今世界，科技日新月异，并改善了人们的生活，革新了生产方式，但同时世界范围内的各种不稳定因素和问题增多，如环境污染问题、化学武器问题等。学习化学知识，最重要的是形成科学的价值观，正确认识科学的合理性及发展趋势，形成良好的科学素养。学生学习化学后产生变化的根本还是要落在价值观的改变上，如将环保问题穿插于化学的每节内容之中，使学生理解事物的工作原理，加强其对科学技术的认识，培养其STEM 意识。笔者调研后发现，通过化学学习，圣约翰预备高中学生的最大变化就是对世界认识的改变，以及理解事物的工作原理，同时学生更是以成为未来的精英人才为自己的最终目标。这种积极变化不仅提高了学生运用化学知识解释自然科学的能力，还促进了学生对世界的认识。

同时，学习化学也给学生带来了"困惑与压力"。在化学教材内容上，特别是选修部分，融合了数学、物理、生物等知识，具有很强的应用性，而且教材难度大，其中所涉及的各种技术都具有前沿性。值得一提的是，在问卷调查中，一些学生"更讨厌数学、物理"。从这一点而言，相对于数学、物理，化学的难度可能稍低。这也印证了《美国国防教育法案》[①] 对教育的影响至深。

通过表 3-16 也可以看出，美国高中化学教材中应用性知识具有前沿性与技术性，并很好地融合了其他学科的技术。这些教材板块内容与人类的生产、实践有着紧密的联系。如果仅从内容上看，其选修内容已经达到美国大学本科的知识深度和广度。化学应用性知识板块内容培养及影响着学生的实践水平和能力，"工程""技术"思维在美国教育中很受重视。

表 3-16　化学应用性知识板块内容

板块主题	涉及内容
现代分析化学	分析技术、光谱原理、IR 光谱仪、质谱仪、核磁共振仪、原子吸收光谱、色谱分析仪
人类生物化学	能量、蛋白质、碳水化合物、液体、微量营养素与主要营养素、激素
化学工业与技术	铁钢铝、石油工业、聚合物、催化剂、燃料电池和充电电池、液晶、纳米技术
药物与药品	药物产品、抗酸剂、镇痛药、镇静剂、兴奋剂、抗菌素、抗病毒药
环境化学	空气污染、酸沉降、温室效应、臭氧层破坏、溶解在水中的氧气、水处理、土壤、废物

---

① 1958 年，美国政府为改善美国的教育制度、增强美国国防竞争能力，颁布《美国国防教育法案》。该法案要求加强普通教育公立学校数学、科学和外语 3 门学科的教学。

续表

板块主题	涉及内容
食品化学	食物链、脂肪和油脂、储存期、颜色、转基因食品、纺织品
高级有机化学	亲电加成反应、亲核加成反应、消除反应、加成消除反应、芳烃、金属有机化学、反应历程、酸碱反应

　　由表 3-17 分析得出，基础教育的最终目的是达到"K-12 科学教育框架"和《新一代科学教育标准》对科学本质的要求。同时，基础教育强调概念的交叉，使学生的头脑中逐渐形成一个完整的科学体系，而不是只有"化学"学科。

表 3-17　《新一代科学教育标准》对科学本质内容的学习结果在高中的表现期望[①]

主题	维度	学习结果在高中的表现期望
科学知识是开放的，在新的证据下不断接受修正	科学与工程实践	科学解释可能是或然性的；多数科学知识是非常稳定的，但当有新的证据或者对已有证据有了新的解释时，原则上科学知识也会发生变化；科学论证是一种逻辑论证形式，用来澄清观点与证据之间的强烈联系，论证的结果可能修正某个解释
科学是一种认知过程	交叉概念	科学是一个知识体系，代表了当前人们对自然系统的理解。同时，科学还是一种认知过程，用以提炼、精致、修正和扩展知识体系；科学是人类众多认知方式中独具特色的一种；科学通过运用经验标准、逻辑论证和怀疑精神，区别于其他认知方式；科学知识的形成历史是一个包括理论、观念、信念不断精致、修正的过程

　　结合《新一代科学教育标准》中的学习结果的表现期望，学习化学不单是学习化学学科知识，更能培养学生的论证能力，还要求学生学会批判性地看待已有的科学本身。学习的结果是修正对已有知识的认识，既注重对当前科学的解释，又强调"科学是一种认知过程"。因而在学习过程中，实验操作部分很重要。同时，在课程理念上，要让学生知道科学通过运用经验标准、逻辑论证和怀疑精神，区别于其他认知方式。《新一代科学教育标准》也明确表示科学也是需要怀疑的，但这种怀疑不是毫无根据的，而是基于已有研究并通过科学逻辑论证的。可以说，怀疑精神的培养也造就了美国高中生思维的发散与丰富，从而使其创新精神得到鼓励。

（八）学生希望更高的教师期待

根据全美专业教学标准委员会（National Board for Professional

---

① 历晶，郑长龙，何鹏. 美国《下一代科学教育标准》中的科学本质教育. 现代中小学教育，2015（8）：104-107.
　　注：因翻译不同，作者翻译的《下一代科学教育标准》即本书所述的《新一代科学教育标准》。

Teaching Standards，NBPTS）认定的教师的五种特征，教师需要"负责管理和监控学生的学习"。在阿波罗高中，学生希望教师能够提供"满足学生学习需要的规划"（占比为 18.33%），即为学生提供明确的要求标准，以产生更好的预期效果；而在圣约翰预备高中，希望教师"深化学生学习"的学生占 41.07%，学生在知识学习上有着更高的要求，即学生希望教师所教授的知识既有深度又有广度。教师对学生的期待能让学生感受到教师的关注，更好地激发其潜能。教师的期待被认为与学生的社会阶层特征相联系：如果教师对学生的期待越高，学生在学习上就越发生好的变化。美国教师兼教育作家米莉艾姆·沃瑟曼认为，教师的期待会对来自贫困或者少数族裔家庭的学生产生极大的影响，是他们学业是否成功的一个重要影响因素[①]。笔者在调查中也发现，出身穷苦又学习成绩优异的学生表示，他们取得成功的一个重要因素就是遇到了关心、重视他们并对其有高期待的老师。

罗杰斯的非指导性教学思想的心理学研究表明：情感具有迁移作用[②]。即使学生的家庭出身不同、肤色不同，教师对学生也没有偏见，并给予其无条件的积极关注。这种人性化教育能够满足学生的内心需要，使其在高预期的心理作用下更好地学习。

创新驿站

心理学家将由于期待使得期待中的情境发生的现象称为皮格马利翁效应。这种效应运用于教育领域后，被定义为教育者对教育对象的期待会对教育对象的发展产生积极或消极影响，也被称作教师期望效应，或者罗森塔尔效应。罗森塔尔对一所小学的部分学生进行了一个"预测未来发展的测验"，之后随机抽取了 20% 的学生，对教师说这些学生具有很好的发展潜能。几个月后，罗森塔尔等再次回到学校并重新进行测验时发现，这20% 的学生的成绩都有显著提高。

这一现象的出现是由于教师的期望变高、态度变得积极，学生感受到教师对自己的关怀、爱护和鼓励，从而越来越向着教师期望的方向发展。除了学习成绩，学生的学业成就、人际交往、人格特征等多方面都可能受

---

① 转引自肖富林. 美国明尼苏达州高中生化学学习现状的调查研究. 西南大学硕士学位论文，2018.

② 转引自龚金莲. 罗杰斯的人本主义心理学理论对教学的启示. 中国西部科技，2008（7）：67-68，89.

其影响。正是由于教师的期望对学生的发展有着如此大的影响，在教学中更应该想办法发挥教师期望的积极影响，使每个学生都能更好地发展。

（九）期待积极并安全的学习环境

人本主义对美国的教育教学影响深远，在教育教学上影响着教师的教学策略，所以教师注重学习氛围、环境，尤其是人际关系的创设。1983年，佛罗里达州立大学的凯勒提出 ARCS 动机设计模式，认为教师在进行教学设计的同时，还应该进行适当的动机设计，即针对学生群体的动机状况和教学内容的特点设计相应的动机策略，设法使教学过程引起并维持学生的注意，建立教学与学生之间的关联性，使学生产生并维持对学习的自信心并获得满足感，那么教学就能激发学生的学习动机；1995年，坦尼森提出"交互认知复杂性学习模型"，该模型把情感要素作为认知系统所必需的部分。所以，学生需要教师在具体化学知识点上运用更多的方法解释问题，并讲得慢一点，认真地回答每个问题。这些要求都涉及教师对课堂教学和课堂学习环境的构建。

圣约翰预备高中和阿波罗高中的学校环境和学习氛围是让学生在学习过程中体会到教师的尊重，并建立和谐的师生关系。和谐的师生关系能够进一步改善学习氛围和学习环境，从而实现良性循环。从教学硬件来看，私立学校的教学硬件设施通常比普通的公立学校好，而公立学校因为入学学生多样化，安全的校园环境成为包括学校管理层在内的人员所关注的首要因素。

第二节　美国基础教育课堂实录与案例分析

"他山之石，可以攻玉"（《诗经·小雅·鹤鸣》），我国新课改提出要借鉴国际先进的教育理念和教育经验。作为科技第一大国，美国在科技方面取得的成就值得我们从其教育教学的实践中得到相应的启发。就化学学科而言，美国不仅是最早在中学开设化学课程的国家之一，还拥有最完善的中学化学教育体系。研究美国高中化学课堂可为我国化学教育教学提供有效参考。

笔者在美国访学期间有幸在多所中学参与调研，参与其化学课堂并进行了教学视频录制，在此过程中领略到美国化学课堂的独特之处。在主题教室（图 3-4）中，创设了多种多样的化学学习氛围，例如设置"Mole Day"（摩尔日）、化学课外阅读资料、拥有实验与教学两用的桌子等。其中，为了纪念阿伏伽德罗常数，将每年的 10 月 23 日早上 6 时 2 分到下午 6 时 2 分定为摩尔日。在摩尔日近段时间里，学校开展一些与化学或摩尔有关的活动，从而激发学生的学习兴趣。同时，主题教室也为学生提供先进的硬件支持，如计算机、手机、平板电脑等，以促进教学环境的智能化。此外，主题教室兼顾安全性，配置了灭火器等安全设备。美国高中通过主题教室和校园文化墙（图 3-5）的设置激发学生的学习兴趣，并给予学生充分的选择权，让学生自由地挑选学习内容和学习方式，从而保证学生多元化、多渠道地学习知识。笔者希望借助调研记录，为我国化学教学的创新提供参考，在教学过程中实现有效的知识传递和能力培训，进而培养学生的独立思考能力、合作能力、创新精神，为我国培养创新人才奠定基础。

图 3-4　美国高中的化学主题教室　　　　图 3-5　美国高中的校园文化墙

一、课堂实录：同位素

（一）课堂背景

美国高中化学原子结构部分要求学生掌握元素、核素、同位素三者之间的区别与联系，并且能够依据同位素丰度计算出相对原子质量。

"元素""核素""同位素"三者都是微观、抽象的化学概念，不易被学生理解。在教学中，教师不仅可以通过类比将抽象概念具体化，从而促进学生对概念的理解，还可以通过各种归纳及练习促进学生对概念和规则的掌握。美国高中化学教师在课堂上将抽象的同位素类比为不同颜色的豆子，并利用"数豆子"这一类比迁移的教学方式，让学生理解同位素丰度的概念，并学会利用同位素丰度计算相对原子质量。

（二）课堂实录

【PPT 展示】

> 同位素
> ● 是具有不同质量数的同一种元素的原子；
> ● 具有相同质子数，但中子数不同；
> ● 质子数永还不会改变，否则它就成了另一种元素；
> ● 元素的性质依旧不变，只是质量不同而已。

【教师提问】什么是同位素？它们有什么不同？

【学生回答】它们有相同的质子数，不同的中子数。

【教师总结】是的，同位素有相同的质子数，因为它们仍然是同一种元素，但中子数不同。

【学生回答】质量数不同。

【教师总结】质量数不同，它们就会有不同的质量。

【教师提问】我们今天要讲的是：什么是同位素？你如何利用这些同位素算出原子质量？

【教师总结】同位素的概念及特点：同位素的原子有不同的质量数。它们之所以有不同的质量数，因为它们有不同的中子数，同位素的中子数不同。

【教师活动】设计了一个"数豆子"实验（图 3-6）来深化学生对同位素概念的理解并利用同位素丰度计算相对原子质量。教师拿出若干实验筐，里面装有若干一次性纸杯，以及一个装有上百颗红、黄、绿三种颜色塑料珠子的透明塑封袋。

图 3-6　美国学生"数豆子"

【教师讲解】我们接下来要做一个活动，与同位素及同位素的相对原子质量有关。我这儿有一种元素名字叫"豆子"，豆子有三种同位素：红豆、黄豆和绿豆（学生笑了起来）。要求你们两人一组，你们要设法得出三种同位素的质量，并且计算出各自的相对原子质量以及这种元素的平均相对原子质量。

我会给你们一个单子，里面介绍了实验目的和实验操作步骤。第一步：称量红豆、黄豆和绿豆的质量，看篮子里为你们提供的纸杯，你们可以将豆子分拣在里面进行称量。第二步：数一数，你们要数出所有黄豆、红豆和绿豆的数量。第三步就是要做相应的计算。

你完成数一数的步骤并记录下后，将豆子放回塑封袋里，接着你就可以开始计算并回答思考题了。注意不要将这些"同位素"弄掉了，要将它们放置在桌上进行操作。好了，还有什么问题吗？没有的话，两人一组，派个代表过来领题单，然后开始你们今天的实验吧。

（整个实验活动一直持续到下课，教师要求学生课下将实验题单上未回答完的内容补充完整，第二天上交。）

【问题】

1）豆子的个数百分比告诉你 100 个豆子中各种豆子的比例，那相对丰度又是什么含义？

2）平均原子质量和相对原子质量有何区别？

3）解释你所在小组与其他小组最后得到的豆子的平均相对原子质量不同的原因，说明为什么样本越大，差别越小。

【课堂总结】

相对丰度计算公式：$M_1X+M_2(1-X)=Me$，其中 Me 是元素周期表中元素的原子质量，M_1 是已知同位素质量丰度，X 是已知同位素的相对丰度，M_2 是未知同位素质量丰度。

（三）案例分析

该教学案例涉及的知识点包括核素、同位素、根据同位素丰度求相对原子质量。前两个属于化学概念性知识，后一个属于程序性知识，且三者中，上一个知识点是下一个知识点的上位概念。首先，从核素和同位素的概念教学过程中可以看出，教师利用学生熟悉的自然界不同豆子的宏观现象对同位素概念进行类比迁移，以促进学生对同位素概念的理解和掌握。学生通过动手操作与动脑计算，促进了对相对原子质量计算规则的学习。

教师将同位素类比为看得见摸得着的"豆子"，并且用不同的颜色代表不同的同位素，通过对豆子混合比例的计算让学生理解同位素丰度。通过豆子的选择与计算将抽象难懂的微观概念用宏观可见的实物模拟出来，让学生动手数豆子并设置思考性问题，既能使学生直观地理解同位素丰度的含义，又能深化相对原子质量的概念，还训练了学生如何进行科学思维，从而促进学生对知识的深层次整合与牢固掌握。

从该课堂案例中可见，教师善于利用探究实验来加工与巩固知识。从整个实验探究的过程来看，教师只起到了设计者和指导者的作用，在讲明实验要求、为学生提供实验材料后，就将剩余的课堂时间交给学生，实验探究过程所用时间占整个课堂时间的一大半。在实验探究过程中，学生在小组内分工合作，有人称量，有人计算，遇到问题时积极讨论，呈现出良好的合作学习氛围。教师则在每个小组间进行观察，如果发现问题或学生有疑惑，就给予他们相应的指导。此外，该课堂还注重在实验过程中培养学生的数据记录与分析处理能力。

二、课堂实录：原子光谱

（一）课堂背景

该课堂是 AP 化学课程中一个关于原子光谱的探究实验，旨在帮助学生深层次理解"原子发射光谱""电子能级""能级能量""电子跃迁"等概念。该实验主要验玻尔关于能量变化的经典理论与公式。玻尔认为原子只能处于一系列不连续的能量状态中，在这些状态中原子是稳定的，电子虽然绕核运动，但并不向外辐射能量（定态）；当原子从一种定态（设能量为 $E_{初}$）跃迁到另一种定态（设能量为 $E_{终}$）时，它辐射（或吸收）一定频率的光子，光子的能量由这两种定态的能量差决定；原子的不同能量状态与电子沿不同的圆形轨道绕核运动相对应，原子的定态是不连续的，因此，电子的可能轨道分布也是不连续的。

（二）课堂实录

【PPT 展示】

> 1. 谁是第一个提出原子概念的人？
> 2. 谁提出了原子理论？
> 3. 汤姆森发现了什么？他怎么发现的？他的模型叫什么？
> 4. 卢瑟福发现了什么？如何发现的？

5. 玻尔的模型看起来像什么？

6. 薛定谔想出了什么模型？

7. 这些模型还有什么不足之处？

【简介】

阳光透过棱镜产生彩虹的颜色——可见光谱。当光以不同波长发散时，白光就分离成不同颜色的光波。当一个纯净的气态原子（例如氢气或氦气）受到高压放电时，就会产生光。然而当光通过分光镜时，它产生的光谱是不同的，不再是人们所熟悉的彩虹颜色。气体发出的光将会提供一系列明亮、彩色的谱线。这一系列明亮谱线被称为原子发射光谱，每种元素都有其独一无二的光谱。

【涉及概念】

原子发射光谱　电子能级　能级能量　电子跃迁

【实验准备】

1）每个人在实验之前都需要通过查询教科书或互联网资源，收集并理解此实验相关背景资料。单独使用一张纸把这些信息写出来。

2）列出以上每个概念的定义。

3）相关科学家及他们对于这些概念的主要贡献。

4）"基态""激发态""电磁辐射""光子"等术语的含义。

5）玻尔的谱线波长和能级能量之间的关系的公式。

6）玻尔原子结构原始模型的哪些方面仍适用于当前所认可的原子结构理论？

7）玻尔原子结构原始模型的哪些方面不再被当今公认的原子结构理论所采纳？

【实验材料】

彩色铅笔　分光镜　气体放电管（TBA）　电源

【实验步骤】

1）使用分光镜或衍射光栅，从白炽灯泡中观察连续的彩虹谱线。

2）观察可见光谱的颜色和每个波段的波长范围。在光谱表中使用彩色铅笔在适当波段描绘出白光光谱，注意波长的单位。（$1nm=10^{-9}m$）

3）使用一个光谱仪，观察从荧光灯获得的可见光谱。产生什么种类的光谱？如果有明亮的光线出现，记录线条数目、它们的颜色，以及它们合适的波长在数据表（表3-18）中。

表 3-18　实验观察记录

光源	谱线（线条数目）	颜色（波长 nm）						
		400	450	500	550	600	650	700
白炽灯								
氢光谱管								
汞光谱管								
＿光谱管								
＿光谱管								
＿光谱管								
荧光灯								

【计算及相关分析】（单独使用一张纸来回答下列问题）

1）根据玻尔理论，光的能量（ΔE）与波长（λ）成反比，当波长增加时，它的能量就会降低，基于观察到的白炽灯的光谱，按照能量由高到低排列可见光谱的颜色。

2）在可见光的范围内，做大约相同"宽度"波长的所有颜色光谱。

3）在可见光谱中，最亮的是哪种颜色的光？这意味着它是能量最高的光吗？

4）使用玻尔理论，计算在氢原子发射光谱中每条线对应的能量。（需要看到每个计算过程，不是例子。）

5）氢可见发射光谱是从激发态降到第二主要能级（$n=2$），因此，最高能量紫线是从 $n=6$ 过渡到 $n=2$，最低能量红线是从 $n=3$ 过渡到 $n=2$。根据 4）中的结论画出 $1/n^2$ 最终 $-1/n^2$ 起始的能级图，以（$1/n^2$ 最终 $-1/n^2$ 起始）为 X 轴，以能量为 Y 轴，从图中你能得出什么结论呢？

6）荧光灯谱图的独特之处是什么？哪些元素被用在荧光灯中呢？

7）依据它们的发射光谱来鉴别不同的气体，你认为具有可行性吗？为什么？

8）通过实验中观察到的发射波长和频率，解释电子发生了什么变化。

【实验结果】如图 3-7 所示。

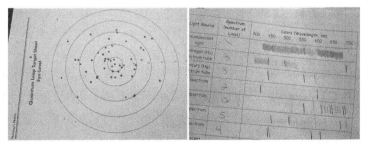

图 3-7　"原子光谱"实验结果记录

玻尔能量公式：$\Delta E = h\nu = |E_j - E_i|$。$\Delta E$ 为 j、i 两轨道间的能量差。

（三）案例分析

这个案例通过具体的实验操作和问题分析将原子发射光谱、电子能级、能级能量、电子跃迁等知识的理解与运用综合起来，学生通过小组合作探究进行相关资料收集、实验操作、实验观察与计量、问题分析与处理，充分调动了智慧技能与动作技能的学习。在实验计算及相关分析部分，教师设计了一系列思考性问题，以促进学生对知识的归纳、总结、运用及反思，同时要求学生进行作图分析，以锻炼其数据分析处理能力等。

在该实验教学中，美国教师注重实验前的准备工作，会提前将实验要求发放给学生并让学生准备，也会用 1—2 节课为学生讲授实验原理，与此同时，让学生填写和反思实验的准备内容。从学生需要做的实验前准备来看，学生要对核心概念的起源、发展与变迁进行分析，并单独使用一张纸呈现相关术语的含义和规则，从而深层次地理解这些核心概念。这说明教师在教学中非常注重对概念的界定和规则的理解。此外，教师在教学中要求学生列出相关科学家及其对这些概念的主要贡献，以及对玻尔原子模型的发展与变迁进行讨论。可以看出，美国化学教学注重化学史教育，赋予化学知识人文价值，除此之外，通过科学发现史教学让学生在科学家发现之旅中学会辩证发展的科学思想以及科学的思维方法[①]。

在实验的分析计算部分，教师根据实验操作及过程中的现象和数据设计了一系列问题，提供了数据分析的思路，引导学生进行数据分析并通过回答对应问题得出相应的结论。从案例中设置的计算及相关分析来看，这些问题层层推进，学生在逐个解决问题的过程中一步步完善认知结构。通过这一系列操作分析，学生不仅能够很好地理解与运用玻尔能量公式，明白每种原子都有其特征光谱，并通过这一特征对物质进行鉴别，还能够更好地理解"电子能级""能级能量""电子跃迁"等核心概念。

三、课堂实录：加减法的运用

（一）课堂背景

美国教师不仅在课堂上注重培养学生的参与性、创造性与批判性思维能力，在课余也组织很多兴趣盎然的活动。本案例为美国的一节小学数学课：关于加减法的运用。教师在课堂中创设一个市场交易模拟活动。学生

---

① 黄梅. 美国高中化学教材以及化学教学特点. 化学教育，2016（13）：72-77.

在这个活动中扮演市场交易人员，将各小组所准备的制作品进行交易。在这个过程中，注重培养与突出学生的知识迁移能力，帮助学生理解数学知识的生活意义与价值。

（二）课堂实录

上课刚开始，学生被分成小组，模拟自由市场进行交易（图3-8），一部分学生当顾客，另一部分学生当商家。老师给每个学生10美元的启动资金，要求学生在交易时记账，即在本子上写下每一笔交易的算式。如John买铅笔需要花1美元，而他如果给了5美元，Belly就会在本子上记下5-1=4，表示她给John找了4美元；如果顾客给了2美元，她没有找钱，那么她会在本子上记下2-2=0。

B和A在他们的店面摆了一些自己折的纸飞机，如图3-8（a）所示，他们展示的广告语是"纸飞机工厂：一个2美元"。广告的背景是一些蓝色飞行器在宇宙中飞翔，如图3-8（b）所示。男生很感兴趣，纷纷围在他们的摊位进行交易。女生就不一样了，她们似乎对纸飞机没那么感兴趣，而被E出售的装饰手链吸引，如图3-8（c）所示。这种装饰手链是用不同颜色的彩线编织出来的，色彩鲜艳又便宜，男女生都感兴趣，E不停地根据顾客的需要编织手链，生意似乎很好。

生意最兴隆的要算F和J，她俩忙得应接不暇，原来她们的绘图技能很强，可以在买家身上一些部位绘上其想要的图案。她们会提供给顾客一本图案大全书，小顾客们选好图，她们就根据绘画的难易程度和所花时间收取2—5美元。一个小男生想在脸上画一个小熊猫，另一个男生想画一个小狗，一个女生花1美元画了夸张的胡须，如图3-8（d）所示。

相比之下E和C生意就不那么好了，他们组成了一个艺术团队，专门用彩笔在纸上作画，一幅画售价4美元，可能是特色不鲜明加之收费太高，可谓"门前冷落鞍马稀"，他们看着别人热闹的摊位，苦着脸站在那里，如图3-8（e）所示。

还有一个男生自制了各种书签，书签别具特色，有花卉的，有字母的，有人物的，有各式条纹的，他还专门做了一个小纸箱用于收费，如图3-8（f）所示。

没有顾客时，学生忙着数自己盒子里赚到的钱，将它们按照1美元、2美元、5美元分别放好，看上去很有成就感。他们还会偷偷地看看旁边同学的账本，暗自欢喜一下。

(a) B和A卖纸飞机的场景

(b) B和A为纸飞机所做的广告

(c) E为小顾客介绍自己的手链

(d) 生意结束后F和J在一块儿
数算自己的收获

(e) 生意较冷清的E和C

(f) 别具创意的书签制作

图 3-8　模拟自由市场交易

交易结束后，充当卖家的学生忙着清点自己的收入，检查与账本是否符合。充当顾客的学生还会填写一份市场交易顾客服务调查表，表中有以下内容：

1）我买东西找的钱是否正确？

2）买家是否友好？

3）买家是否明码标价？

4）我购买的商品或服务是否物有所值？这是否是一个好买卖？

最后，教师会检查扮演卖家的学生记账是否正确，与他们盒子里面的收入是否符合。

（三）案例分析

在该案例中，教师并未直接进行加减法运算知识的讲解，而是将知识置于具体活动中，寓教于乐，通过让学生自己设置摊位贩卖商品，使其在轻松、愉快的交易活动中对所学的知识进行思考和应用。在案例中，学生准备的商品不尽相同，可以看出，有的学生更加富有想象力和创造力，懂得利用新奇的事物吸引小伙伴的目光；有的学生则因缺乏特色而生意冷清。但是学生都很喜欢此次活动，大家不仅认真地进行了准备工作，而且在活动中十分投入。

认知心理学研究认为，小学生问题特征编码的关键是，教学案例倾向于实施精确的问题解决策略和正确地解决问题。市场交易的数学课让学生懂得了如何在实际生活中应用数学知识，这些知识不仅涉及数学中加减法的运用，还涉及学生使用数学的策略、策略的价值以及学生选择它们的维度。学生通过这种模拟真实解决生活问题的情境，不但获得了数学思维以及对数学知识的一般认知过程，而且能够从亲身经历中学习到市场交易需要价格合理、物有所值，根据市场需要进行买卖和价格调整。这样的活动为学生将来步入社会创设公平公正的商业环境做了精神上的准备。

通过以上课堂实录不难看出，这个课堂十分注重创设趣味性、创造性、自主性的课堂氛围。兴趣是取得学术成就和不断获得成功的关键，尤其是在 K-12 教育阶段。这个课堂实录很好地说明了这一点，它不仅教会学生知识，更丰富了学生的社会经验，并帮助学生树立正确的价值观。

第三节　美国基础教育创新人才培养的特点

基础教育阶段是学生学习生涯中的奠基期，关系到学生日后的成长与发展，美国的基础教育有其鲜明的特色。研究美国基础教育阶段创新人才培养的教学实践特点，可以为我国创新人才培养提供参考，推进我国教育改革和创新人才培养。

一、美国基础教育培养目标的特点

美国基础教育分为公立和私立两种。美国独特的基础教育制度和教育教学管理体系、强大的社会化课程教材设计、先进的科技对教育教学的支持、准确的学校文化价值定位以及教育智囊集团支持下的教育教学研究和对教师的制度规范性要求为美国的基础教育奠定了雄厚的制度、经济与文化基础，促进了学生全面的素质发展和学习兴趣的培养，有很多值得我们借鉴之处。美国基础教育相关法案如表 3-19 所示。

表 3-19　美国基础教育相关法案

美国方案名称	与基础教育相关内容
《美国教育改革法》	在内容标准上，除了强调知识，还强调批判性思维和解决问题技巧的运用
《美国 2000 年教育目标法》	大力提高全体学生的推理能力、解决难题的能力、应用知识的能力、写作的能力和进行流畅交流的能力
《不让一个孩子掉队法案》	保证每一个孩子都能阅读；提高移民儿童的英语水平
《每一个学生都成功法案》	确保学生从高中毕业之后能够为大学和职场生活做好充足准备；在阅读和数学学科标准等测试上，各州可以根据自身的实际情况实行符合自身条件的水平测试，确立高标准的目标，以使高中毕业生能够为大学学习和职业生涯做好准备；鼓励个性化学习和混合学习，以及确保每个学生更加公平地获得技术和数字化经历

　　美国基础教育在多方面体现了其独特性。在美国教育领域中，学习热情被认为是取得学术成就和不断获得成功的关键，学习应该是令人兴奋的、有趣的、充满互动与欢乐的过程，尤其在 K-12 教育阶段。因此，美国基础教育注重发展学生的参与性、创造性与批判性思维能力，保护他们的想象力，鼓励他们进行独立思考，尊重不同的观点。教师在课堂上运用多种手段激发学生不同维度地进行思考，肯定学生的努力，保护和激励学生的创作欲望和尝试。丰富多彩、兴趣盎然的课余活动不仅让学生锻炼了体能、亲近了大自然，还发展了劳技才艺，使其快乐地学习与成长。其主题教室装扮（图 3-9）可见一隅。

图 3-9　美国基础教育主题教室装扮

美国的教育领域由各州负责，各州又将具体责任委托于地方学校，所以美国并没有全国统一的人才培养规格，各校的培养目标不尽相同。美国目前实行中小学一贯制培养模式，以淡化学习阶段的界限，减少学生的流失，实现综合一体化的培养，所以美国小学阶段的培养目标也因此淡化，但以美国视导和课程研究协会（Association for Supervision and Curriculum Development，ASCD）提出的现代小学的 6 项任务影响广泛。其具体内容包括：①增进学生的健康和增强学生的体质；②增进学生的心理健康和发展学生的人格；③发展学生对社会和科学世界的认知；④发展学生有效参与民主社会的技能；⑤发展学生符合民主生活的价值观；⑥发展学生的创造性活动。①

二、美国基础教育课程与教材的特点

（一）课程特点

1．课程结构特点

美国基础教育课程设置呈现诸多特点，归纳起来主要包括课程设置内容多元化、综合化和灵活化，学术性科目与非学术性科目相结合，以实现教育平等和提高教育质量为根本目的。

（1）课程设置内容多元化、综合化和灵活化

二战后美国为了迅速走出战争泥潭，使学生从战时状态迈入生活状态，生活适应教育成为这一时期的主流，适应生活成为学生的追求目标。在小学课程设置上表现尤其明显，课程内容具备多元化、综合化和灵活化的特点。多元化体现在小学课程设置的科目种类繁多，大多数学校开设了社会研究、语言艺术、健康教育、艺术、数学、科学等课程。综合化是指每门科目都是几门相近或相似学科的综合，如社会研究课包括历史、地理和公民等学科，语言艺术课包括阅读、写作和听说等学科。灵活化是指每所学校可以根据所在州、学区和学校的实际情况自主决定开设的小学课程，联邦政府在美国公立学校的课程设置方面只起到引领和指导的间接影响作用。

（2）学术性科目与非学术性科目相结合

随着时代的发展，20 世纪 60 年代后期到 70 年代，美国社会各阶层

---

① 白彦茹. 美国中小学课程述评. 外国教育研究，2002（7）：33-37.

矛盾激化，联邦政府迫于舆论压力，也是为了缓解社会中的诸多矛盾，在小学课程设置上，逐渐倾向于非学术性课程。这一时期的课程设置与社会的现实需要联系紧密，依据学生的兴趣设置相关课程，以培养学生的情感和态度为前提，提高学生的智力水平。到20世纪70年代中期，学生的学术水平降低，教育质量下降，联邦政府又开始重视对学生基本知识和技能的提升，有关读写算的学术性科目重新被重视。

（3）以实现教育平等和提高教育质量为根本目的

进入21世纪，美国小学课程设置的特点鲜明，以教育平等和提高教育质量为发展主题，优化小学课程设置。2002年1月颁布的《不让一个孩子掉队法案》对小学阅读、数学和科学极大关注，通过"阅读挑战计划"提高学生的读写能力，通过资金援助和建立科学团体推动数学和科学的课程改革，从而实现在教育平等的前提下提高所有学生教育质量的目的。

✎ 创新驿站

美国教育法案的改革历程

《国家处在危险中：教育改革势在必行》（1983年）→《普及科学：美国2061计划》（1985年）→《美国2000年教育目标法》（1991年）→《美国教育改革法》（1994年）→《不让一个孩子掉队法案》（2002年）→《每一个学生都成功法案》（2015年）。

此外，美国先后颁布或出台了《美国国家科学教育标准》《K-12科学教育框架：实践、跨学科概念和核心概念》《新一代科学教育标准》等文件。这些法案与标准的颁布对美国基础教育的发展进步起到了很好的促进作用。

2. 课程管理的特点

所谓课程管理，是指在一定的教育思想指导下，为达到一定的教育目标而制定一系列课程政策，对课程的形成、实施、评价过程进行决策与调控。常见的课程管理方式有两种——中央集权制和地方分权制。建国后，美国在第十条宪法修正案中明确指出，凡宪法不曾赋予联邦而又未曾限制归各州的权利，都属于各州或人民的权利。因此，美国在教育领域的管理由各州负责，它属于典型的地方分权制国家，课程管理为地方分权型体制，联邦政府对课程管理实际上只起到建议和倡导的作用，并通过拨款和立法等形式预设课程实施。美国在二战后为了适应政治、经济、科技和军事各领域的发展，维护美国在国际竞争中的超级大国地位，掀起一轮又一轮课程改革，尤其在基础教育课程改革领域，美国联邦政府一改往日的态度，积极投身于课程改革中。

（1）地方分权与国家集权相结合的课程管理模式

美国联邦政府对教育领域的关注根据各时期政治、经济和社会等具体国情做出实际调整。美国联邦在历史背景下、在世界各国的竞争中寻求其优势地位，并且在诸方博弈中形成具有本国特色的课程管理模式。

（2）联邦政府宏观调控与市场自主调节相结合的课程管理模式

美国的课程管理权历来归各州、各学区和地方学校，联邦政府不做过多的干预和影响，联邦政府对学校课程的管理权可以交由市场完成。布什政府在课程管理中引进企业管理"高绩效理论"（High Performance Theory），目的是加强各州、各学区和各学校层面的绩效责任与竞争。联邦政府认为责任制体系非常重要，是美国教育改革的基石。

（3）联邦政府管理与社会约束相结合的课程管理模式

除了政府对美国课程进行正式管理外，还有一支非常重要的非正式民间约束力量——压力集团（或称利益集团）（pressure group）对其进行管理。压力集团是指基于法律保障的权力参与政府行政运作过程，通过各种活动方式表达意见，试图影响政府决策的正式或非正式的组织或团体。压力集团在美国政治生活中扮演着非常重要的角色，它通过各种正式或非正式的方式、渠道影响美国政府的工作。教育作为最大的公共事业，所涉及的压力集团众多，包括各种教育行政人员组织、纳税人组织、少数族群组织、妇女组织、教师组织、学生团体、家长团体、私人组织的各种基金会等。美国全国性压力集团有万余个，它们以各种方式参与到政府的课程决策中。

（二）化学教材特点

目前被广泛认可的国际课程有国际文凭组织为全球学生开设 IB 课程、AP 课程、英国的 A-Level 课程，这些课程是高中生选择全球大学学习的一种途径。AP 课程为美国大学先修课程，以 AP 学分录取的大学能够承认并抵消大学学分；A-Level 课程作为英国全民的课程体系，也是英国高中生升学的考试课程。这三者各有千秋，其中 IB 课程极具独特性与世界性，追求的是世界所有适龄学生的共同发展，能够满足世界多种多样学生的多元化需求。在 IB 课程的教材中，最受欢迎的是化学与数学教材。

✎ 创新驿站

美国基础教育呈现不同特征：一是课程设置既受各级政府的影响，又吸取了各课程流派的合理意见，是社会本位主义教育价值观与个人本位主义教育价值观各持一端、相互对立的结果。20 世纪 90 年代后，美国基础教育课程通过增强学生的思维能力促进其基础知识学习。二是中小学各学科的教材由学校和任课教师选定，未做统一要求。丰富多样的教材为学生提供了广阔的知识天地。三是美国各州中学生毕业所需最低学分由州教育部门指定，各校据此进一步制定本校学科学分的具体要求。各校并未对课程种类、难易程度做统一要求。这种学分选课制可以让学生自主选择一定比例的核心必修课和选修课。在课堂提问上，学生可以更自主、更积极地参与到课堂活动中。在合作学习中，学生可以在民主宽松的小组讨论中互帮互助，共同提高学习成绩。这些都有助于提高学生的创新思维能力和激发学生的潜能。

以美国明尼苏达州为例，该州高中使用的教材为美国培生教育集团（Pearson Education）出版的专门针对标准水平的《国际文凭组织化学》（International Baccalaureate Chemistry，以下简称 IB 教材）。该教材分为必修部分与选修部分，共 18 章，其中第 1—11 章为必修部分，第 12—18 章为选修部分。

从表 3-20 的 IB 教材看，必修部分囊括化学的基本概念，强调在核心概念或大概念下构建化学学习的基本技能，通过数据的分析及处理能力的训练，使学生形成化学思维，初步认识化学与世界的联系；选修部分加强了与其他学科的融合，渗透着极强的工程、技术内容思想，是十分实用的科学技术分支，展现了 STEM 教育的基本理念。IB 教材及课程可以达到私立精英高中"升学"的目的，为学生考上世界著名大学铺路，进而培养具有国际竞争性的顶尖人才。IB 教材是面向全球学生编写的，因此也适用于培养技术型劳动者的大众化公立学校。

表 3-20　IB 教材章节分布

章节序号	内容	章节序号	内容
1	定量化学（必修）	10	有机化学（必修）
2	原子结构（必修）	11	测量和数据处理（必修）
3	元素周期表（必修）	12	现代分析化学（选修）
4	化学键（必修）	13	生物化学（选修）
5	能量（必修）	14	工业和技术中的化学（选修）
6	化学动力学（必修）	15	医学和医药（选修）
7	化学平衡（必修）	16	环境化学（选修）
8	酸和碱（必修）	17	食品化学（选修）
9	氧化和还原（必修）	18	未来化学（选修）

在美国化学高级班教材中，2/3 是化学理论知识，1/3 是化学的应用性知识。理论知识包括化学计算（摩尔概念与阿伏伽德罗常数、分子式、化学式、在化学反应中质量与气体体积的关系、溶液），原子结构（原子、质谱仪、电子排布），周期性（周期表、物理性质、化学性质），化学键（离子键、共价键、分子间作用力、金属键、物理性质），能量（放热反应和吸热反应、计算焓的变化、赫斯定律、键焓），化学动力学（反应速率、碰撞理论），化学平衡（动态平衡、平衡点），酸和碱（酸碱理论、酸碱的性质、强和弱的酸和碱、pH 范围），氧化还原反应（介绍氧化还原反应、氧化数、氧化还原反应方程式、反应、伏打电池、电解池），有机化学（介绍、烯烃、酒精、卤代烃、反应历程），测量和数据处理（测量中的不确定与误差、计算结果的不确定性、图表技术）等内容。

化学应用性知识有 A—G 共 7 个模块，供教师进行选择性教学。内容包括现代分析化学（分析技术、光谱原理、IR 光谱仪、质谱仪、核磁共振仪、原子吸收光谱、色谱分析仪），人类生物化学（能量、蛋白质、碳水化合物、液体、微量营养素与主要营养素、激素），化学工业与技术（铁钢铝、石油工业、聚合物、催化剂、燃料电池和充电电池、液晶、纳米技术），药物与药品（药物产品、抗酸剂、镇痛药、镇静剂、兴奋剂、抗菌素、抗病毒药），环境化学（空气污染、酸沉降、温室效应、臭氧层破坏、溶解在水中的氧气、水处理、土壤、废物），食品化学（食物链、脂肪和油脂、储存期、颜色、转基因食品、纺织品），高级有机化学（亲电加成反应、亲核加成、消去反应、加成消除反应、芳烃、金属有机化学、反应历程、酸碱反应）。整体而言，IB 教材具有以下特点。

1．教学内容结合学科前沿技术与应用

IB 教材中有一半内容与化学知识在社会中的应用和环境保护有关。

教材不仅提供大量实践内容，让学生懂得化学知识在生活中的应用，还有学习科学论文的写作方法等内容。例如，在讲解氧化还原时，给出智能手机的模型图（图3-10），将电子与化学融合，并强调手机是由电池内发生的氧化还原反应产生的电能驱动的，突出化学在科学技术上的应用；在讲解转化率相关知识点时，给出了炼油工厂的实物图（图3-11），并进一步指出转化率是衡量产品产量的重要指标。

　　然而，后来，这一术语的范围扩大，涵盖了范围更广的反应。我们现在定义这两个过程，氧化和还原。是指当电子从一种反应物转移到另一种反应物，然而许多这些反应不使用氧，例如，光合作用，即植物从光能中储存化学能的过程，涉及氧化和还原反应，尽管氧本身不是反应物。把电子从一种物质转移到另一种物质会产生电子流，换句话说就是电流。所以，化学反应可以用来发电——一个简单的伏打电流或电池就是这样工作的。通过逆转这一过程，并使用电流来驱动氧化和还原反应，稳定的化合物可以被分解成它们的元素。这就是所谓的电解过程。这些氧化和还原的应用，统称为电化学电池，已经真正的革命我们的世界。例如，我很难想象没有我们每天使用的许多电池供电的移动设备的生活，或者没有金属，比如只有通过电解才能得到的铝。因此，无论是在实验室之内还是之外，对氧化和还原的理解都是大量化学研究的核心。

图 3-10　IB 教材中手机模型图

⇒ O_2是限量反应物
反应结束时摩尔比：　　　　0.5　　　0　　　0.5　　　1
所以0.5mol CH_4在反应结束时没有反应。
我们将在下一节中学习更多这类问题的例子。

由实验产量和理论产量可以计算出转化率
对于上述例子的答案，10.7 g N_2被称为理论产量，因为它假设所有的CuO转化为N2时没有损失，没有杂质，没有浪费，也没有反应不完全。
在现实中，上述情况在大多数化学反应中都有不同程度的发生，因此理论产量通常与实际或**实验产量**不同。
　　当我们将实验产量与理论产量进行比较时，我们得到了反应物转化为产物效率的测量值，这通常用百分比表示，定义如下：

$$转化率 = \frac{实验产量}{理论产量} \times 100\%$$

在你自己的实验中，你可能经常能够计算出产品的百分比产量来评估结果。在工业上，这是一个非常重要的计算，用于确定一个过程的效率，如制药工业中的药物合成。绿色化学的许多方面都关注如何通过减少浪费来提高产品产量。

像这个炼油厂这样的工业工厂需要能够跟踪发生的化学反应的效率。衡量产品的产量是其中一个重要部分。

图 3-11　IB 教材中炼油工厂的实物图

技术发展日新月异，也对人才培养提出了更高要求，只有将化学与技术联系起来，将技术与社会联系起来，才能将化学理论付诸实践，从而更好地推动生产力的发展。化学最终是为人们的美好生活服务的，将化学应用到生活中，工程和技术实践是必经之路，同样，工程和技术的发展也会带来化学学科的变革。IB 教材注重技术内容的体验，培养学生的实践能力和操作能力，提高学生问题解决的能力，激发学生对技术、工程类学科的兴趣，促进其进行科技创新。

2．教材的循环使用

学生毕业后使用过的书可以卖给学校专门收购教材的收购点，学校的这些收购点根据书的类别、新旧程度和不同要求，将书收购并付给学生一定的现金。新学期开学，收购点以低价格——5 美元左右（一般新书价格为 100 多美元）将这些书卖给有需要的学生。循环反复，既节约了资源，学校又得到一笔可观的收入，学生也得到了经济实用的书。

三、美国基础教育教学的特点

通过对美国基础教育教学的实地研究发现，美国基础教育以建构主义为理论基础，秉承杜威、皮亚杰、布鲁纳和维果茨基的思想，强调"做中学"、知识的主动建构、知识与社会的关联。因此，美国基础教育中的化学教学整体具有以下特点。

（一）教学注重让学生通过问题解决来建构知识体系

教师开始教学前通常会设置问题链，考虑好问题的衔接和过渡，使问题之间环环相扣、层层递进，具有较强的逻辑性，这样能够将知识穿插并连接在一起。教师通过学生对问题的思考，培养其分析能力和科学思维；通过解决问题的途径，激发学生用探究思维学习课本知识等各种间接经验。学生能主动构建新旧知识、跨学科知识、陈述性知识与程序性知识之间的联结，在大脑中构建概念网络图，最终实现知识的融会贯通。

同时，在教学中，教师注重引导学生清晰地表达问题、解释问题，并主动地尝试解决问题（图 3-12），注重训练学生的问题分析推理能力。教师通常引导学生针对待解决的问题提出假设，再通过逻辑论证或者设计实验，运用证据推理的核心素养逐步证实或者证伪假设，最终得到结论。这样就完成了一个问题解决的探究过程。这种区别于教师教授、学生接受的教学方法，称为问题教学法或者发现教学法。

图 3-12　课堂上教师引导学生解决问题

实践路上

　　IB 教材中"热化学"教学内容主要分为能量流、测量和表达焓变、状态变化中热量、计算反应热 4 个部分。"热化学"围绕两个问题（大概念）展开讨论：①在化学或物理过程中能量如何守恒？②如何确定化学或物理过程中吸收或释放的能量？

　　在这两个大概念下又包括小节关键核心问题。例如在能量的流动这节部分内容中包括 3 个关键问题：①能量变化的发生方式有哪些？②在化学或物理过程中，宇宙的能量会发生什么变化？③物体的热容取决于哪些因素？

　　从该案例中可以看到，美国基础教育 IB 教材在编写教学内容中，主要是利用大概念问题→关键问题，即"问题链"的形式作为知识组织逻辑路线。"问题链"设置可以激发学生的求知欲。

　　（二）教学注重直观与模型建构

　　在美国课堂上，教师的板书通常很少，但他们非常善于归纳，喜欢用图表的方式清晰地表达知识，讲解时善于运用比喻来帮助学生建立模型，使其加深对知识的理解。每节课的知识总量虽不大，但尽量让学生理解得透彻并且会应用。

实践路上

　　IB 教材在元素性质的周期性变化规律部分中讲解了原子半径、离子半径、电离能、电负性性质的周期性变化规律。在该部分知识点讲解时，教材都首先向学生提出元素某种性质的变化趋势的问题，随后给出事实性证据，从证据中推理出该性质的变化规律，并将利用图表形式直观展示。

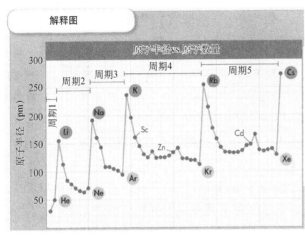

此图绘制了原子序数从1到55的元素的原子半径与原子序数。

a.读图
哪种碱金属的原子半径为238 pm？

b.得出结论
根据碱金属和稀有气体的数据，原子尺寸在一个组内如何变化？

c.预测
钡原子，是不是原子序数56，半径小于还是大于铯 (Cs)原子

IB 教材在呈现电离能的变化趋势时，首先给出原子半径的定义：原子半径是相同元素的两个原子的原子核之间的距离的一半，然后以给出的电离能数据图片中碱金属和稀有气体的例子归纳出例子的共同特征，即原子半径随原子序数的增加而增加，然后对上一步形成的陈述性定义再举例 1—55 号元素原子半径的变化趋势，最后总结并拓展出元素原子半径的周期性变化规律，通过使用陈述性定义和过程性定义对概念进行精练，以促进新知识的深加工，从而使学生更好地理解和掌握相关知识。

（三）注重知识的应用价值和人文意义

美国化学课堂非常重视化学史的教学，教师通过讲科学发现史让学生深入理解每个理论的来源并指出其不足，说明新的理论出现的原因。学生经历了科学的发现之旅，更能够深入地理解科学理论发展的前因后果，以及对化学现象的成功解释及其局限性。这种赋予知识人文价值的教学促进了学生的概念转变，并且通过实践的辨析培养学生辩证的科学思想和科学的思维方法。为了让学生重视化学史，重新认识化学史的地位和重要性，教师布置的复习题除了考查学生对原子结构的知识掌握程度，还考查其对化学史相关内容的掌握程度，这些内容往往是化学科学研究过程中起关键作用或难度较低的内容。

✎ **实践路上**

化学史——酸碱质子理论

　　教师讲酸碱理论时从化学史开始。首先从阿伦尼乌斯的酸碱电离理论的历史和理论讲起，然后举例对 $HCl(aq)+NaOH(aq)=NaCl(aq)+H_2O(l)$ 进行分析与讲解，得到阿伦尼乌斯的酸碱电离理论和理论讲起，然后举例对 $HCl(aq)+NaOH(aq)=NaCl(aq)+H_2O(l)$ 进行分析与讲解，得到阿伦尼乌斯的酸碱电离理论表达式：酸＋碱＝盐＋水；再通过反例 $HNO_2(aq)+H_2O(aq) \longrightarrow NO_2(aq)+H_3O^+(aq)$，让学生思考为什么在不同的电离反应中同一种物质既可能是酸也可能是碱，指出一种物质是酸还是碱，是由它在酸碱反应中的作用而定，提出了酸碱的相对性，用酸碱共轭理论解释上述反应，指出每个酸都有一个共轭碱和每个碱都有一个共轭酸，这些酸碱对仅仅是一个质子的不同。例如 NO_2 是 HNO_2 的共轭碱以及 H_3O^+ 是 H_2O 共轭酸，得出了布朗斯特-劳里酸碱理论通常表达式：酸＋碱＝酸＋碱。最后引入路易斯酸碱理论，通过氨气和三氟化硼反应告诉学生路易斯酸碱理论扩大了酸碱反应的范围，将没有在溶液中发生的许多酸碱反应纳入进来，通过电子对的接收和贡献来定义酸碱，从而更深刻地指出酸碱反应的实质。

　　教师在讲授酸碱理论时，从阿伦尼乌斯的酸碱电离理论的历史讲起，可以让学生领悟科学研究的真谛，引导学生学习科学家富有创造力的思维方法，启发学生做科学研究时要严谨、踏实、专注地追求真理。通过进行化学史教学，学生能收获传统教学中不具备的知识的人文价值，从知识与技能的提升转向情感、态度与价值观的升华，从而形成更高水平的认知结构。

　　（四）善于营造轻松愉悦的人性化教学气氛

　　在所考察的美国课堂上，师生关系融洽，教师和蔼且有耐心，课堂气氛民主轻松，学生可以随时提出问题，教师会停下来解答学生的问题。对上课精神不好想睡觉的学生，教师会主动提出让其出去走走，喝点冷水再回来继续上课。很多次考试后，教师并没有收卷子，而是公布答案后让学生自己改卷子，这给予学生充分的被信任感。布置作业也是如此，教师可能抽查作业，但主要靠学生的自觉性。学生通常用平板电脑将教师在白板上的答案拍照下来回去主动复习。能够进入化学高级班的学生一般出于对科学的热爱，他们上课精力非常集中，提出的问题非常好，经常能得到教师的鼓励。面对学生的提问，如果教师不太清楚或者没有充分思考时，就会告诉学生"我不知道"，同时鼓励学生查找资料，因为教师也不可能是"百科全书"，需要放下心理负担。

学校开设了特色的校园活动，如艺术节、文化节、环境保护宣传日等。比起课堂教学，校园文化活动更直观、更活泼、更有号召力。教师可以开发基于校园文化的各类校本课程，结合具体教学内容创设赋予校园文化特色的情境，让学生在课堂上获得前所未有的情感体验。积极向上的校园文化环境氛围能带给师生放松、愉悦的心态，营造轻松、民主、和谐、积极的教学气氛。学生的视角从书本转向生活，这不仅使其增长了见识，丰富了情感，还实现了情感教育目标和学科教学目标的统一。

✎ 实践路上

课堂教学与学校文化紧密结合

在阿波罗高中，有一周是学校文化节，第一天是动物节，师生可以穿戴象征自己喜爱动物的服装或装扮来上课，连老师都装扮成老虎的模样，有的学生在嘴唇上方描上猫的胡子或穿着斑马条纹的衣服；第二天是睡衣节，师生都穿着睡衣来上课，旨在告诉学生睡好觉是生活中很重要的事情；第三天是小丑节，大家都穿着自己喜爱的小丑服装，彼此开着玩笑，欢乐溢满校园；第四天是甜品节，师生可以根据自己喜欢的口味，制作冰淇淋、小蛋

小丑节装扮

糕等，彼此之间分享制作的食物，旨在让学生懂得分享；最后一天是学校价值日，师生都穿上代表学校文化的校服或装饰，表达对学校文化价值的认同和热爱。

（五）利用现代教育技术给化学教学有力的支持

教育技术的普及不仅让美国教师从繁重的阅卷和作业批改中解放出

来，而且给予学生巨大的学习支持。大量的学生作业和练习可以由电脑批改，电脑进行迅速而准确的学生情况分析。课堂上，教师使用先进的手写式电子白板，在讲练习时可直接投影和书写，节省了时间。学生使用平板电脑看电子书、做练习、记笔记，并可以马上通过互联网将作业传送给教师或者分享给同学，非常便捷。平板电脑上的练习设计科学，不同层次和水平的学生可以进行相应的选择，同时自己检测对错，并附有习题总结。虽然化学高级班每次作业与考试的题量较大，一般为25—30道题，但试题侧重考查学生对问题的理解与解决问题的能力，基本上是多项选择，以方便进行电脑阅卷。教育技术也让学习变得更加有趣，例如，讲授氧化数后，教师使用平板电脑上的麻将游戏让学生进行练习。麻将游戏的规则就是看谁在最短时间内将机器随机分配的化合物或者单质与对应的氧化数进行正确匹配。游戏有时间和得分显示，具有竞争性。这个游戏既培养了学生的观察能力，也提高了学生理解知识的速度与正确率。

现代教育技术为学生提供了手写板、电子资源数据库、成绩评价系统等，这些都能成为学生有效学习的助力。化学学科涉及很多知识点，新旧知识之间存在一定的逻辑关系，单单靠死记硬背很容易遗忘。利用多媒体技术观看实验视频可以加深学生对化学知识的记忆，观看科普类视频可以拓宽学生化学科学技术的视野，成绩评价系统让学生能及时发现自己的缺点并加以改正。

（六）科学练习，强调练习题的社会价值

教师每次授课都给学生留出充分的时间进行思考与理解，并不急于赶课程进度，时间安排得比较合理。每学完一个知识点，教师都要求学生在平板电脑上做10道左右的练习题，这些练习题是依据布鲁姆教育目标分类理论的认知层次设计的，分为回忆、描述、解释、比较和对比、辨析和应用。难度由浅入深，由单一到综合，按照知识的逻辑体系和学生认知规律进行分层次编排，强调社会应用性。练习题附有提示和知识总结，学生可进行自我检测。

✎ 实践路上

讲解化学反应中质量和气体体积之间关系的练习题层次分为：

1）用化学方程式计算理论产率。

2）当反应物的量给出时，确定参加反应物的量和多余反应物的量。

3）从理论、实验上进行百分率的问题解决。

4）应用阿伏伽德罗定律计算反应的气体体积。

5）在标准温度和压强下应用摩尔体积概念进行计算。

6）利用一个固定质量的理想气体温度、压强和体积之间的关系解决问题。

7）用理想气体方程 $pV=nRT$ 解决问题。

8）联系理想气体方程分析图表。

这些化学习题的社会价值主要体现在两个方面：一是学生能学以致用，获得化学知识并最终将其用于生产实践中；二是有利于学生化学学科核心素养的发展，培养学生以化学的微观视角看世界。通过重复练习、变式练习等方式，让学生发现化学独特的社会价值，激发学生学习化学的自主性和积极性。

（七）充分的实验理论知识准备和规范的实验报告要求

化学是一门实验性质的学科，需要将理论知识和安全意识充分运用到实验中，否则就可能导致实验失败甚至出现危险。实验报告是化学实验教学质量的一面镜子。美国的中学化学实验教学非常注重实验前的准备，实验前一天，教师会将实验要求发放给学生，让学生进行实验准备，同时用1—2节课的时间讲授实验原理，并对实验单中的准备内容进行填写和反思。其中包括实验介绍、化学品仪器、样品准备、实验步骤、数据表准备等内容。实验结束后，教师还会和学生一起面对面讨论实验报告。实验报告的格式非常严谨，内容包括：①实验介绍，即实验目的、平衡等式、方法、材料；②数据，即质性数据、量化数据；③分析，即显示数据加工过程、主要的计算、百分比的误差；④结论，即用数据作为证据陈述发现、评估过程；错误的原因与实验的缺点，实验存在的可改进之处等内容。完整、规范的实验报告能够体现学生的科学思维和科学态度。学生首先提出实验目的、准备实验材料，接着设计实验步骤、记录实验数据、计算并分析实验结果，最后得出结论。教师监督学生的实验操作是否规范，告知学生记录真实的数据。学生在撰写实验报告的过程中，规范地使用化学符号，提升科学语言表达能力，还能更加深入地理解理论知识。

四、美国基础教育的发展趋势

（一）将出现一批新型教育者

这些新型教育者（即专门转换研究与实践，专门研究基础设计的教育材料和行为）不仅能够将研究与实践紧密地联系起来，将认知科学与神经科学的研究成果应用到课堂教学中，还能够基于研究制作教学材料、教学软件和设计教学活动。这些新型教育者和中国教研员的职能相当，他们关注一线教师的课堂实践结果，以研究结果为依据设计可行性教学活动或制作其他教学材料。

美国对新型教育者的要求不像一线教师那么严格，但是他们运用教学技术与材料的能力更加突出，他们经常对一线教师进行教师技能培训，能够对一线教师的课堂教学提出有针对性的指导意见。新型教育者在课堂改革、教师专业能力发展等方面都发挥着重要作用。

不管是公立重点高中还是私立精英学校，只要是"资优高中"，都要求一线教师具备高学历、接受过资优教师专业培训、有教学热情、尊重学生、采取以学生为中心的教学方法、重视自主发展和有较强责任感。对一线教师专业知识与技能的要求包括明确不同层次学生的特征与行为表现，以及有开发高阶思维能力的技能、了解情感和认知需求的能力、创造性解决问题的能力、开发学习者学习材料的能力、运用个性化教学策略的能力、恰当运用教育技术与材料的能力、为学生及其父母提供指导和咨询的能力。

（二）日益重视情感因素对学习和创造性的作用

美国基础教育注重用情感支持认知系统。学校教学利用健康的情感系统有利于学生管理好自己和积极参与社会活动，促进其有效学习。美国基础教育注重让每个学生都有机会选择自己热爱的、擅长的专业，将知识的学习转变成其内在动力与行动，进而转变成个体的终身素质；让读书成为习惯，从而拥有丰富的内心与多彩幸福的生活。美国基础教育强调学生根据自身的喜好进行阅读：阅读前，学生自己制定学习进度，阅读自己喜欢的书籍或者笔记，根据阅读效果参与设计评价指标。阅读中，学生积极发展各种思考策略和学习策略，带着问题阅读；有情感投入和内在动力支持，能从学习中获得积极的情感体验；能够对认知活动进行自我监控并做出相应的调适，如及时更换阅读参考的书籍、根据阅读材料做笔记等。

（三）方法的思考被视为进行有效学习的重要方面

内容性知识不再是有效教学的基础，进行教学的教育学内容知识被认为是有效教学的基础。在教师教育课程中，方法论代替了单独的心理学，充当了中心角色。这种课程强调学生基于理解学习，强调实践的教育方法，通过教学实践促进教学效果和教师的专业发展。例如笔记法的应用，学生通过笔记记录了上课的重要信息，不管是在课上还是在课下，学生都可以凭借笔记本随时翻阅、查看相关内容，进而巩固自己的知识。笔记法也使美国教师教学行为发生改变。教学设计中所涉及的教学环节少而简单，因而教师可以将主要注意力放在学生的学习行为上。另外，教师极其重视笔记法在课堂上的应用。虽然在课堂教学中利用多媒体技术非常普遍，但是在教师的意识之中，学生学会记笔记是一种习惯的养成。笔记法还是一种自我管理的体现，自我管理能力被美国人视为一种非常重要的能力，正是因为笔记法的成功运用，即使是时间较长的化学选修课，包含的信息量很大，学生也能根据自己的领会将所学知识罗列在笔记本上。教师注重培养学生记笔记的习惯，将课堂上大部分时间留给学生，使学生能够完成一个完整活动。为了完成活动，小组内的同伴必须相互商量，学生积极的态度和充分的表达交流由此产生，课堂"互动性"良好。美国基础教育对笔记法等教学方法的重视体现了教师注重培养学生自主分析、归纳、总结知识点的能力。只要能够发挥学生的主体性地位，使学生在课堂学习中有思考、质疑、证明、领悟等思维过程，完成动手操作、小组合作等实践性行为，就能达到让学生深度学习的目的。

第四章 美国高等教育创新人才培养的
教育实践

爱因斯坦有一句名言：大学教育的价值不在于记住很多事实，而在于训练大脑会思考。创新人才教育的核心在于超越知识、发展知识、创造知识。本章通过笔者访学期间对哈佛大学教育研究生院院长詹姆斯·E. 瑞安以及圣约翰大学化学系主任亨瑞·贾库波斯基访谈，以及基于哈佛大学课堂教学实录进行分析，以期阐述美国高等教育创新人才培养现状与特点，以期为我国高等教育创新人才培养提供借鉴与参考。

第一节 哈佛大学与圣约翰大学访谈实录

一、哈佛大学教育研究生院院长访谈实录

内容选自笔者在访学美国之旅，在哈佛大学学习期间与时任哈佛大学教育研究生院院长瑞安①的交流。交流以"教育公平"为中心，讨论了美国教育公平政策的体现方式所带来的启示，进而探讨了创造性人才培养的方式方法。

（一）教育公平的内涵及相关法案

笔者：教育公平是什么？如何改善教育公平？

瑞安：对我来说，教育公平就是所有孩子，不论种族、性别、残疾与否或社会经济地位，都能拥有一个受高质量教育的机会。不幸的是，要实现这一目标还有大量的工作要做。在哈佛大学教育研究生院，我们相信可以通过帮助扩大受教育的机会培养有改革能力的领导人和创新者，以促进教育公平，以及通过合作研究交流将我们的研究

---

① 詹姆斯·E. 瑞安是哈佛大学教育研究生院的第 11 任院长。在此之前，瑞安教授是弗吉尼亚大学法学院的杰出教授，创建了法律和公共服务项目，致力于教育公平、学校财政、学校选择权、标准和测试、学前教育、特殊教育、神经科学的综合应用等方面的研究，编写了大量有关法律与教育相结合的书籍，如《教育政策和法律》《相隔千里的世界》《咫尺五英里，相隔天地间》等教材和著作。

成果与教师、校长、决策者等这些能够真正影响学生人生的人进行分享，以解决目前面临的最紧迫问题。

笔者：美国有《不让一个孩子掉队法案》，您觉得它能否代表美国教育公平政策？

瑞安：《不让一个孩子掉队法案》是一项历史上重要的立法，而且毫无疑问是历史上举足轻重的联邦教育立法。该法案的目的是令人钦佩的，但为实现这些目的而采取的方法却不尽如人意。我认为宁可为所有学生设定高标准并进行必要的投资，以确保所有学生满足这些标准，才是《不让一个孩子掉队法案》的最终目的。而许多州的官员仅仅追求低成本和低标准的政治安全路线，仅仅关注贫困地区与富裕地区的教育差距，以至于富裕地区教育的发展水平相对落后。出于这个原因，我认为标准化测试运动虽然表面上减小了富裕地区和贫困地区之间的差距，但实际上却强化了这种差距。

（二）哈佛大学教育研究生院为实现教育公平设置的课程与培训项目

笔者：最近，慕课是中国的教育热点话题。哈佛大学教育研究生院在这方面是如何做的？每个人都可以在慕课中学习是否意味着教育公平？您认为如何通过现代多媒体技术的创新使用来提高学习者受教育的水平？

瑞安：通过 edX，哈佛大学为开发一系列开放性的网络课程做了巨大的投资。目前，哈佛大学教育研究生院有两个面向公众提供的在线课程——"放手改革"（Unlocking the Immunity to Change）和"学习的领导者"（Leaders of Learning）。然而，慕课在取代传统教育形式和改善教育公平中扮演什么角色，我认为这仍然是一个悬而未决的问题。当然，通过我们自己的"放手改革"，我们能够发现不同于传统知识技能讲授的在线课程的潜力。但是，学习质量是否合格，它是否适合个性化教学，网络资源与面对面教学能否有效地结合，现在说这些还为时过早，想要结果和预期相符还需要更多的研究。

笔者：在哈佛大学教育研究生院有很多教师每年参加暑期学校培训，我想知道这些为培养更多优秀教师的培训面向全世界开放吗？有什么项目是面向中国教师和校长的？

瑞安：我们的目标之一是使我们的培训变得更加全球化。实现这一目标的方法之一是创建更多的在线课程，重点关注外国学生。另一个是通过我们在本地独立和合作实施的教育项目（专业教育项目）吸引世界各地的参与者参加暑期讲习班、研讨会及强化课程。我们有一些项目适用于教师，同时我们相信，培训更多在他们自己国家能够发挥教育领导力的领导者是最有效利用我们的资源和发挥我们最大影响的好途径。

（三）对我国教育公平改革的建议

笔者：在中国，政府为确保偏远地区的儿童得到高质量教育，制定了一系列相关政策。在美国，政府是如何吸引优秀教师去这些地区的？您能根据美国的经验给一些建议吗？

瑞安：如何确保偏远地区获得优秀教师是一个很难的问题。第一步是要明确什么才是优秀教师。在哈佛大学教育研究生院，我们的一些教师做了大量的相关工作。比如说，汤姆·凯恩（Tom Kane）教授主持了有效教学法项目（Methods of Effective Teaching，MET），这个项目记录了超过 3000 名教师在 7 个城市学区的教学实践活动，以此建立一个进行教师素质评价和反馈的工具。

当然，仅仅是确定优秀教师的标准并不足以解决问题。我们必须确保教师资格教育能够使教师在入职前受到必要的培训，必须确保校长和教师领导者有支持教师工作的能力和资源，必须找到一种能够使欠发达地区在吸引和留住高质量的教师方面与较发达地区一较高下的方法。共识最多的一点是如何消除欠发达地区和发达地区之间经济及政治方面的差距，而这个差距恰恰是决定国家是否进步的关键。

（四）哈佛大学教育研究生院创新人才的培养方式与条件

笔者：请您谈谈哈佛大学教育研究生院的入学条件和学习要求。

瑞安：良好的教育应该是全面的，很高兴我们哈佛大学教育研究生院的入学条件不仅仅考查学术成就（当然这也是一个重要的决定因素），还要考虑公民责任、艺术等，让学生在这里能够充分挖掘自己的潜力，并怀揣改造世界的美好愿望和技能离开学校。另外，激励学生在校期间认真学习是学校义不容辞的责任和义务。

笔者：在每个国家，我们都可能遇到各种各样的青少年心理健康问题，美国的教育中如何解决这些问题？究竟我们能为孩子做些什么？

瑞安：学生需要全方位的支持，仅仅提供学业上的支持是远远不够的，我们还必须提供社交、情感和精神上的支持，以确保他们身心健康地发展。不幸的是，这个问题在美国许多学校和地区没有引起足够重视。美国的一个公立学校的督导员——作为专门为学生提供社交和情感发展支持的专业人员，平均每年要为478名学生提供服务，而我们国家有1/5的学校没有督导员，所以，如果要解决孩子们的心理健康状况，最好的方法是让更多学校在督导员数量上投资，使他们具备更专业的技能和资源，以更好地服务于学生。

笔者：请您谈谈该如何培养学生的创新能力，美国教育史上有什么经验和教训。

瑞安：不同的孩子体现出的创造性不同，有些孩子可能是音乐家或舞蹈家，有些可能喜欢通过写作表达自己的情感，有些可能擅长用双手创造吸引人的事物。每一个学科，从艺术到工程，都需要创造力。我们可以尽量实现个性化教学来培养学生的创造力，而不是要求所有学生必须同步，以同样的方式做相同的课题。但这并不意味着没有一些共同之处，学生必须掌握的基础知识是一样的。现在统一标准的教育模式已经过时，它产生于工业化时代，目的是为知识含量少的工作培养工人。而如今我们需要的是面向21世纪的教育模式，能够让不同的人的各种技能都得到发展的模式，如创造性地解决问题的能力，这对当今的经济发展至关重要。

笔者：美国的学校是怎样处理道德教育和法律教育之间的关系的？为确保学生有良好的人格和社会责任感，美国的学校都做了哪些？

瑞安：在哈佛大学教育研究生院，我们有两个相关的活动致力于道德和公民教育，一个是"共同关怀项目"。这是由斯蒂芬妮·琼斯（Stephanie Jones）教授和瑞克·韦斯伯德（Rick Weissbourd）教授共同带领的。"共同关怀项目"主要从事帮助教育者、父母和社区发展培养孩子们对其他人及社区的关爱、尊重与责任感策略的研究。通过父母潜移默化的价值指导，学校创造关怀的环境，与孩子们生活中所有的成年引导者建立联系，建立起教师、父母之间的合作关系。这就是道德教育的一个例子。

哈佛大学教育研究生院也是"公民道德倡议承诺项目"的发源

地，这是由副教授梅拉·莱文森（Meira Levinson）指导完成的，旨在通过提升学生和教职工的公民道德素质并让他们对此产生兴趣，努力在校园里营造一个以公民道德教育为主题的知识社区。这个项目致力于提高哈佛大学教育研究生院在公民道德教育领域中研究、政策和实践方面的贡献。

二、圣约翰大学化学系主任访谈实录

本部分内容选自笔者与圣约翰大学亨瑞·贾库波斯基教授[①]的访谈实录。访谈以"大学教育"为中心，讨论了美国高等教育相关政策及其教育教学的相关特征，以期为我国高等教育改革提供参考。

（一）圣约翰大学发展概况

笔者：请您介绍一下圣约翰大学的化学系及其发展历程。

贾库波斯基：我们的教师来源非常广泛，如有机化学、物理化学、生物化学等，也有非常擅长天然产物化学、量子化学的教师，且有13名享有终身职位的教师。现在这个系与26年前相比已经发生翻天覆地的变化，我们用很多时间将从事教学的队伍发展成一个更大的教学团队，现在有更多成员来自宽泛的研究领域且不仅是男性，现在有很多女性教师，而去年只有一个女性教师。我们得到了很多来自国家科学基金会的资助，约有120万美元的资金用来资助新课程的研究、购买设备等，因此，我们有非常好的实验仪器和设备，如超高阻率的电动紫外线，还有GCOC、3个GCS原型、AA系统、无线设备ID等，学生可以在实验室使用这些设备。

笔者：请您介绍一下这里的化学教学改革。

贾库波斯基：我刚来的时候，教师一节课一般要用70分钟，教师在黑板上写，学生做笔记，冗长、易感疲倦。现在我们会让学生做一些课前准备工作，包括我在内会做一些视频或10分钟的板书设计，或者在课前设计一些情境问题。这样我们上课只用花10分钟来引入课题，然后学生以小组的形式围成一圈来解决问题。问题有的简单、有的困难，如果大家遇到同样的困惑，我们通常停止讨论，并在黑板上展示出来共同探讨解决方案，实际上整堂课的价值提升了。在

---

①　亨瑞·贾库波斯基，美国圣约翰大学教授，化学系主任，负责生物化学、化学实验、工业化学、化工实验等相关课程的教学，同时致力于科学的普及和推广。

课程内容方面，以前第一年学的是普通化学，第二年是有机化学，通过前两年的学习，学生会接受综合课程的学习，比如物理化学、生物化学、无机化学等课程，现在我们改变了头两年的课程内容，将中等有机和普通综合课程作为入门课程，并在每学期加入 3 个活动课程，有一部分是有机和生物有机。

笔者：您能介绍一下来自圣约翰大学学生的家庭背景吗？

贾库波斯基：26 年前，大多数学生来自明尼苏达州的中产阶级家庭，少部分来自贫穷家庭，多数学生是白人。现在，20%左右的学生不是白人，他们来自世界各地，如中国，但大部分学生还是来自中西部的明尼苏达州和威斯康星州附近的州。学生中，女生占 52%，男生占 48%，美国男生上大学的数量相对于女生来说要少一些。它是私立学校，所以费用较昂贵，但它的奖学金以及助学金系统相当完善。所有学生都住校，学校有很舒适的住宿环境。

笔者：学生在圣约翰大学学习的主要目的是什么？一般来说，毕业后他们会从事什么样的工作？

贾库波斯基：化学系学生要修 13 门包含不同文化的课程，但每个人都有 1 门主修课程，如化学、生物学、管理等。化学、生物、管理专业，我们称之为公共课程，这样学生可以在第一学年获得更全面的发展。学生还要修 1 门科学课程和社会科学课程、2 门语言学课程和人文学科课程，有 2 门是专门为毕业生开设的毕业课程。截至目前，课程种类很多，每个人都可以上这些常见的课程。有些学生要出国留学，有些学生把时间花在获得硕士学位上，同时我们与西南大学有交换生项目。还有约 14%的学生想做医生，我们不仅为他们开设了医学课程，还开设了化学、生物、物理、数学等课程。每年约 30%的学生从事化工方面的工作，30%就业于医院或药房，一般说来，这个比例每年都有差别。我们这里的毕业生就业范围比较广阔，我认为这是很好的。还有部分学生入学成绩很好，在这里做得更好，我们会为他们提供毕业后深造的机会，派他们去耶鲁大学或斯坦福大学等世界上最好的学校学习，我们还派研究生去其他国际领域学习，攻读博士学位。

笔者：相对其他大学而言，圣约翰大学在学生培养方面有什么特点？

贾库波斯基：我们有综合课程的课程模式，在过去的两年里，学生不仅要学习化学，同时也要学习心理学、语言学等公共课程，我们将这些课程定义为"美好生活的基础"。美国在教学制度上建立了教师终身制，只有优秀的教师才能获得终身制，同时他们的研究也很有价值。这里的教师是很有激情的，而且肯为学生花心思，因此他们的学生表现得很优秀。班级规模也很小，最大的化学课堂也只有32名学生，我有个班级只有4个学生。你付出得越多，给学生提供的价值越大，他们创造的价值也越大。

笔者：我注意到，大多数学生每天很勤奋，我想知道是什么驱使他们那么努力地学习？

贾库波斯基：拿我们化学系的学生来说，首先，很多学生想去研究生院或医学院深造，而且他们想要顺利地从研究生院或医学院毕业，所以他们真的很努力。其次，学生认为化学是一门很难的学科，也许老师会要求学生在课外做很多课内的准备工作，所以他们有很多事情要做。

笔者：在课堂上，学生喜欢做什么？学生有什么特殊需要吗？您怎么处理他们的这种需要？课堂上文化或性别的差异会影响你们的沟通吗？您怎样处理？

贾库波斯基：班上的每个人都是不同的，有男有女；有些人有学习障碍，他们倒着读数字；有些人很难集中注意力，不能及时完成任务。那么，我们该如何做呢？在新生入学的时候，我们会做一些调查，如果他们有特殊的需求，比如说，他们不能像其他人那样在15分钟内坐下来参加考试，或者怕噪声，所以需要单独的房间等，我们会根据他们的需要在不同的时间、不同的地点对学生做测试和评估，这样花的时间就比较长。我们还试图制定规则，促进公平竞争。至于性别差异，圣约翰大学和圣本尼迪克大学是不同的，圣本尼迪克大学是女子学校，圣约翰大学是男子学校，但是它们有共同的课程。

（二）圣约翰大学在教育教学中怎样开展活动

笔者：您如何准备教学内容、设计教学方案？

贾库波斯基：我以前是拿到一本书，就按上面的内容讲，现在改上综合课程。我们会在研讨会上做准备，共同讨论目前的学习材料，并经常参照其他课程材料，选择最好的教学方法以及有效教学的最佳途径设计问题，让学生在课堂上做。

笔者：您怎样让学生喜欢您设计的教学活动，且一直有兴趣参与其中？您如何让学生一起有效地进行合作？

　　贾库波斯基：第一次上我的课时，大部分学生不喜欢我们的教学方法，因为他们以前没有体验过这种方法，他们不得不分组进行以问题为基础的学习，刚开始很困难，也很具挑战性。作为主要负责人，我经常听到这样那样的抱怨：什么时候教学？教师为什么不用最好的教学方法？随着时间的推移，他们学会了如何学习。但是他们又发现第二年的学习更难，于是他们开始思考解决方案并不断改进。

　　笔者：您的课堂是怎样进行的？在备课、课堂活动、课后总结等方面都需要做些什么？

　　贾库波斯基：对课堂的把握必须有一定的灵活性，我们并没有一定要做某些事情，而是能够根据学生在课堂上的表现做出改变，从而使学生更好地适应课堂。我是一个视觉性学习者，喜欢观察一些事物、图片并建构它们的关系来进行学习。我也试图培养学生的这种能力，这就有必要多观察、多阅读并进行想象。所以这方面的工作我做得比较多，我们会绘画，像漫画、风景画等，并简单地进行一些交流互动。归根结底，目的是让学生能够在陷入迷茫之时，从另一个角度去看待问题。

　　笔者：您是怎样组织开展您的课堂的？又是怎样通过清晰的介绍和概念的表述来帮助学生理解的？

　　贾库波斯基：我们都知道学会自主学习是非常重要的，不过在这个过程中，学生容易产生错误的想法，从而产生误解。所以，老师要主动去问学生他们理解的和自己所学习的有什么不同。我花了大量的时间帮助学生通过绘制图画、构建卡通人物、典型的图形以及不同的视频来替代不同的信息。几乎每一节课，我都会引入一些新的图形图画。我不知道领导怎样看待这件事，但是它在课堂上，对学生、对教师都是很有帮助的。而且，阅读过程和观察过程也适用于不同的学生。因此，我们经常研讨去开发一些新的方式，我们会在研讨会上讨论，学生也可以通过不同的老师去学习，尽量保证从不同的角度去理解同一件事情。由于概念难以理解，我们尽量尝试用不同的方式呈现这个事实，比如说用天气的变化进行概念的转换，就能让学生很容易理解这个原理。所以今后我们也会将这种方法继续沿用下去。

　　笔者：在课堂上您怎样开展探究式教学？能举一个例子说明一下吗？

　　贾库波斯基：我们一直在做探究式教学，学生在小组内讨论某个比较棘手的问题后，必须给出一个正式的报告。当你走进课堂的时候，你会看到每个同学都有自己的工作，都会参与讨论，班上的每个学生都喜欢这样的形式。15 年前，这种探究讨论的方式开始陆续在全国范围内被推广，之后由于不同的文化背景、发展进程，它的形式不断发生变化。对于化学，每一类知识都需要探究式学习，而在生物学中，物种种类更多，所以还是要基于讲授报告式的学习。

学习方式虽取决于教师，但更取决于不同的科目文化背景。20年前，课堂上都是我在讲。而现在，55 分钟的课堂，10 分钟是教师讲解的时间，剩下的时间都是学生自主探究学习的时间。越来越多的中学开始采用这种学习方式，但是大学里却应用得不多。很多美国大学不采用这种方式，但一些偏远地区还是采用这种方式。像明尼苏达州大学，一个班有 34 人，他们会选修一些课程，其中一些课程会让学生回答问题并参与课堂活动。但是从事实上来讲，我觉得这是用巨额的花费来支配学习，因为调查显示许多学生是打着盹就被授予了学位，他们很少花时间在学习上。也有一些大学例外，学生的大部分时间放在学习上。哈佛大学在教育科学领域有很多教学方式，比如免费为学生提供视频讲座的教室，在上课之前，学生可以通过视频中的信息去解决一些问题。这样的方式也推动了哈佛大学物理学专业的发展，类似的方式还有网络视频讲座，它几乎涵盖了哈佛大学的全部课程。物理学专业的学生通常在概念性测试中的表现不是很好，但是如果在玩乐中进行测试，就会有不一样的效果。

笔者：您是怎样开展实践性教学的？能举一个例子吗？

贾库波斯基：我想举一个实际的例子，大约 5 年前，墨西哥有一个非常大的石油泄漏事件，很多人对这个漏油事件感兴趣，因为这是一个污染的大新闻。我看到这件事之后，写了整整 6 页纸的问题：作为政治事件该怎么处理？我们能为它做些什么事情？……这个例子来自日常生活，因此我们应该在生活中开展实践性教学，然后对它进行解析，你会发现它就在化学课本中。

笔者：您怎样处理课堂上的突发事件？

贾库波斯基：这个问题是比较复杂的。很多时候，如果你在组织小组任务时，有问题发生，那么这个问题就不代表整个班级，但反映的是小组全体成员的工作，我们可以引导他们讨论分析问题得出解决方案，但有时我也不知道该怎么做。

笔者：您怎样看待化学教学和教学艺术之间的关系？

贾库波斯基：我们该怎样进行教学呢？我认为每个人都有自己的方式。像大脑的例子一样，每个都是独立的个体，很多时候，我们可以通过观察这个神奇的世界来学习化学。你不知道的事情有很多，你尽可以猜测那些匪夷所思的事情，在感觉之上进行臆测，这实际上就是大脑的艺术。

笔者：您如何评价您的学生？在教学中您用什么手段或仪器来帮助您进行评价？

贾库波斯基：我们注重教学价值，每周都让学生在课堂上解决一些问题，而且有一个专门的计算机软件供他们做家庭作业。当他们回答错误时，电脑会给予反馈，它不会直接给出答案，而是慢慢引导学生自己找到解决问题的方法，这样学生收获得更多。我们通常使用测试本，当他们在电脑上做作业时也用实际的纸张，我们会用一些网上的生物化学课本，但是许多网上的东西伴随着一些问题，比如说制定这个标准会花很多钱。从另一个方面来看，这也是件好事，它可以迫使你自己动脑解决很多问题，这些问题都需要思考才能得到解决。

笔者：完成一章新的内容后，您如何反思并进一步提高教学？

贾库波斯基：学生的考试内容都是相同的，我们看到的只是最后的考试结果，他们是如何构思的？与平均成绩和国家标准相比，完成得怎么样？每个老师都能在知道考试成绩后看出学生哪方面做得不好。学生以团队的形式来解决问题，我们可以通过一些手段进行反馈，进而知道他们做得怎么样。要是他们知道自己做得很不好，那我们就清楚应该多给他们一些时间再进行测试，所以我们会花大量时间制订考试内容，并观察他们的进度。

（三）圣约翰大学在教育教学中怎样促进学生学习

笔者：您是否会为学生提供一些积极的帮助？需要考虑哪些因素？

贾库波斯基：第一，我们必须给学生解释我们在做什么，为什么要进行课程改革，为什么要自己动手解决问题，为什么要一直关注考试方面的问题。因为学生最初来到这里是没有想法的，如果你对他们说研究表明向老师学习是最好的办法，他们就会认为向老师学习才是正确的。这好像和你的做法有很大的出入，这时就会出现问题。

第二，在我的评估性测试中，学生表现出很大的水平差异，因此需要我们根据学生的特点，对不同的学生使用不同的教学方法，像布鲁姆的分类法。比如，第一天上课，我会告诉他们一些关于化学教育的现状（他们也可以自己通过"谷歌"引擎搜索到），这样学生会对我们的课程以及学生和教师之间的关系有更好的理解。因此我认为首先要对学生坦诚，之后要因材施教，对不同的学生分开指导，这样做有针对性。

第三，我们应根据学校已有的条件给予学生积极的帮助。比如每周二晚上是我们的答疑时间，教师会选择在当地的餐厅、咖啡馆或者校园给学生两个小时解决问题的时间。因此，如果教师好好利用答疑时间，就会构建一个积极良好的师生关系，形成更有效的课堂，也可以在空闲的时候选择办公室访谈，学生还可以通过电子邮件的方式与教师进行沟通。最初，多数学生不来办公室，但是他们来过之后会发现对自己很有帮助，于是接下来他们就会尝试多这样去做。其中有三位学生做得非常好，因此我也会经常请他们到办公室讨论，也希望为他们提供更多的帮助。学生如果选择面对面的交流方式，他们就会获得更多的成功机会。讨论的过程是多样化的，可以是基于一幅花的图片的测试，然后学生根据自己的理解，提出一些相关问题，并对问题进行分类，找出哪些是原因，哪些是结果，最后回到专业的研究问题上。测试实际上是让他们明白我们要多提出问题，并进行分析归类，找出因果关系，最终学会进行研究。如果一个小组中的每个成员都能单独解决问题，那这样的小组就是一支优秀的团队。因此，当你指导学生时，要告诉他们研究是一个复杂的分析应用过程。你来这儿学习一年是要学会独立解决问题的能力，而不是纯粹地学习那些记忆性的东西，因为这些东西电脑会比我们记得更好。

我们要做的是试着将这些知识运转起来，这样做的过程学生也会对此感兴趣。学生如果想要进入医学院学习，就必须通过医学院入学考试。对于这个考试我也有一定的了解，它旨在考查人的创新能力以及推理能力，尤其是后者。这也正好为我们的教学提供了一个建议——在化学中我们教给学生的东西也需要进行分析测试的过程。当我们用这种方式考查时，我们会更加深入地了解学生。学生明白了我们这样做的原因，对教师也有一定的好处。我认为每个学生都有自己的缺陷，如果我们老师清楚这些缺陷，并且将化学、教育学、心理学联系在一起去帮助他们，将会取得更好的效果。但是，有些学生目标明确，比如说脑认知专业的学生设立了去医学院的目标，有些学生则因为某种原因并没有表现出他们内心的想法。所以作为老师，帮助每个学生实现理想的过程还是很复杂的。

　　笔者：单元结束时，学生的知识与技能目标和他们刚开始学习时有什么不同？您是怎么收集信息并做出对比的？

　　贾库波斯基：就目前的考试来说，一共有两种形式：一种是国家统考；另一种是美国化学学会组织的考试，比如关于有机化学、生物化学等分支学科的考试。我们一直致力于学生的期末考试，然后将考试结果和国家测评结果进行比较，因为国家的考查范围比较大，更加有说服力。一些人在先前做过这样的试验，在开始上课前给学生提出棘手的问题，在本节课结束的时候再提出相同的问题，就会看到学生不同的反应。我们也为学生最新设计了一个叫SALG的游戏，这是一个由国家科学基金会赞助的新型学生评价性学习游戏。学生要在课堂上完成这些实验，并就教师提出的问题给出答案，最后完成报告。也就是说，学生需要根据教师在材料中给他们提供的相关知识，根据自己的理解做出回答。我们也会在评价形式上多元化，少一些纸笔测验，多一些新的评价形式。

　　笔者：要是学生在课堂上表现不好，您会怎么做？

　　贾库波斯基：因为我们以团队的形式来完成任务，不会经常遇到这些问题。许多班级是以组进行划分的，也许某些学生在组里表现不好，我们可以进行处理，但一般没有太多问题。

第二节　美国高等教育课堂实录与案例分析

　　本节将哈佛大学教育研究生院几位教授课堂教学作为案例进行呈现并对案例进行分析，反映美国高等教育教育类课程设置的跨学科性、内容选择的前沿性以及教师在课堂上对学生批判性思维的培养，旨在为我国教育硕士课堂教学提供借鉴与参考。

一、课堂实录：课堂评价

（一）课堂评价的课堂背景

　　哈佛大学教育研究生院的春季课程是继秋季课程学习基础上而进行开设的。本节课堂教学是蒂娜教师春季课程的第一课时，课堂内容涉及课程的安排及要求、课程作业、课程教学进度安排、课程主题框架以及马萨诸塞州综合评估系统（Massachusetts Comprehensive Assessment System，MCAS）的评价问题等。

（二）课堂实录

【教学主题】活动一：作业要求介绍

【教师讲解】我可以在午餐时间回答与指导同学们的问题。不管你们是否对教学设计有足够的信心，都需要在课前做好功课。教学设计研讨会议预定于 4 月 11 日召开，认知科学探讨会预定于 4 月 8 日和 26 日召开，课程作业初稿预定于 4 月 12 日午夜完成。我也会在提交作业中随机选择一份来批阅，届时，我会线上指导大家如何完成初稿并提出一些写作建议，最后，大家以反馈报告形式提交作业。

【学生提问】（记录教师的安排，并提出疑问）：课程作业最终提交时间是什么时候？4 月 12 日是提交作业的截止日期吗？

【教师讲解】不是，初稿是对提交的作业进行提出反馈意见，之后，大家根据反馈意见进行修改，并于 5 月 9 日完成终稿，没有特殊情况终稿截止日期不再更变，除非得到我的允许。此外，项目汇报将于本学期第 13 周进行。

【教学主题】活动二：课程教学安排计划及第 1 周安排

【教师讲解】我们这学期教学安排分成两个阶段。第一个阶段：前 7 周进行常规教学；第二个阶段：第 8 周到第 12 周自主学习阶段，第 8 周学习内容是课程评估，第 9 周学习内容是教师辅导，第 10 周学习内容是元认知反思设计，第 11 周学习内容是同学间课程论文类比，第 12 周学习内容是课程内容的知识迁移。此外，同学们在为期 12 周时间内需要进行循环阅读并列出每周需要阅读辅导的课程内容。

接下来我们看看第 1 周的任务：请同学们设计一个简短的任务或概念，在教师指导情况下，在 10 分钟内教给某个同学。简短任务可以是编织、扔飞盘、一门新语言的词汇，如果同学们有任何特别的道具，也可以带到课堂上。

【学生活动】记录课程教学时间安排。

【教学主题】活动三：课程评价的基本框架

【教师讲解】课程评价包括四个部分：第一，大家在分析评价问题时，要明确评价的主题是什么。第二，要根据评价的内容来理解评价的终期目标。第三，关于课程评价，我们将以小组合作式探讨、交流、讨论之后，相互间发表对课程评价的内涵理解和看法。这一环节我们将在课堂上进行展示，并对大家的看法、观点给出评价。课程评价与项目主题特别吻合应该是有一定困难的，举一个例子说明，假设你所设置的重要影响参数直到数年仍没有得到预想的结果或是出现了与之相反情形，你应该承认这一点它不是你研究的重要影响因子，而不能理论逻辑分析就马上给出评价。考虑到评价的标准即评价等级，最好包括学习者自我评价，服务商、教师、网页设计者对学习者的评价，并以此综合多方面评价给出公正合理的评价，不说所有项目评价必须包括这三点，只能说综合性的评估表对项目具有一定的评价意义。第四，应该聚焦于对项目有意义的评价指标，我是非常希望同学们打破认知局限性，通过电视媒体、网络渠道等方式获取多方面评价，任何媒体均可以考虑，只要对评估他们的理解能力有帮助的均可。只要你想得到的，你就有可能创造出来。

【教学主题】活动四：提出问题——要求学生独自分析与解决马萨诸塞州综合评估系统问题

【教学要求】思考四个问题：

1）想要评估什么呢？（确定评估主体）

2）哪些知识背景是假定的呢？（假设知识目标）

3）在回答问题前，你掌握哪些知识？（认知基础）

4）什么可能使你产生迷惑呢？（课堂评估）

【教师讲解】积极引导学生从设计评价背后的大理念背景，设计理念考虑 5W 方面即为何、谁、何时、何地、怎样，对 MCAS 问题进行分析（图 4-1）。

图 4-1　评价大理念设计要素

【教师提问】为什么要评价？MCAS评价的目的是什么？目的是否够简洁明确，或者信息是否够混乱？关于评价的假设：每一个个体如何去评价？侧重学习者的外部表现还是引用评价标准或是规则进行评价呢？

【教师讲解】"1996 年马萨诸塞州教育评估测试结果"的丑闻事件。

因为依据评价标准体系全州 3/4 的学生得分低于基础学科的最低水平，教育委员会的主席约翰·西尔伯州、列克星敦学院院长费德阳却发现四年级、八年级、十年级在 MEAP 测试中测得学习者成绩相对较好，他曾说："重要的不是我们如何对学习者的评价而是我们如何依据评价结果来改进我们的课程教学。"

【教师提问】是谁在做评价？

【学生活动】思考三个问题：

1）我是否真的独自思考过，真的想知道每一个概念的意思，而不是只按照别人已经有的主张？

2）我是在推动我的思考，深入探讨这个概念吗？如果一个概念较困难，我是应该放弃还是试图继续思考呢？

3）我的"头脑"在工作——在积极地思考我考虑的概念，并尝试从不同的角度解释或创造一个新的概念？

【教师提问】评价的要素主体是谁？

【教学要求】引导学生去思考三个问题：

1）评估是在之前？进行时？之后？很久以后？

2）每一次评估如何提供不同的信息？

3）如何对不同信息进行评估以及会采取哪些形式的评估方式？

【学生提问】什么时候是真实评估的关键时期？我所经历的真实评估，任务和评估的功能是什么？

【课堂要求】框架评价设计理念的要素，设置富有驱动性的问题引导学生去思考每一要素，以 5W 为核心，要求学生进行思考和对评价理念进行建构模式；在下次课上进行各自评价体系的展示以及与 MCAS 现有评价表对比分析。

【学生活动】设计并展示成果（图 4-2）。

图 4-2　学生课堂讨论结果分享

（三）案例分析

通过讲述一个典型的评价失败具体案例来告诫学生，课程评价需要一定的规范性，要有依据，最好制定有效的、可靠的评价表的标准，一份关于"当你随意去凭主观臆断的评价"是不合理的。因此，要明白评价标准制定的重要性，给学生讲解合理评价标准与规范将有助于学生设计合理的评价理念。

此外，整个教学具有以下特点：①教学任务清晰明确。一是教师对教学安排进度框架清晰，且均给予详细具体的要求，学生能够清楚这门课程的目的和要求，需要为这门课程做哪些准备工作；二是课程具体内容以马萨诸塞州综合评估系统存在的漏洞进行案例教学讲解，先开门见山地提出理解评价框架的理论要素，然后结合具体案例进行 5W 要素的具体分析与阐述，最终以案例分析紧扣理解评价的框架内容。②教学方法注重启发和社会互动，引导学生进行批判性思维和实践活动。在教学过程中，教师以幽默风趣的方式呈现给学生生动、有活力的课堂，教学过程既有传统的讲授式、启发引导式的教师主体教学方法，又适当地安排学生自主学习、小组讨论合作式、师生共同探讨式的师生、生生互动式教学。对于评价理解框架理论知识讲解，教师采用以案例教学法为主、以小组合作式为辅的教学方法。③教学过程注重以案例教学法为主：针对 MCAS 评价原则的问题，指导学生从评价 5W 要素进行案例分析，同时给学生自主学习、自主创新的空间，学生可以在教师设置的大框架下构建自己所想象到的评价体系，使其既不偏题也有差异。同时，教师鼓励学生多角度综合评价并创造性地解决问题。

二、课堂实录：思维模型及转化

（一）思维模型及转化的课堂背景

思维转变及教学设计这门课程是基于累积模型、建构主义模型、心智模型等教育理论。这些理论模型对于教育工作者而言，无疑是提出了新的要求与期望，如梳理诸多模型的概念、模型的理论基础、各模型间的区别与联系以及新理论模型出现的缘由等。师生通过观看哈佛史密森天体物理中心（Harvard Smithsonian Center for Astrophysics）制作的关于科学斗争的视频——《我们自己的思想》，探讨如何看待思维转变，从而使课堂中的教学设计达到学生理解课堂内容的目的。在课堂教学中，教师需要帮助学生了解新旧知识间的联系和规律，设计合理的课堂环节，引导学生理解概念，激发学生的高阶思维。

（二）课堂实录

【PPT 展示】

> 变化中的人类思维观念
> 累积模型
> 建构主义模型
> 思维作为理论推手模型

【教师提问】人类思维观念是处于一种动态发展的状态，那么你是否思考过人类思维是如何工作的——它如何接收信息？它如何处理信息？它如何传递信息？

【教师讲解】介绍累积模型、建构主义模型、心智模型。累积模型——教授者给予学生信息、知识，学生以被期望的某种方式去吸收、处理、接受。在今天，累积模型仍然活跃在课堂上，甚至超越了建构主义模型的影响。建构主义模型——学生来到学习环境，拿起"零件"，摆弄"零件"，自己动手把它们组装起来。心智模型——人类不仅能记忆不同的概念与想法，而且能对其进行编码、个体化处理，最终构建对世界运作方式的个人解释以及对未来事物发展的判断和预测。

观看《我们自己的思想》，目的是让大家知道自己思维是怎样的，而非挑自己的毛病。

在课堂上创设时机"停"下来，让学生发表自己的见解，观察学生在哪个地方思考，为什么其认知模型会在这种特殊情况下崩溃，以及在这种情况下如何为学生的认知提供更有力的解释和支持。

【学生提问】在学习概念学习之后，回想起以前学习过的一些概念，我认为教师的职责之一就是帮助学生在新旧知识之间建立联系，那么请问，概念学习和知识学习有什么关系？

【教师回答】虽然我不清楚概念学习和知识联系在文献使用背后所蕴含的理论依据，但从其本身的含义可以理解为，概念学习是对某个知识进行理解与学习的过程。然而在实际课堂教学中，常常会遇到一些复杂的概念。这时我们经常会使用先验知识帮助我们理解这些复杂概念，因而我认为概念学习和知识联系本身就是存在一定逻辑关系，相辅相成，正如

Lynette 所说当人们试图思考人类思维的概念时，不仅仅需要事实的积累，还需要利用理论来帮助解释。

【教师呈现案例】如图4-3所示。

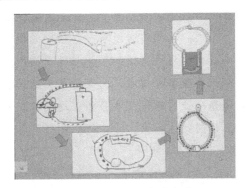

图4-3　案例——实验电路

【教师案例分析】这个案例呈现了如何通过五种模型理解电路的本质。①简单的线性模型：电流从电池到灯泡，这使它变亮，这个模型对于学生而言是属于一种直观的理解。蒂娜老师试图采用中间切断电源线的方法，让学生理解电路的概念。②双线性模型：它有两根电线，但它仍然是线性的。当接触到关于静电的想法时，他们开始考虑这个问题，所以他们认为质子和电子是相互吸引的。因此，在这个模型中，质子在一边上升，电子在另一边上升，在中间闪光。③循环序列模型：电线是一个空容器，你可以看到电子实际上从电池移动到电线，到达灯泡，让它发光。④棒状序列模型：电线充满了电子，整个物体在同一时间移动，它不是填充一个空容器；这是当学生把一系列灯泡放在一个电路中时，学生可以根据它们亮的顺序来判断它们在哪里。⑤微分模型：这个模型其实是关于电势。这些模型和教材书面解释，可以让学生能更深层次地理解相关内容。

【教师提问】我会给你们一些思考的机会，你们心里有一个例子吗？

【学生回应】没有，我只是在试着想一些不能用这种视觉方式来表达的东西。

【教师追问】有人对此有什么看法吗？这听起来像另一种设计。你是说在科学中，通过视觉模型来描述理解是比较容易的吗？

【学生回应】对，我在想还有什么其他方式，比如人文学科或者其他学科。

【学生回应】我的想法，比如在英语课上，你想知道学生是否理解了，能不能通过让他们扮演书中的人物来展示自己的理解。

......

【教师反馈】我想举个例子：几年前，我参与了一项研究，在这个项目中，研究者尝试用一个视频游戏来说明人们是如何使用说服力的。在视频游戏中，研究者可以查看到相关信息资料，如看看学生采用什么样的方法与行动去说服另一个人。虽然当时没有一个绘制的模型，但是你可以有理解的表现方式。而这种表现方式是一种学习进度的概念，它在科学界越来越流行。因此，我认为理解可以被认为是沿着构建理解的积木或者解释性的模型，这些学习型职业是通过任务分析、逆向分析发展起来的，你需要知道在哪里结束，如何到达那里。

【教师呈现案例】如图 4-4 所示。

Learning Progressions（学习进程）

- Pathways that understanding is believed to follow

  理解的途径被认为是遵循

- Carefully sequenced set of building blocks building towards a more sophisticated understanding OR evolution of mental models leading towards more powerful explanation

  一系列精心排列的积木构建了一个更复杂的理解或心理模型的进化，从而导致更有力的解释

- Based upon careful backward analysis/task analysis

基于仔细的逆向分析/任务分析

图 4-4　案例——学习进程分类

【教师案例分析】大家从这个案例中可以看到：在 K-2 年级，有物体由特定材料制成的概念；到了 3—5 年级，在此基础上建立了物体占据空间和有重量的概念；在 6—8 年级，你可以用质量和体积的概念把问题继续复杂化，因此，理解路径是建立在这些基础概念上的。

【教师讲解】但是，这真的是基于对学生真实想法的研究吗？不是每个人都会从模型 a 到模型 b 再到模型 c，有些人可能直接从模型 a 到模型 c，或者正如 Lynette 提到的，学生可能同时持有几个模型，一旦老师添加指令，进度可能发生变化，但是老师一旦搭建学习的框架，进度看起来就会与学生试图用方法构建的进度有很大不同。蒂娜老师说，如果你要展示一个学习进度，它需要有关键的指导，包括学习者和教学者两个部分。升级到更强大模型的想法是存在且重要的。教育领域专家或教学设计者的目标是采取针对性的和有效性的方式，让通往概念的桥梁可见，并养成寻找学生的思维在哪里和去哪里的意识。

【教师提问】下面我们花一点时间来讨论因果假设，我将展示蒂娜研究中的几个例子，想想当一个物体下沉或上浮时会发生什么？画出你此刻头脑中产生的模型。

【学生活动】思考并画出模型。

【教师讲解】一个学生画的模型非常关注物体，认为重量决定了一切，所以他的模型显示，较重的物体下沉，较轻的物体上浮。它们有两种可能的结果，结果 1 是下沉，结果 2 是上浮。比起这样的推理，我们更希望学生更深入地思考到底发生了什么。

【教师活动】教师托举起两个圆柱体。

【教师提问】你观察到了什么或注意到了什么？

【学生回应】大小相同。

【学生回应】一个看起来更闪亮。

【学生回应】都是固体。

【教师活动】把两个圆柱体放在学生手上。

【教师追问】你发现了什么？

【学生回应】这两个圆柱体重量不一样。

【教师讲解】我们继续进行其他稍微复杂一点的活动，我们称之为重铸活动，它让学生改变对正在发生的因果关系的理解。当他们认为物体的重量使某物发生沉浮时，我们需要设置认知冲突，以挑战学生对该因果关系的理解。

【实验 1】取两个烧杯，里面装满 A 液体，向两个烧杯中分别放一大一小两块蜡烛，观察到小的浮起来，大的沉下去。

【学生解释】之所以小蜡烛比大的更容易浮起来，是因为大蜡烛的质量更大。（他们对自己的理解非常满意）

【实验 2】将实验 1 中的一个烧杯中更换为 B 液体，向两个烧杯中分别放一大一小两块蜡烛，观察到大的在漂浮，小的在下沉。

【教师讲解】认知冲突激活了学生的思维，让他们迸发出很多想法。他们开始验证这些想法，更多地思考潜在的问题。两个实验涉及相关的因果关系，影响的结果是两个变量之间的关系。如果科学是你的领域，你可以继续思考科学；如果你从事其他领域，你可以思考其他问题。让各个小组积极探讨与分享。

【学生分享】我们小组讨论的主题是地图。我们发现一个现象：当我们在制作地图时，大多以美国为中心，缩小了其他地区。因为当我们还是孩子时就是如此，我们了解美国的一切，对西欧也有所了解，但对赤道以下的地区了解甚少，因此那里在地图上被缩小了。我认为假如我是一名教师的话，在绘制地球时虽然会想到整个地球，但我仔细绘制的位置仍然还是赤道以上。因此，我想知道如何真正改变我们现有的观念，另外我们可以如何学会从不同的角度思考，以更准确地讲述不同地区的故事。

……

【教师总结】我们进行了一段通往理解的旅程，你需要开始思考你想要的未来列车是什么，你想让学生到达哪里，你想让他们发生什么变化，他们需要按照什么顺序来发展他们的理解，最好的顺序是什么。你可以建立桥梁来帮助你的学生，你不需要非得按顺序来做，但你需要完成它。

（三）案例分析

第一，在该课堂中教师是基于研究的教学框架，先介绍累积模型、建构主义模型、心智模型三种模型的概念及其应用，随后观看《我们自己的思想》的视频，视频中呈现了学生如何介绍一些科学概念的例子，最后进行思考与讨论。

1）累积模型在教学实践中的表现有：教师先入为主、直接告知；学生被教师牵着鼻子走，缺乏独立思考和评价质疑；教学流程尽管条理清楚，但平淡乏味，缺少思维活动，忽视建构和情境，重复操练，目标单一。建构主义模型注重学习的过程建构、学习的主动性和学生与教师之间的互动。因此，需要围绕学生的学习特点，在学习的环境、学生与教师之间的互动以及学生的主动学习方面进行相应的提高，才能够更好地发挥建构主义模型所具有的指导作用。了解学生的心智模型有助于科学教师在介绍复杂系统或抽象科学概念时对学生学习困难的理解，并借此建构合适的教学模型。心智模型理论也成为认知心理学家用来解释人们如何理解语言陈述和观察现象以及如何推理的众多理论之一。

2）思维的转变对人们的实践具有重要的理论指导意义，教学思维是影响课堂教学有效性的关键因素。学习是人类的一种基本能力，各种各样的学习如何在人的大脑和身体中发生呢？该领域的研究不断深入，案例中所提到的三种模型在现今的课堂上运用广泛。教师需要思考该领域思维变化的内容及原因，不断学习和改变，才能更好地做好教育工作。

第二，在课程设计的启示——通往理解的旅程这部分内容中，教师逐渐将概念复杂化，学生逐渐丰富自己的知识并扩大自己的认知范围，发展高阶思维能力。主要表现以下三个方面。

1）课程设计中要有能观察到学生理解表现的活动，比如案例中的模型绘制、动作观察、言论发表。案例中谈论了让学生的理解可见的方式，视觉模型适用于科学学科，人文学科或其他学科提到了从不同视角分析等方法来表现学生的理解。案例也表明，相较于人文学科，学生对科学概念的理解更容易表现出来，比如教师设计活动将学生的思维指尖化，通过动作表现，不仅能使学生的内隐学习外显，还有助于教师和学生监控学习过程，注重了学生身体参与和个体经验在思维活动中的价值与意义。

2）创设合理的探究情境和学习任务，能增加学生学习的参与行为和亲身体验的机会，使学生从浅层学习走向高阶思维参与的深度学习，促进有意义地建构学生知识体系。但通过案例中的讨论发现，课程设计中让学生通往理解的旅程并不一定要按顺序渐进，教师可以设计适当的环节来帮助学生对知识进行建构。需要注意的是，教师的引导过程一定是完整的，课堂教学中要以学生思维发展为目标，围绕教学内容，结合学生的兴趣特点、知识经验、认知水平来设计问题解决、实验活动等任务。

3）课程设计中帮助学生更好地理解课堂知识的活动具有以下特征：以学生为主体，以充满挑战性的、开放性的问题为载体，鼓励学生探究与创新，注重知识、思维的生成过程，倡导方案的多样性等。

三、课堂实录：认知神经科学与阅读障碍

（一）认知神经科学与阅读障碍的课堂背景

主讲人约翰·加布里埃利（John Gabrieli）为麦戈文研究所研究员、麻省理工学院脑与认知科学教授，其实验室一个重要的研究主题为儿童学习的神经基础，通过大脑成像与行为测试相结合来了解人类大脑如何为学习、思维和感觉提供动力，以期获得改善课堂学习的方法、帮助诊断和选择神经精神疾病的治疗方法。课堂所有内容可分为6个板块，分别是阅读障碍的成因、阅读障碍中的大脑差异、教育干预和大脑的可塑性、阅读障碍的诊断、阅读障碍的预测以及阅读障碍的早期识别。

（二）课堂实录

【PPT展示】老师呈现认知神经科学课堂PPT。

【教师开场白】非常高兴每年都能来到这里为大家讲课，这对我来说乐趣无穷。我渴望听到你们的不同观点以及来自不同背景的声音。对我来说，不断听到你们的想法、问题，激励我反思我要做的事情，意义非凡。

今天的内容分为讲课与交流两个部分，欢迎大家积极发表意见和建议。

【主题背景讲解】我的整个职业生涯在研究人脑，大脑的力量令人难以置信，它是思想和感觉的引擎，同时也是学习、同情和痛苦行为的引擎，所有这些表征人类的东西都已经在大脑中被证明。但是，正因为我们有感觉，就可能抑郁或焦虑；正因为我们有思想，所以可能思想混乱；正因为我们学习阅读，学习大量的文化、发明，所以可能在这个过程中产生阅读、学习的障碍。我认为所有的婴儿都出生于"神经生物学彩票"中，他们拥有的基因和环境，可能对他们有帮助，也可能给他们带来困难。如果你有与阅读障碍相关的基因，如注意缺陷多动障碍（attention deficit and hyperactivity disorder，ADHD）相关基因，可能从学前班开始，一直到高中和大学，你会因为长时间坐着不动而感到不适，那你其实不必一直坐在这样的"房间"里，而是寻找一个不同的世界，你可能不会像现在这样挣扎。所以我们要明白，任何问题要考虑外部环境和环境间的相互作用。

我们对神经发育相关数字了解得越多，就越明白我们一直处于"随机性"的高风险中。当然，阅读障碍取决于你如何定义它，大约10%的孩子很容易达到ADHD的定义标准，在美国这一比例已经上升到11%。孤独症曾经是一种罕见的疾病，但目前患病的概率已经达到1/88，远超1%，同时抑郁症、躁郁症、精神分裂症都有值得思考的地方。当然，有各种各样关于它们的争论，比如制药行业有多少人想要销售与之相关的药物等，我很高兴和你们讨论这些问题，在这方面，我的见解并没有比你们更深刻。一些人估计，5%—20%的儿童有可诊断的问题，每8个孩子中就有1个在公立学校系统接受特殊教育，这甚至成为许多成人案例的根源。这些对个人生活、学校系统和社会都有巨大的影响。

【教师提问】我所在的麻省理工学院、哈佛大学的同事们正在研究婴儿的语言习得问题。他们在研究婴儿是如何在父母没有指导手册的情况下出色地学习语言的。关于这个问题，心理学家仍然在努力解释。婴儿是如何学习语法、民族学和语义学的？关于语言习得的一切，他们是怎么做到的？

【教师讲解】印刷术的存在有大约5000年的历史，随着活版印刷的面世，印刷的使用变得更为广泛和更容易获得。有趣的是，你是否想过，随着电脑和智能手机的出现，人们的阅读习惯是否有根本性的改变？当身处文化变革时，我认识的大多数人会这样想："每个人都将会用电子产品阅读。"你在脸书、电子邮件或CNN等上不断点击，但是你真的阅读了多少内容？现在突然之间，每一次点击的背后都有了吸引力，再让你像以前那样阅读已经变得非常困难。这正是整个社会都发生变化的时候，但你不能做控制实验，比如带着一些孩子到剑桥，并说不允许使用这些设备，因而，我们来回忆一下15岁的时候是否读过经典著作。

【教师呈现实验】接下来，我们进行一个小实验，我的研究中也有类似的实验。被试会经历一段训练，等训练结束之后，才会继续后面的内容。下面你们将会听到一个句子，告诉我们是一群人中的谁在说话，不用在意内容，只需识别是谁的声音。听好，这是第一句，"The boy was there when the sun rose"，这是第二句"The boy was there when the sun rose"，这是第三句"The boy was there when the sun rose"，这是第四句"The boy was there when the sun rose"，这是第五句"The boy was there when the sun rose"。接下来，（老师点击第一个喇叭，图4-5），告诉我是哪个人在说话？

图4-5　课堂教学实验示例

【学生回答】3号。

【教师回应】正确。（老师点击第二个喇叭）

【学生回答】2号。

【教师回应】（老师点击第三个喇叭）

【学生回答】4号。

【教师回应】非常好。接下来，我们再试一次。①"树上长满了又大又甜的桃子"；②"树上长满了又大又甜的桃子"；③"树上长满了又大又甜的桃子"；④"树上长满了又大又甜的桃子"；⑤"树上长满了又大又甜的桃子"。如果你并不懂中文普通话，但是你能有这个感觉，他们声音之间的差异比英文更大，那么让我们试一试吧。（老师点击第一个喇叭）

【学生回答】2号。

【教师回应】他是2号。（老师点击第二个喇叭）

【学生回答】3号、4号……

【教师回应】谁的答案？你的吗？好像这不太公平，你碰巧知道吗？

【学生回答】是的，这是我的母语。

【教师回应】那么，下一个。（老师点击第三个喇叭）

【学生表情】……（沉默）

【教师回应】可能隔了太久的时间，我搞错了。这应该是1号。好了，我们所看到的，在研究中的每个人都是有阅读障碍病史的年轻人，几乎所有人都是大学生，但他们做得相当好，即便你们提出的这个挑战，他们也做到了，但是他们在这些例子上接受了更多训练。研究结果排除了有普通话经验的人，我很确定，如果我们在中国对说普通话的人进行这个实验，结果都会逆转。

【学生提问】双语者和单语者之间有什么区别吗？

【教师回应】那也非常有趣，我们避免了这种情况，老实说，在美国避开以中文普通话为母语的人并不难。这就是他们识别这些声音的准确性。所以请注意，对于说英语的人来说，控制组在识别谁在说话上（比阅读障碍者）要准确得多。这是说英文时与说中文时的结果。所以我们猜测，即使你只听到声音，语音音系的同步内容也会让你更容易识别出谁在说话，因为声音和音系是相互对应起来的，他们最开始有着相同的信号。但令人震惊的是，英语控制组的表现比实验组的表现大约提高了20%。虽然这仍然存在一些偶然因素，但这（控制组）要好得多。再看看那些有阅读障碍的人，即使他们听了25年多的英语，也没有比中文表现得好一点。我们认为针对这个群体，有很多值得做的事情，但必须告诉你一件事，如果他们没有在教育中练习解决音系问题，在没有受过这些（音系）训练时，一年的英语口语经验并不会让他们像你们一样能自然地将语言映射到声音，中文中也同样如此。所以这只是提醒我们如何开始，这可能是众多挑战的开始。

【教师讲解】你可能对语言系统有所了解，语言是一种理解，但也是某一区域中连续的信息传输。下面我将向你们展示儿童的脑部成像，这张幻灯片来自一个9岁半的女孩。有些人会问，孩子们的父母怎么会愿意做磁共振成像呢？显然，我们有一个偏差样本，我们无法研究那些不愿意做脑部成像的孩子，他们的父母认为在童年不适合做这些，因此他们不在我们的研究中。但是那些愿意的人通常非常热情，这是我们从一个谈论着扫描仪有多吵的年轻志愿者女孩那里获得的，她写信给研究生（现在是教授）："在这三天内你让我获得了比在任何其他地方都多的乐趣，就像是在玩游戏一样，同时我像一只被研究的豚鼠，谁能想到我能帮助到和我同龄的大脑出现问题的人。"在几年前研究中，我们观察了平均年龄 10 岁的能正常阅读的儿童、有阅读障碍的历史和正在经受阅读障碍的儿童的阅读。当扫描仪工作时，他们可以做不同的任务，比如匹配字母，相同的字母或不同的字母；或是他们被要求确定某些字母是押韵还是不押韵的，我们以某种方式与印刷（书本上的内容）相结合，让他们思考声音是否押韵，比如 T 和 D，或 G 和 K，同时按下 Yes 按钮（押韵）或 No 按钮（不押韵），被试会经历"尝试按下按钮—看到成对的字母—做出相关的判断"的程序。在某些方面，那些你能做对的判断，他们（阅读障碍者）也许不知道。所以我们得到如下的内容，这是大脑的上部，这是下部，这是当他们思考成对字母的发音时在大脑左半球的区别。正常孩子在大脑的三个切片上移动。而有阅读障碍的孩子则没有区别。但令人震惊的是，这里（红圈处）没有可测量的激活，当我们没有得到激活时，每个人的信号都非常小，但没有激活并不意味着那里没有发生任何变化，并不是大脑的这部分是"沉默"的，它只是没有区别地处理语言的声音和语言的最小单元，即它低于任何可测量的阈值。即使是在 2000 年左右，许多研究者也发现，当人们在判断声音时，（阅读障碍者）成人和儿童大脑中某一部分对印刷（书本内容）的反应都减少了。几乎所有的神经发育研究都是这样一个近似的结果。（教师呈现阅读障碍者脑切面扫描图 PPT）

【学生提问】在这张 PPT 中，这些图片是一个均值对吗？

【教师回答】是的，它必须是一个统计学的阈值。

【学生追问】这两组之间的变化意味着什么？我在想，这两组之间是否有更多的变化，那可能非常有趣。

【教师回答】事实上，这个可能有更多的变化。也许有另外一种测定方法，比如我们可以针对整个大脑做测量，如果在某些阈值上一个一个地看，你就会发现不同的人可能在各种地方超过阈值，甚至你会看到一个"空白的大脑"（无可测量的激活）。这是大脑没有参与，还是它没有像典型的阅读者那样在一直保持参与？所以我们通常会测量所有活跃在阈值以上的体素（数字数据在三维空间中分割出的最小单位），每一个孩子都有不同的地方是活跃的。事实上，那些患有阅读障碍的孩子在分析时仍是一个"空白大脑"，控制组有更多在平均活跃值上的体素。针对这个问题有不同的解释，可能因为他们努力起来更加困难，可能每个孩子在某种程度上在以更加独特的方式处理问题，所以当我们取均值的时候，可能因为选择不同而获得不同的图式。

【学生提问】我不会使用脑成像技术，因为我不是这方面的专家。但是我在上关于阅读障碍的课程，可能是因为我们谈论的不仅仅是单独的语音处理，而是有阅读障碍的大脑问题，我们阅读了关于阅读障碍大脑的不同研究，而不是像这样只是看阅读障碍儿童大脑的左半球的激活，这里面有一些交叉的东西⋯⋯

【教师回应】我会给你看你说的那些研究。但有相当多的证据表明，通常有阅读障碍的孩子，当你去计算其激活均值时，相比较于大脑右边，它会更加系统地集中在左边。

【学生追问】这基本上是说，阅读障碍患者比正常孩子的大脑做的工作更多，因为他们的神经网络效率更低。他们没能提高效率，所以他们试图用自己的工作记忆或者其他类似的什么来克服困难。

【教师回应】我认为这完全正确，我会再回到这一点上的，但这并不是说有阅读障碍的孩子大脑没有参与。首先，他们至少在阅读。其次，可能他们正在做的是尽可能用不同的策略去解决问题。不幸的是，这些策略很少有效，但它们仍然能在这项工作中帮助很大。

（三）案例分析

教师在课程正式开始之前即表达了对学生能力的肯定和赞许，非常乐意听取来自学生的不同观点和想法，鼓励学生在课程中的任何时刻都可以积极参与讨论，而非完全按照规定的课堂程序进行，且愿意针对学生的提问进行自我反思和自我激励。这一过程体现了教师角色的转变，即由传统的知识传授者转变为学生学习的促进者和引导者，同时也体现了教育不仅是教师向学生单方面传输知识的过程，更是师生相互影响的过程。从学生层面来看，在这种教育氛围下，不同背景、不同认知风格的学生都有发挥的空间，这更有利于学生形成批判性思维以及创新意识，进而具有应对极速发展的信息化时代的能力。

所以，教师不仅需要关注所教知识本身以及与之对应的教法，更应该关注所教学生的不同背景、不同思想和不同学习方式，以及教师自身的价值观念、反思能力，将学生看作不同背景下的知识建构者。

在正式的教学中，教师给学生讲解阅读障碍成因是最为流行的语音假说（即阅读障碍的成因主要是因为语音处理缺陷）时，其中涉及研究者做的一个语音识别实验，教师先给学生呈现了实验的大致过程，然后为学生创设了一个真实的实验情境，并让学生扮演被试的角色。虽然教师只呈现了两次简短的训练，但是学生却拥有了语音识别的真实感知过程。

在讲解阅读障碍中的大脑差异时，其中涉及一些关于脑成像的知识，其专业性强。教师首先引用了一位小实验者给研究者写的一封信，信中幽默风趣的内容活跃了课堂氛围，同时还让学生看到了真实的科学研究中研究者可能遇到的困难（儿童父母可能会因为实验风险而拒绝进行大脑成像），使课堂更具真实性。在针对专业的脑成像知识，教师没有进行冗杂的理论原理的论述，而是选择一些简单易懂且对比性强的图片、图表来减轻学生的认知负荷。因此，即使是没有太多相关知识储备的学生，也能够快速掌握关键信息。

此外，本案例中最为出彩的部分是教师在课堂教学中多次融入社会科学问题。教师与学生针对阅读障碍当中的某些问题进行了讨论，而这些问题与社会、政治、经济以及道德等紧密相关。例如，教师提出阅读障碍的"差异模型"和"缺陷模型"两者之间的平衡，进而让学生思考身为教育工作者或者科研工作者应该如何对待存在阅读障碍的群体，究竟是尊重差异还是努力让他们得到弥补？针对这一问题，教师并没有给出标准答案，而是引导学生在个人道德与社会责任的基础上去思考，进而得出自己的结论。同时，学生也与教师进行了交流，并且表达了积极的价值观念。又如，教师提问："如果一个儿童拥有 130 的智商和 100 分的阅读成绩，那么他是否有必要进行额外的教育项目的补偿训练？"这同样是一个存在较大社会争议的问题，教师与学生进行了积极的讨论，充分尊重和肯定了学生看待问题的角度和观点，并且赞美了学生能够看到"因差异而带来的痛苦"以及学生的人道主义情怀。整个交流过程的氛围愉快且轻松，给予学生足够的讨论空间，同时具有非常深刻的教育意义。最后，在针对"特许学校"的讨论中，一位学生在课堂上分享了自己的经历与看法：虽然特许学校比传统公立学校利用了更多的学习时间，但却没能够考虑到学生的全面发展，而是集中于例如计算、阅读等核心能力的培养上，这同样也是当前大多数国家存在的教育困境：应试教育向素质教育的艰难转型。对此，教师没有否认学生的观点，但同时也保留了自己的看法，引导学生思考：对于一些非常贫困的儿童来说，能够完成中学并顺利升入大学，可能已经是最优的选择，但进入大学之后，他们如何适应学习方式的转变？这是更为复杂的话题，因此讨论空间留给了学生。

第三节　美国高等教育创新人才培养特点

在美国，大多数教师在课堂教学中采用讲授法进行教学，在教学过程中也会穿插答疑、小组工作、读书报告、社会调查、实习、实验等多元化融合的教学方法。对于学生来说，在教学的任何环节，学生都可以随时提出疑问，或者发表自己的看法，这成为美国课堂中常见的情景。那么，美国的大学课堂究竟存在什么样的魅力？一年的访学时间给了我答案。

一、动态系统理论指导着美国课堂教学

动态系统理论（Dynamic System Theory，DST）最早由拉森-弗里曼（Larsen-Freeman）引入应用语言学领域。该理论主张语言是一种复杂的自适应系统，强调在时间维度和语境中研究真实的语言。动态系统理论认为语言系统具有动态、复杂、非线性、混沌、不可预测、初始状态敏感、开放、自组织、反馈敏感、自适应十个主要特点。动态系统理论重视个体语言习得的差异性，其研究核心为"变异性"，更关注复杂的个体内部过程，它可以为个体差异性研究提供新思路。

动态系统理论认为教育不是固定的而是一个变量。我们分析教育个体时，应该考虑包括个性、特征、技能、情境等在内的多个因素。动态系统的观点要求任何行为分析都要基于它发生的背景，以及它发生时个体与环境相互作用的影响。教育的有效路径在于多种学习方式及其综合运用，多样性教育教学促进了学生的个体发展。

（一）教与学是非线性结构和复杂动力学习动力系统

脑加工信息和网络工作的动态性决定了动态教学理论。动态教学理论认为学习的最终目的是促进学生用自己的智力进行知识的深加工。深加工意味着知识在大脑中被很好地表征和联结。脑的结构复杂，特别在意识方面，脑需要多种联结，输入信息也是通过多种路径进行的，脑的加工是网络式分工协调工作。脑通过输入的新信息调节行动，学习新东西的过程就是不断生成和调整神经网络的过程。当我们学习新技能时，额外的神经联结建立，这些联结总是需要时间、努力和体验的。在这个过程中，新旧信息将被结合和评价，新的神经联结环路将建立。此外，信息评价加工包括丘脑（脑的情感处理中心）的加工，所以评价结果都带有情感成分。总

之，新的概念在被采用之前首先要适合已有的网络系统，并经过情感过滤和情感加工过程。

传统的线性教学观忽视了教学中自然的交互作用和人的心智永远是基于环境而变化的属性，基于学生的学习成绩与教师教学效率相关的逻辑缺乏对学生复杂认知过程的了解。笔者认为教学是一个多维度的交互作用，教学系统包括三个部分：基于脑的学习、基于脑的教学和教与学的交互。

基于脑的学习表征为学生与环境交互的动态学习模式，学习过程是学习者利用自己的背景知识不断主动地选择信息和加工信息，逐渐达到深入理解水平的过程。这是由许多变量组成的复杂系统，内在变量包括学习者内在认知能力的强弱、记忆、情感反应及其个性特点，每个学习者都是根据其认知的内在属性、用其特有的方式进行学习的独特复合体；外部变量包括友情、家庭、社会等外部方式，与内部变量一起影响着学习，共同组成基于脑的学习。

基于脑的教学也是一个由许多交互变量组成的系统，教师的个体背景构成了教学的基础，包括培训、家庭、信念和经验等。同时，教师拥有娴熟的教学经验，精通所教教学内容，有高水平的传递信息能力和评价能力，创造有效教学环境和促进学生成功的能力，持续的专业领导与合作能力，进行自我创造、自我管理，自我认同和自我调节的自我生产能力[①]。这些因素能够有效地促进教师的教学工作，并成为教师背景的一部分。

基于脑的教学表征为教师与学生不断进行交互作用并创建反馈的回路。在基于脑的教学系统中，教师在与学生相同的学习背景中接受并加工他们的反馈，反过来促进他们自己的发展。

（二）教学效率基于班级的流动性与相互同步性

美国麻省理工学院 Pentland 教授项目组与日立公司中心研究实验室合作，在动态系统理论框架支持下，采用基于人类与环境相互作用的量化数据来研究和理解教学交往行为。其方法是用身份卡片式传感器收集人类互动的社会信息并连续地测量人的一天的行为。传感器收集面对面的交往活动，从身体的角度、体积、温度、行为表现等方面进行测量，6 个红外接收器分别放置在不同方向，以保证足够广的角度覆盖，特别是在教师与不

---

① Vanessa R. Overview special section: The teaching brain series editor. International Mind, Brain, and Education, 2013, 7（2）: 75-76.

同组学生进行交流时。

 创新驿站

社会网络分析结合传感器测量指标

社会网络分析结合传感器测量提供了一个强有力的工具用于研究交往行为中的身体活动。它的测量指标如下：

1）水平：指多少成员相互联系，它代表了社会熟悉度，与群聚行为有重要关系。

2）聚类系数：指社会网络中人与人之间的啮合度，即人的标准社会网络密度，它代表了组的内聚力。

3）三角形计数：指人们彼此联系成了多少个三角形，它代表了群聚系数，以及一个项目团队与生产效率有关的集体凝聚力。

4）广度：指一个人在社交网络距离内所接触的人的数量，它也与生产效率相关。

5）向心性：与团队创造力有关。它代表了一个人在社交网络中所传递信息的重要性。根据测量团队成员之间联系的最短路径，能够通向所有路径的人就是团队的中心人物。

兰州大学管理学院. 社会网络分析. https://wenku.baidu.com/view/8a72ae74f5ec4afe04a1b0717fd5360c ba1a8dbf?fr=sogou&_wkts_=1693093158942.［2023-08-28］.

Pentland 教授项目组认为人类不同的生活方式与个性决定了他们社会交往关系、工作关系和个体关系。人类的交往行为由行为的频繁度决定，当一个人试图传送信息给其他人时，身体的活动更为积极，即当一个人对另一个人说话感兴趣时，其身体的移动较为积极；当一个人对另一个说话不感兴趣时，其身体活动会被抑制。研究项目组认为宇宙中所有的变化都可以通过能量的交换进行解释，人的行为也是如此。人的行为中身体的行动扮演了一个关键角色，遵守能量交换定律、玻尔兹曼分布律，并由能量限制，这提供了一个看待人类的行为新视角。个体行为随时被所处环境影响，基于能量的角度科学地解释了人类的交流行为这种自然属性。通过这个技术看待人类的交往活动好像一个连续的能量频谱，通过大量技术数据的收集与分析，能够发现人类行为的潜在规律。

丰富的社会网络结构意味着更多的交往行为，也意味更好的工作表现。相较于个体技能，团队交往行为对工作效果的影响更大。个体的表现会受同伴建议的影响，团队整体表现受同伴之间相互关系的影响更大，同伴之间的相互支持对学习有重要影响。高交往引发高表现，高表现反过来也引发高交往。这如同一个学生的表现能够被学生和教师之间良好的相互作用所驱动一样。同样，一个教师的表现也会被其同事之间的关系所影响。

学效率基于班级的流动性与相互同步性[①]。人们面对面主动或不主动地交流是一个相互转换的同步行为。集体交往中积极主动的人越多，越会影响更多人参与主动的交流。集体交流中越积极主动的人，越具有凝聚力，其会将聪明才智、良好的表现、感染力和动力传递给同伴。人在集体中的表现不是个体表现的总和，而是行为的高度合作和交流的融洽程度，这表明人的相互影响是有效教学的基础。在教学中，教与学的表现不全归功于学生的个性与能力等个体因素，更与师生之间高效的合作与交流有关。

教学交往能力是教学的关键，与个体的专注程度和成长有关。高技能高挑战的条件能够同步地拓展和驱动一个人的潜力。心理学家米哈里齐克森·米哈里（Mihaly Csikszentmihalyi）将专注定义为一种将个人精神力完全投注在某种活动上的感觉；专注产生时同时会有高度的兴奋及充实感。米哈里齐克森认为，使专注发生的活动有以下特征：①我们倾向去从事的活动；②我们会专注一致的活动；③有清楚目标的活动；④有立即回馈的活动；⑤我们对这项活动有主控感；⑥在从事活动时，我们的忧虑感消失；⑦主观的时间感改变。[②]例如可以从事活动很长时间而没有感觉到时间的消逝。专注特征与驱动拓展一个人的能力的高技能、高挑战条件相关。当技能与挑战水平高时，专注特征的分值就高，反之亦然。带给教学的启示就是，教学中老师需要给学生创造高技能、高挑战的学习氛围，只有这样才能集中学生的注意力，促进其学习的专注度与个人成长。研究同时表明，面对面交流会使人产生同步的身体活动、积极的智力活动、更愉悦的心情和更好的表现，持续的身体活动引发更多专注，从而驱动成长所必需的挑战。

Pentland 教授项目组还研究了融洽性与人的积极性之间的关系，发现

① 贾旻，曹思文. 新时代继续教育体系建设：新业态、新问题与新路向. 中国成人教育，2021（8）：60-65.
② 转引自蔡晨. 基于心流理论的英语听说课程混合式教学模式研究. 中国教育信息化，2018（6）：36-40.

它们之间具有强关联性。研究表明，当人们面对面积极交流时，其融洽性增强，且主动的人更有融洽性，主动的态度能够提升表现，影响周围的伙伴，同步引发周围人的积极性。研究还揭示了快乐情绪与积极性的关系。结果显示，快乐的人更有创造力，在工作中更有再生产能力，并能够取得更高收入。快乐情绪能够增加个体日常的活动频率，对行为的影响比金钱、地位和健康影响更大。项目组进行了让学生记下上周发生的三件好事的情绪干预实验，实验结果表明效果显著。实验组报告感觉更快乐，动机更强烈，生活满意度更高，更愿意与他人交往，这些良好现象可以持续研究后的 1 个月。同时他们显示出更多的身体活动，特别是在研究早期。这个研究支持了快乐情绪与身体活动相关的结论。项目组研究认为人与人之间良好的交往能够驱动动机的产生，并创造伴随身体活动的积极反馈，同时带来快乐情绪与积极的挑战气氛。研究结果表明，教学与个体脑的功能支持有关，同时也是高水平的社会现象，是人与人之间在社会环境中的集体交往和合作行为。人类交往科学和脑科学正结合在一起，促进我们更好地理解教学，并创造一个更加完美的教学系统。

在学习中，情感是教师与学生相互影响的一种重要方式，也是教师影响和调节学生知觉、记忆和思维等认知活动的重要方法。科研和生活实践都证明，积极的情感体验往往使人的大脑皮层处于觉醒状态，从而增强学习积极性，激发求知欲望，促进创造性思维，提高学习效率。消极的情感则会使人精神颓废，注意力难以集中，从而降低智力活动水平，干扰认知活动的进行。在教学活动过程中，教师为了影响学生的学习和行为，将情感融入语言、表情、动作中并传递给学生。学生接受教师的情感并引起情感共鸣时，就会产生感染和激励作用，融情于学习之中，增强学习的积极性，促进思维的发展。同时教师也能通过学生的语言、表情、动作了解学生的情感，帮助学生消除不良情绪和培养良好情感。

（三）教学的依据是心智的剧场

吉文的心智剧场理论认为学生的学习就是系统的组成，情绪学习系统、社会学习系统、认知学习系统、身体学习系统、反思学习系统。情绪学习系统决定了个体的外显特征，影响人的交往、学习及对环境进行思考的方式。积极的情绪有助于知识和技能的获得，消极的情绪则阻碍人们达到满意的成绩。认知学习系统与学术性学习相关，因而受到广泛关注。运动、戏剧、舞蹈、音乐表达等都与身体学习系统有关。脑的反思性学习系统是最复杂的学习系统，负责脑和身体的执行功能，如高层次的思维和问题解决。

根据心智剧场理论进行教学时要注意：①开启所有的学习系统，要有所侧重，以免造成思维的混乱；②剧场有主次之分，情绪、社会和身体学习系统是最基本的、首要的，这些学习系统的功能决定了认知和反思系统的作用，因此在教学中，首先要满足学生的基本需要，这样学生在学习时才不会受到这些系统的干扰；③在心智剧场理论中，五种自然学习系统对教师和学生的影响各不相同（表4-1），这为教学提供了依据。心智剧场理论对教师备课、与学生交往、形成学习共同体等做了具体的考量。

表4-1　心智剧场理论中五种自然学习系统对教师和学生的影响

脑的自然学习系统	情绪学习	社会学习	认知学习	身体学习	反思学习
核心要素	激情	合作	目的	行动	反思
教师的作用	指导者和模范	合作者	促进者	教练	伯乐和引导者
学生的需要	尊重个人的优势	归属感	求知	表现	自我监督与成就分析

杜威认为，知识是通过操作把有问题的情境变成解决了问题的情境[①]。知识的意义存在于情境之中，课堂上教师创设一个与具体知识紧密联系的教学情境，让学生在其中进行探索学习，自主建构知识的意义，这有助于学生将学到的知识迁移到其他相似的情境中。该设计利用漫画的形式创设情境，请学生扮演不同的角色。通过剧场的形式呈现酸雨形成的两种途径富有趣味性，同时也有助于学生的理解和掌握。

（四）培养孩子而不是设计孩子，方法大于兴趣，兴趣高于现象

一个好的教师能够用有效的模型传输知识，激发学生的想象，鼓励学生展开批评性的思维，更重要的是能够选择多种活动去引发学生从前概念到理解水平或者，去帮助他们用元认知的力量去管理学习。方法、兴趣和现象三者的关系如图4-6所示。

在有限的课堂学习过程中，虽然传统的教学方法能够在较短时间传输大量知识，但我们不能忽视知识传输的方法。第一，学生必须有机会亲身体验才能完全理解概念，在一个领域获得深入的理解总是令人鼓舞和有收获的体验；第二，如果学生总是获得迷思概念，不利于学生建构知识结构与基础；第三，学生需要学会思考，需要学会思考的方法以及方法的过程。他们一旦学会了如何思考，就能进行知识的迁移与应用。实践是学习

---

① 转引自潘华靖. 杜威的知识观及其现实意义. 当代教育评论，2016（4）：38-41.

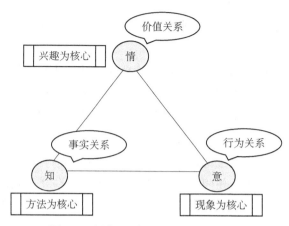

图4-6　方法、兴趣、现象三者的关系

新知识的有力方法，但它们不会单独激发概念的深入理解和帮助总结，需要教师在实践中引导学生进行方法的总结概括。在教学实践中没有万能的方法，教师需要根据目标与环境，结合各种方法，在实践与传统教学方式之间切换，从而形成自己的教学特色。

人的资本理论认为，教育危机与经济危机一样，教育资本大于资产。标准化考试是人的资本的一种度量单位。教育由心理学、社会文化学和脑、基因、营养、锻炼等生理学共同组成。人文科学通过推理、人评价等来研究现象，科学通过因果关系、解释来研究本质，二者相互补充与完善。人是生理的、心理的、社会的人。不久的将来，基于生理技术的评价将会增加，即通过基因的前症状诊断来完善完整的元认知教育理论。教学改革的效力在于学习模型与社会生活哲学模型的选择。我们了解世界的各种途径都是具有价值的，就如同一条大河是由许多支流汇聚而成的一样，自然的学习也是学习的一种。现代教育教学倡导的累积模型和建构主义模型是以智力作为建构模型的基础，但我们同时知道一个理论的合理性不是它被经典的证据证实，而是它生成的概念和原理是基于一定的背景而生成与获得的。

✎ 实践路上

IB 教材的"化学和我"栏目

IB 教材中设置了"化学和我"（Chemistry & you）栏目。这个栏目的目的在于进行情境创设，并在后续关键内容处用于促进学生进一步深思。情境创设连贯，贴近学生生活，可读"化学和我"栏目出现了 35 次。

22.1中情境创设为介绍常见的固态、气态和液态化石燃料，在该节后续出现的内容结合碳原子数和支链等因素探讨有机物熔沸点的变化规律，并引出进阶内容——有机物熔沸点的比较。

22.2中情境创设为不饱和脂肪，引出饱和度和不饱和度的概念。该节后续出现的内容阐释了饱和度的定义，以乙烯和乙炔为例指导学生理解烯烃和炔烃都是常见的不饱和化合物。

22.3中情境为视觉的形成原理，以视网膜分子的结构改变引出同分异构体。

建构主义理论倡导学生是学习的中心，那么在化学教学中必须清除传统教学的弊病，让学生成为课堂的主体，教师和学生角色对换，教师只是知识的倡导者和课堂的帮助者、引领者。教师在课堂教学过程中加强与学生之间的互动交流，尽量将课堂还给学生，用丰富的素材和逼真的场景挖掘学生的兴趣点，让学生学会思考。教师主导课堂节奏，并运用灵活的技巧掌握课堂内容，为学生搭建自由交流、即兴讨论、互相支持的平台，让学生手脑并用，在不知不觉中激发学习的兴趣、启迪思维。

二、美国高等教育教学特点

在美国大学课堂，不同类型的动态课堂是以学生为中心的，为学生提供多种选择的机会，师生彼此尊重，彼此聆听，开放性地分享彼此的思想。教师在教学中，尊重传统教育文化，将民族文化融合在教学中，注重组织与教学社区建设，关注个体和特殊学生，重视让学生解决真实世界的问题，以及模糊与非结构性问题，注重合作技能的学习，将学生的学习融入社区生活，鼓励学生交流问题和做出决定与分享思想，鼓励积极的问题加工，通过成功的体验增强学生学习动机。

（一）基于指导性的案例教学

案例教学是一种基于真实生活中的问题，开放式、互动式的新型教学方式。通过组织学生开展讨论或争论以加强学生发散思维的训练，同时也鼓励学员独立思考和交流，提出解决问题的方案，以达到发展理论和启迪思维方法的目的，从而提高学生的分析解决问题及创新能力。

案例教学特点有：①案例真实，有明确的目标；②有广泛的背景材料；③与教学内容有相关性；④案例之间有相互关系；⑤对案例进行了深入的解释、分析与比较。在教学中，教师会使用特定的案例并指导学生提前阅读，主动地提供案例的背景知识，讲授或模拟案例后会要求学生进行批判性的讨论和总结，让学生学会发现和鉴别事实真相，坚持对事物进行严谨的分析，能够理性、历史地认识现实问题和道德问题。教学中特别强调案例问题模型化，找出其中的关键性特征，鼓励学生提出观点并对核心概念的相互关系进行深入理解。

实践路上

1870 年，美国哈佛法学院院长朗德尔（C. C. Langdell）创立了案例教学法，它被誉为案例教学法的先驱者，经过推广，案例教学法现已在世界范围内产生了广泛的而深远的影响，被认为是代表未来教育方向的一种成功教育方法。哈佛大学教育学院的"案例学习"课中，教师常请来一些校友或者有经验的老师在讲授或座谈中讲一些与教学相关的案例，让学生依靠对某种原则或原理内核的深入认知来思考和提问，教师进行解答或者讨论；有时请来 3 个校友，他们分别交流自己的教学经验，模拟或者重现现实教学中的一些场景，让学生想象进入案例场景，通过讨论或者研讨，得出结论和建议。指导教师也可以参与，最后指导总结。

该实践通过邀请校友或者有经验的教师分享相关案例，有助于保证案例的真实性、有效性和针对性。学生在案例场景中可以感知、分析、思考并获得蕴含其中的教育知识，同时在教师创设的较为轻松的氛围中主动思考、积极讨论，碰撞出思维的火花。这样不仅能以"做中学"的形式帮助学生内化知识，培养学生的思维能力，还能帮助学生搭建理论与实践的桥梁，有利于学习迁移。

（二）基于问题解决的教学

亚里士多德曾说过，思维是从惊讶和问题开始的。基于问题解决的教学在课堂中以问题解决为主线，倡导学生积极、主动地参与问题解决的全过程，关注学生在问题解决中的情感体验，注重通过问题解决使学生获得知识、掌握科学的思维方法，从而提高其解决问题的能力。基于问题解决的教学的关键之处在于，教师应提出富有价值的、真实的学科问题，并将问题相互串联，以形成完整的问题解决式教学设计。基于问题解决的教学坚持以学生为主体，能够有效发挥教师的指导作用，不仅可以很好地激发学生的求知欲，增强其探索欲望，而且可以让学生在具体的问题情境中学会创造性地解决问题，进一步提高自身的科学思维能力。

基于问题解决的学习特点是：师生一起工作；教师为学生提供相应的支持；专家提供学习的支架；要有逻辑的行动；给问题建立目标、空间、因果关系和时间的模型；高水平地促进学生的发展，在行为与目的之间有明确的因果逻辑；建立问题表征；解释与分析。

✎ 实践路上

"科学与技术"课程的教学设计

在哈佛大学研究生"教学设计"课程中，教师给了一个在美国五年级"科学与技术"课程的教学设计，要求研究生体验问题解决的教学。教师给出一幅图，描述了一块林地中不同种类树的分布：橡树 7 棵，松树 10 棵，桦树 7 棵，杉树 2 棵，枫树 1 棵。当松鼠移到这个地区，它们从这个地区的一棵橡树上收集橡树籽然后储藏在广泛的地下。问：下面哪个图代表最好地代表了 20 年后这个林地树种的情况？

2006 Science and Technology/Engineering-五年级
第23问：多样化选择
报告类型：生命科学
目的：生物适应性-10

如下图所示为某一片森林的树木分布情况：
当松鼠进入这一地区时，它们会从这一地区的一棵橡树上收集橡子，然后把橡子藏在地上，覆盖一大片区域。
下列哪一项最能代表20年后的这片森林？

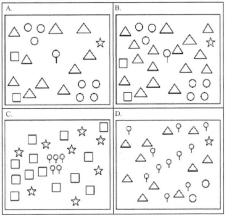

教师给出了 4 个图：第 1 个图与 20 年前的图一模一样；第 2 个图橡树 5 个棵，松树 0 棵，桦树 0 棵，杉树 13 棵，枫树 5 棵；第 3 个图橡树 1 棵，松树 16 棵，桦树 7 棵，杉树 2 棵，枫树 1 棵；第 4 个图橡树 11 棵，松树 11 棵，桦树 3 棵，杉树 3 棵，枫树 1 棵。

案例中呈现的是一个开放性问题，具有一定的挑战性。一些学生认为第 1 个图正确，认为根据物种的适应能力，它们之间相互制约又相互竞争，这种稳定的状态在短时间内不会发生较大变化。还有一些学生持不同的观点，提出了更多需要考虑的因素。教师组织学生讨论，集思广益，让大家阐述各自做出选择的理由，课堂气氛因为不同学生选择的不同的答案而变得活跃起来。虽然一开始学生各执己见，但通过教师相应的引导，最后大家得出一致观点：第一，需要明确这些树的生长周期；第二，需要了解它们的生存能力和生存空间；第三，需要知道这些树之间的相互依存关系和制约关系；第四，需要知道当地的气候、水、土壤、动物等情况以及它们的变化对树的影响。以上这些因素的结合既考虑了单一树种的生长，也考虑了不同树种之间的影响。这种利用系统思维的方法解决树林的变化问题，开阔了学生的思维，有效地锻炼和培养了学生批判性地分析问题、解决问题的思维能力，促进了学生的创新思维能力的产生和发展。

在基于问题解决的教学中，问题的答案不是最重要的，相反，讨论答案的过程才是举足轻重的，因为它能带给学生思考问题的方法，让学生知道：科学不是绝对的，不是静止的，现实生活的问题存在更多的解决问题的方向和可能性。一位好老师首先需要让学生亲身体验解决问题开始时存在的困惑，促进学生自己全面思考和解决问题，因为只有这样才能加深其对知识的理解；其次，教师要为学生提供进行头脑风暴式讨论的机会，帮助学生学习选择合理解决问题的方法；最后，在基于问题解决的学习过程中，学生提出问题和假设，并对自己的假设进行严格验证，用批评性和科学逻辑建构合理的解释。在这个过程中，学生发展了理解科学的能力。

（三）基于项目任务的教学

基于项目任务的教学需要对问题进行深入的加工，试图理清思路的争论过程就是深加工的过程。在争论的开始，混乱是不可避免的，清楚思路的争论可能让问题变得清晰而且更有逻辑。学生通过争论与对问题的思考促进了概念的改变，如果没有这个过程，就犹如用勺子喂学生，只能解决饥饿，而不能解决自己怎样吃的问题。基于项目任务教学的特点是：①通过任务驱动，激发学生解决问题的动机。教学开始并不直接告诉学生知识概念，教师将学习任务列在 PPT 上，设置一个项目任务列表给学生。②设置探究情境。让学生猜想并尝试单独在笔记本上回答。③合作学习。学生进行头脑风暴式讨论交流。④提供时间和帮助，特别是基地资源，充分利用学习工具。举出正例与反例并进行比较，如向前看和向后看。⑤创造产品。画出对概念和知识的理解，教师进行小组访问并指导，各小组进行分享与交流，教师最后给出答案和理解。基于项目任务学习的原则是可行性、价值性、关联性与有意义。⑥评价性教学指导。教学评价要基于对表现的理解：一是对学习者表现的比较；二是基于标准的参考；三是对项目任务完成质量的诊断。

✎ 实践路上

哈佛大学教育学院的一节课中教师布置评价主题任务让学生讨论：

1）怎样评价结构知识之间的相互作用？

2）在基于问题的学习中评价扮演了怎样的角色？

3）隐性表现如何评价？

4）考虑评价的功能有哪些不同的方法？

5）对开放性的结论如何评价？

哈佛大学课堂实录

教师让学生思考：回忆并讨论你体验过的真实情境的评价，例如你骑车或者做实验时是如何被评价的？评价集中在哪些任务特征上？什么角色能够促进真实的操作？

最后总结教学评价涉及的方面。小组评价横向分为 4 个水平：紧急的、新手的、熟练的、高级的。纵向分为承认个体的贡献（个体成员观点的贡献程度、最后的结果反映个体的贡献程度、个体成员承认其他成员对他们学习的贡献），解决分歧或一致性的问题（不同争论的接受程度、个体成员表达不同观点的团队气氛程度），设立预期（小组的预期目标明确和被承认程度、个体成员对任务的接受和认识程度），解决交付的成果联系到学期项目（最后的成果反应小组和个体成员工作水平程度）。

Why：为什么进行学生学习评价？怎样结束？目的是什么？应该获得哪种信息或知识？

Who：评价谁或者评价什么？谁做这个评价？你鼓励学习者自我评价什么？是否包括他们的内容知识和思考过程？

When：评价什么时候做？评价在不同时间的相互作用是什么？你怎么从不同时间的评价学会不同事情？

Where：在什么地方进行评价？在一个地方什么观点支持评价？有没有其他地方有利于评价？

What and How：为什么高校-地方政府-学校（university-government-school，UGS）是重要的？怎么最好地评价 UGS？

由于学生本身已经具有一定的理论知识基础，教师应根据学生的实际能力合理地组织项目任务，使学生在活动中形成新的认知，建构新的理解框架。在该实践中，教师呈现了评价主题的项目任务列表，以引发学生思考，使学生处于教学活动的中心地位，教师在其中给予适当的提示，学生的感知、记忆、理解、思维等心理活动便可随之产生。此外，小组合作学习不仅能让学生积极参与小组讨论，合理分工，共同完成项目，还有利于培养学生的团队精神与合作意识。

基于项目任务的教学以项目为载体，以任务为驱动，将理论与实践充分结合，用项目任务来引领理论，使理论在实践得到应用与检验，最终实现理论与实践的统一。通过项目任务驱动，让每个学生都有广泛参与完成任务的机会。由于最终的成果是创造产品，所以需要调动学生的创新能力，且此过程也需要学生运用所学的知识和技能解决一个或多个问题，以提高其解决和处理实际问题的综合能力。

（四）基于理解的教学

由于一些概念难以理解，教师需要尝试用不同的方式将其呈现。如有的教师善于形象举例或者运用表情进行生动的教学，或用生动的肢体语言帮助学生理解；有的教师花了大量时间帮助学生通过绘制图画、卡通人物、典型的图形以及制作不同的视频来替代不同的信息。这些对学生的理解都很有帮助。而且，阅读和观察也适用于不同学生的理解方式。因此，教师需要经常研讨去开发一些新的方式，让学生在课堂上讨论，学生也可以通过不同的方式去学习，尽量从不同角度去理解同一件事情。

　　基于理解的教学表现为建立和展示理解，并通过帮助学生反馈和修正其推理修正理解。其教学特点表现为：①教学过程中有一些是明显的理解性目标，提供的问题同时有收敛的和发散的，教师需要留给学生时间思考答案，并使用不同的认知水平进行理解：回忆、理解、应用、分析、综合和评价等[①]。②教学通过理解促进概念改变。概念改变的4个关键：一是不满意。学生首先意识到认知冲突，他们现有的思考方式不能解决问题。二是可懂度。概念不仅被理解，学生还能反馈争论并解释概念给其他同学。三是合理性。新概念必须比旧概念更好地被理解，能更好地解决问题，学生认为理解新概念的方式更符合其思考习惯，并且当这些概念应用于实际时，他们能回忆并运用它们。四是成效性。新概念不仅能够解决当前的问题，还能够用于开放性探究[②]。③基于理解的教学从三个方面考虑：从事的兴趣、模式（计划或模型）、模型或者学习策略。在概念理解的教学过程中，学生会表现出对现有概念不满意，冷概念与热概念发生改变，这时需要使概念形象化，通过解释、示范、应用、评价、分析、比较和对比、关联、概括化、批判等认知方式对概念进行非线性的叙事。④在基于理解的教学中，自主学习是非常重要的，在这个过程中，学生容易产生错误的想法，从而产生误解。所以教师要主动追问学生理解的和自己所学习的有什么不同。

　　基于理解的教学是借助一定的教学条件，在相互理解与自我理解的同时，使知识得到更好的加工的过程，这种经过理解加工的知识使学生能够在新的条件下，灵活地运用所学知识来解决新出现的问题。值得注意的是，学生在自主学习过程中产生的误解经过与教师正确的理解对比，能引发学生的认知冲突和好奇心，有利于激发学生的求知欲，且学生在此过程中也更倾向于独自去探索寻找答案，以消除自己认知冲突。这样，学习知

---

① Harris H H. Teaching secondary school science: Strategies for developing scientific literacy. Journal of Chemical Education, 1997, 74 (10): 1167-1169.

② Esther L Z. Teaching to promote deep understanding and instigate conceptual change. American Astronomical Society Meeting Abstracts, 2016: 8.

识的意义已经从记忆和重复某些信息转变为搜寻、解释、分析和应用信息。

✎ 实践路上

IB 教材通过已有的知识——勒夏特列原理，描述了 $c(H^+)$ 和 $c(OH^-)$ 增减对水的电离的影响，并直接给出了 K_w 的定义。

水的离子积常数　水的电离是可逆反应，因此适用于勒夏特列的原理。在水溶液中加入氢离子或氢氧根离子对系统是一种压力。作为回应，平衡将向水的形成方向转变。另一个离子的浓度会降低。在任何水溶液中，当 H⁺增加时，[OH⁻]减少。同样，当[H⁺]减少时，[OH⁻]增加。

$$H^+(aq) + OH^-(aq) \rightleftharpoons H_2O(l)$$

❖ 对于水溶液，氢离子浓度和氢氧根离子浓度的乘积等于 1.0×10^{-14}。

$$[H^+] \times [OH^-] = 1.0 \times 10^{-14}$$

这个等式适用于 25°C 下的所有稀溶液。当物质被加入水中时，H+ 和 OH-的浓度可能会发生变化。而 H+和[OH-]的乘积没有变化。水中氢离子和氢氧根离子浓度的乘积称为**水离子乘积常数**(Kw)。

紧接着 IB 教材利用例题展示了如何利用水的离子积常数和 $c(H^+)$ 计算 $c(OH^-)$ 以及判断溶液的酸碱性。并且在例题中给出了详细的解题步骤。

例题 19.2

使用水的离子积常数

如果溶液中的 H⁺ 为 1.0×10^{-5}M，溶液是酸性、碱性还是中性?OH⁻的浓度是多少?

KNOWNS
$[H^+] = 1.0 \times 10^{-5}$M
$K_w = 1 \times 10^{-14}$

UNKNOWNS
Is the solution acidic, basic, or neutral ?
$[OH^-] = ?$M

① **分析 列出已知和未知项**。用水的离子积常数表达式和已知的氢离子浓度来求氢氧根离子的浓度。

② **计算 求出未知量**。

| 用[H⁺]来确定溶液是酸性、碱性还是中性。 | $[H^+]$ is 1.0×10^{-5}M, which is greater than 1.0×10^{-7}M. Thus, the solution is **acidic**. |

重新排列离子积常数表达式。来求[OH⁻]。

$$K_w = [H^+] \times [OH^-]$$

$$[OH^-] = \frac{K_w}{[H^+]}$$

代入已知的[H⁺]和 K_w。然后，解[OH⁻]

$$[OH^-] = \frac{1.0 \times 10^{-14}}{1.0 \times 10^{-5}}$$

$$= 1.0 \times 10^{-9}$$M

当你用科学记数法除数时，用分子中的指数减去分母中的指数。

③ **评价** 结果有意义吗?如果[H⁺]大于 1.0×10^{-7}M。那么[OH⁻]必须小于 1.0×10^{-7}M。1×10^{-9}M 小于 1×10^{-7}M。为了检查您的计算，将[H⁺]和[OH⁻]的值相乘，以确保结果等于 1×10^{-14}。

在讲解 pH 相关内容时，皮尔逊教材直接给出了 pH 的定义及计算方式，展示了常见体系的 pH。并在此之后也利用例题对 pH 的计算方式进行了巩固练习。

pH 概念

❖ 如何用 pH 来区分溶液为中性、酸性或碱性?

用摩尔浓度表示氢离子浓度是不实际的。更广泛使用的表达[H+]的系统是 1909 年丹麦科学家 Soren Sorensen 提出的 pH 标度。pH 范围为0—14。

氢离子浓度和 pH 溶液的 pH 是氢离子浓度的负对数。pH 值可以用以下公式表示:

$$pH = -\log[H^+]$$

在纯水或中性溶液中, $[H^+]=1 \times 10^{-7}$M, pH = 7。

$$
\begin{aligned}
pH &= -\log(1 \times 10^{-7}) \\
&= -(\log 1 + \log 10^{-7}) \\
&= -[0.0 + (-7.0)] = 7.0
\end{aligned}
$$

如果溶液的 $[H^+]$ 大于 1×10^{-7}M, 则 pH 小于 7.0。若溶液的 $[H^+] < 1 \times 10^{-7}$M, 则 pH 值大于7.0。

pH 小于 7.0 的溶液为酸性。pH 为的溶液 7.0 是中性的。pH 大于7.0 的溶液是碱性的。 表 19.5 总结了$[H^+]$、$[OH^-]$ 和 pH 之间的关系, 也给出了一些常见的水体系, 包括牛奶和血液的 pH。

Table 19.5

	$[H^+]$ (mol/L)	$[OH^-]$ (mol/L)	pH	
Increasing acidity	1×10^{0}	1×10^{-14}	0.0	1M HCl
	1×10^{-1}	1×10^{-13}	1.0	0.1M HCl
	1×10^{-2}	1×10^{-12}	2.0	Gastric juice
	1×10^{-3}	1×10^{-11}	3.0	Lemon juice
	1×10^{-4}	1×10^{-10}	4.0	Tomato juice
	1×10^{-5}	1×10^{-9}	5.0	Black coffee
	1×10^{-6}	1×10^{-8}	6.0	Milk
Neutral	1×10^{-7}	1×10^{-7}	7.0	Pure water / Blood
	1×10^{-8}	1×10^{-6}	8.0	Seawater
	1×10^{-9}	1×10^{-5}	9.0	
	1×10^{-10}	1×10^{-4}	10.0	Milk of magnesia
Increasing basicity	1×10^{-11}	1×10^{-3}	11.0	Household ammonia
	1×10^{-12}	1×10^{-2}	12.0	
	1×10^{-13}	1×10^{-1}	13.0	0.1M NaOH
	1×10^{-14}	1×10^{0}	14.0	1M NaOH

Relationships Among $[H^+]$, $[OH^-]$, and pH

　　首先，IB 教材在知识激活阶段中采用了新旧知识关联整合激活的方式，即在学习新知识之前，搭建新知识与学生原有知识之间的桥梁，为学生提供一个知识编码框架。IB 教材在水的电离部分，由学生熟悉的勒夏特列原理引入，引导学生思考溶液中 $c(H^+)$ 和 $c(OH^-)$ 对溶液酸碱性的影响，并给出水的离子积常数的表达式。紧接着，IB 教材使用例题栏目将陈述性向程序化知识转化，例如利用水的离子积常数和 $c(H^+)$ 计算 $c(OH^-)$ 以及判断溶液的酸碱性、利用 $c(H^+)$ 计算 pH 等。在例题后均有详细的解题步骤，分别为"分析—计算—评价"，利用整体与分解的教学策略将复杂的题目进行拆分，减轻学生的认知负荷，帮助学生将知识程序化并建立解题模型与思路。

（五）基于现代技术的多样化教学

　　美国教师将教学与研究紧密地结合，注重将研究成果用于教学，并在教学中总结研究成果，通过学生的反馈推广研究成果，使教育产品走进教室，让学生尝试使用，教师征求学生意见与反馈。这种教育与商业的完美结合还包括将研究人员请进课堂进行学术讲座，将研究成果与学生分享，邀请学生参与试验与使用，并且为学生提供奖学金支持。

　　教育技术通过竞争激发学生的动机，打造动态的课堂教学，多种方式的行为与表达为学生提供了可选择的学习通道，并能够通过声音、短信、视频、图画等进行反馈性评价。教师可以在电脑上及时发现学生的反馈，分析总体回答情况并及时总结。在学习过程中，学生可以从教师和同伴那里得到及时的帮助与反馈，同时分享彼此的观点、进行小组评价等。

✎ 专家论坛

　　在哈佛大学教育学院一节课上，戴维教授介绍了其公司的一系列帮助学生学习的产品：一个声音扩大器、一个将小纸片贴在鼻尖上就能操作电脑的感应器、一台通过眼动智能操作的电脑。他希望这些产品能够为有生理缺陷的学生提供帮助。在另一节游戏设计课上，一位老师向研究生展示了他设计的语言学习游戏，并要求研究生在体验后提出意见和建议。

（六）基于真实情境的教学

　　一些认知理论学家提出了"情境认知"和"认知学徒制"的概念，要求学生在情境中学习，用真实的反馈获得有意义的、有挑战性的经验。因为这些经验发生在情境中，学生更容易建立两者之间的联系。基于脑的教育也强调真实情境，因为人具有社会性，社会关系深刻地影响学习经验，为学生创建丰富、复杂的体验情境，能带给学生成功的体验并消除其对失败的恐惧。在课程研究方面，倡导科技整合和跨学科模式，因为这种模式能够产生更多的关联性和情境。在真实情境环境中学习，学生获得的不再是死记硬背的肤浅的知识，而是深层次的意义和理解。

✎ 实践路上

圣约翰大学的亨瑞教授在他的"生物化学"课堂上就大约 5 年前墨西哥石油泄漏事件提出了整整 6 页纸的问题要求学生思考和讨论，其中的问题包括：作为政治事件该怎么处理？我们能为它做些什么事情？这个例子来自日常生活，因此我们应该在生活中开展实践性调查，然后对它进行解析，你会发现答案就在化学课本中。

哈佛大学一堂真实历史情境再现法律课。其历史情境是为学生提供一个 18 世纪的法律审判案例，学生各自阅读后进行小组讨论，各个小组进行意见反驳，然后各小组得出结论回到大教室，不同的小组进行成员再分组，不同案例的组员再组成几个小组进行案例分享。教师访问指导，最后各组讨论得到结论进行大教室交流。

该实践中的教学为学生创设了真实的教学情境——"石油泄漏事件""历史上的法律审判案例"，学生身处这样的情境之中，通过思考、调查、讨论、实践等方式，不仅可以学习知识，还可以学习如何应用知识。同时，这一真实的教学情境还能够为知识和学生搭建桥梁，有助于学生对知识产生更深层次的认知，形成意义建构。

基于真实情境的学习主要通过头脑风暴法改善思考问题的方式与全面性。其教学特点是：①模仿真实情境。为学生提供可选择的真实情境，学生可以选择自己感兴趣的题目进行学习，使教学过程（包括预期的行为、角色扮演和时间限制）更加清晰。学生利用生活中的材料和情境，通过讨论与分享，对不同的话题进行总结，如矛盾如何解决，将来应该怎样做等。②文献阅读。要求材料适合学生的能力和项目目标，分配的读物包括课本、科学本、大众杂志、文章、历史档案材料等。③辩论性学习。一个辩论主题分为正反方面，每方有 3—4 名学生，为开放性的陈述、反驳和结束设置明确的时间，确保学生在陈述时不被干扰。让学生学会用证据与事实说话，进行逻辑推理。为学生提供历史、数学、语言等环境选择，在历史情境中，教师为学生提供真实的历史法律案例进行学习和讨论；在数学情境中，教师为学生提供数学教学案例进行讨论。学生在讨论中进行辩驳与对质，然后不同的小组再带着各自的结论回到教室进行交流，教师分组指导，各小组统一在全班提出讨论观点。④通过辨析、反驳和总结，汇总不同的观点与视角，完善学生思考问题的方式与角度。促进学生从辩证的角度考察历史事件，促进学生对当前问题的思考与完善。⑤善于抓住主要事件线索、关键事实，能够去伪存真，画出历史脉络。在历史事件的教学中，学生需要读一些材料或者看一些视频来了解相关背景知识，从而找出历史事件的线索与关键点，分析关键问题，发表不同见解，并总结概论，分享彼此的观点。通过真实历史事件的学习和阅读大量相关材料，学生不仅了解了历史，能够设想如果事件发生在现在应该怎样做，比如修正与改正法律，而且学习了解决问题的不同方法及其历史合理性，并能够反馈重要观点。

第五章　中美基础教育课程教材比较：
以化学学科为例

对于学校教育而言，教学所用的教材是课程标准的具体化，是学生学习的主要材料，也是教师教学的主要依据。中美两国由于文化思想的差异，其教材内容也有所不同。对于化学学科而言，化学基础教育的宗旨在于如何充分调动学生学习化学的兴趣，如何使学生掌握学习化学的方法，为将来更深层次的化学学习打好基础。对中国与美国基础教育化学教材进行比较，分析各自教材的特色和所存在的不足，可以互相借鉴学习，扬长避短，为教师更好地教学和学生更好地学习创造有利条件。

本章根据相关文献，从知识性、认知与心理、思想与文化、编制水平四个维度对中美教材进行比较分析（表5-1）。

表5-1　教材评价维度

一级指标	二级指标	三级指标
知识性	难度	知识广度、知识深度、习题难度
	层次性	章节结构、内容结构
	典型性	实用性、时代性
认知与心理	陈述性知识	酸的定义、酸的性质
	程序性知识	用 pH 试纸测定溶液的酸碱性
思想与文化	科学精神	体现创造精神、求实精神、合作交流、敢于怀疑的精神
	人文精神	保护环境、爱护资源、合理用化学物质 体现正确的世界观、人生观、价值观
编制水平	栏目	方法类、活动类、资料类

第一节　中美教材酸碱盐比较

本节选取美国教材《科学探索者》《物质科学》，以及中国人教版《初中化学》教材（本节简称人教版教材）进行对比。基于核心概念和三本教材共用的内容，选取"酸和碱"一章为具体比较对象。

一、教材知识性比较与分析

教材中的知识性是教材比较分析的基本维度，主要从知识难度、知识层次性、知识典型性三个方面进行具体分析。

（一）知识难度

本章研究以教学目标或学习目标来计算知识的广度与深度。《科学探索者》以每节课后复习的主要概念、物质构成的学习聚焦以及自我检测计算知识的广度与深度，人教版教材选取教师用书中的教学目标计算知识的广度与深度。知识广度反映了学习者所掌握知识量的多少；而知识深度指知识的抽象复杂程度，反映了知识内容的编排和逻辑深度及潜在的学科思维深度，具有一定深度的内容有利于培养思维。孔凡哲认为知识深度可以通过对相应的课程内容目标的不同要求程度来描述，也就是用课程标准中关于认知性学习目标、技能性学习目标和体验性学习目标三维学习目标赋值的加权平均数来进行量化[1]。我们认为，知识难度可从相对广度、相对深度、相对习题综合难度三个方面进行表示[2]。据此，三版教材酸碱内容的知识难度具体如表5-2所示。

表 5-2　三版教材酸碱内容的知识难度

比较项	《科学探索者》	《物质科学》	人教版教材
相对广度	0.419	0.290	0.290
相对深度	1.000	0.945	0.834
相对习题综合难度	0.770	0.796	1.000
知识难度	0.699	0.683	0.666

从酸碱内容的知识难度上看，三版教材的知识难度相差不大，总体来看，《科学探索者》＞《物质科学》＞人教版教材。从具体影响因素来看，在相对广度上，《科学探索者》＞《物质科学》＝人教版教材，说明《科学探索者》中涵盖的知识点较多。在相对深度上，《科学探索者》＞《物质科学》＞人教版教材，可以看出美版教材比人教版教材的学科知识更深、抽象度更高（图5-1）。在相对习题综合难度上，人教版教材＞《物质科学》＞《科学探索者》。因为在习题性质、习题背景和知识数量上，人

[1] 孔凡哲. 基础教育新课程中"螺旋式上升"的课程设计和教材编排问题探究. 教育研究，2007（5）：62-68.

[2] 李敏. 美国 IB 化学教材与我国高中化学教材的比较研究——以原子结构、化学键、氧化和还原为例. 西南大学硕士学位论文，2016.

教版教材难度值大于美版教材，《科学探索者》和《物质构成》的难度则相差不大。难度是影响学生学习的一个重要因素，但并不是知识越难越好或者越简单越好，相对适合才是最好的。

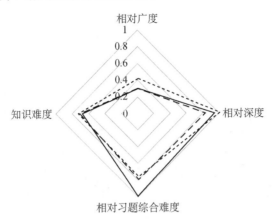

图 5-1　三版教材酸碱内容的知识深度和广度比较

创新驿站

史宁中等以 2015 年优化后的教科书难度模型[①]，来分析酸碱内容的难度。其难度计算公式为：$N=\alpha_1 \times G+\alpha_2 \times S+\alpha_3 \times X$。其中 N 为知识团的难度，G 为知识团的广度，S 为知识团的深度，X 为知识团的习题综合难度，α_1、α_2、α_3 分别表示知识广度、知识深度、习题综合难度的权重。本章中将沿用史宁中等得出的权重系数 $\alpha_1=0.40$，$\alpha_2=0.30$，$\alpha_3=0.30$，其中难度值为 0—1，1 为最难。

说明：公式中的 G、S、X 分别为相对知识广度、相对知识深度、相对习题综合难度。某一知识的广度/各知识点的总数=相对知识广度，某一知识深度/相应知识的最大深度=相对知识深度，某一习题综合难度/知识习题综合难度的最大值=相对习题综合难度，依此进行标准化后再代入上述模型中。

① 史宁中，孔凡哲，李淑文. 课程难度模型：我国义务教育几何课程难度的对比. 东北师大学报（哲学社会科学版），2015（6）：151-155.

（二）知识层次性

概念图的层级特征，能够非常直观地呈现出教材内容的内在逻辑关

系，这也是读者阅读和理解教科书的关键。本章将以美国教育心理学家
Joseph D. Novak 所在团队专门开发的概念图软件 Cmap Tools 为工具，制
作三本教材酸碱内容的组织结构概念图（图 5-2—图 5-4）。

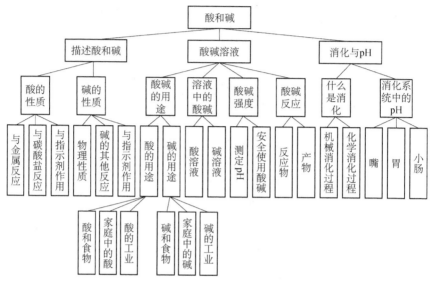

图 5-2　《科学探索者》酸碱内容结构

图 5-3　《物质科学》酸碱内容结构

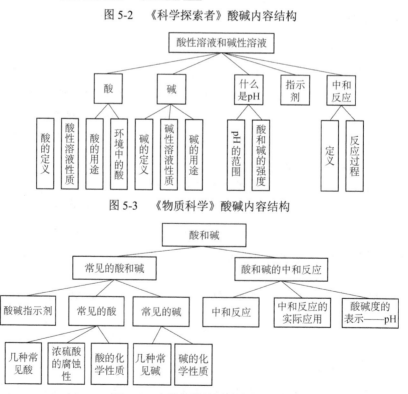

图 5-4　人教版教材酸碱内容结构

对比结构概念图可知三版教材既存在相同点，也存在不同之处。

（1）相同点

1）编排思路都是由酸—碱—中和反应，并且均体现从性质到用途的思路。在介绍各自性质的基础上，介绍其用途，强调知识的应用。

2）含有相同的知识点：酸的定义、碱的定义、酸的性质、碱的性质、酸的用途、碱的用途、中和反应、pH、酸碱指示剂等。

3）均有知识的学科交融。三本教材在谈到 pH 时，均与生命科学相联系，介绍了大部分生命体都需要在适宜的酸碱环境下生存。

（2）不同点

《科学探索者》的知识层次性更强。《科学探索者》物质构成有 5 层，《物质科学》物质构成有 3 层，人教版教材物质构成有 4 层。《科学探索者》中用小的标题告知学生学习内容，便于学生明确学习内容，并对内容进行分层归纳。教材中知识组织的层次越分明，就越有利于学生建构知识结构，并促进其对知识的理解。

（三）知识典型性

当学生意识到所学内容是有价值、有意义的，才会积极主动地去掌握。本章中实用性主要指教材中知识的实用性，即知识是否是学生需要的，在学生的生活中、社会中、生产中是否有重要的作用。本章将对社会性内容[①]进行定量统计。借鉴赫勒、衣俊卿等的分类方法，根据与学生生活的关联情况，将其划分为 3 个由近及远的领域，包括日常生活领域（聚焦日常生活问题解决）、社会生活领域（聚焦社会现象理解与社会问题解决）、生产研究领域（聚焦工农业生产及科学研究问题解决），如图 5-5 所示。

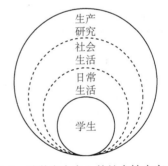

图 5-5　以学生为中心的社会性内容分类

本章研究对三版教材中社会性内容的统计如图 5-6 所示。

---

① 有人说"生活性内容"，秉承教育生活观的杜威、陶行知等偏好用生活统整一切现象，秉承 STSE 的教育家们偏好用社会统整一切现象，而斯宾塞认为一切生活现象就是社会现象，本章研究中不做区分。

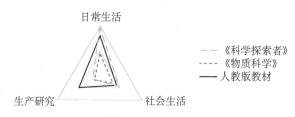

图 5-6　三版教材中社会性内容的统计

其中从图 5-6 中可以直观地看出：

1)《科学探索者》中社会性内容最多，主要是日常生活和社会生活。《科学探索者》更重视向学生介绍知识的应用，体现在酸碱的引入、酸碱的性质、酸碱的用途、酸碱中和反应、消化与 pH 等各个方面，都展现了知识与日常生活、社会生活、生产生活的联系。根据有意义学习，强化学习内容与学习者之间的关系，有利于学习者全神贯注地投入学习活动中，自发地探索知识的意义，最终实现知识、态度、个人修养等方面的发展。

2)《物质科学》中社会性内容最少。《物质科学》侧重向学生讲述化学反应的基本原理。

3) 人教版教材生产研究方面的内容最多，教材突出了常见酸、碱与酸碱中和反应在生产研究中的应用。

对于三个方面的内容介绍，《科学探索者》分布不均，而《物质构成》和人教版教材分布相对均衡。下面以酸的用途（表 5-3）为例进行说明。

表 5-3　酸的用途

教材	酸的用途
《科学探索者》	①食物：西红柿和橙子中含有抗坏血酸。叶酸是细胞健康生长所必须（日常生活） ②家庭：人们常用酸的稀溶液来清洗瓷砖和墙面（社会生活） ③工业：硫酸常被用作汽车的蓄电池，也被用来提炼石油和处理钢和铁（生产研究）；用硝酸、磷酸制造化肥（生产研究） ④人体：当你的肌肉剧烈运动后，它们就会产生乳酸（日常生活）
《物质科学》	①醋含有乙酸，可用作色拉；柠檬、橙子、橘子都有酸味因为含有柠檬酸；健康人体需要抗坏血酸；蚂蚁叮人会注入甲酸（日常生活） ②硫酸用于化肥、钢铁、涂料和塑料的生产；硝酸用于化肥、染料和塑料的生产；酸经常用于制造电池（生产研究） ③氢氯酸又名盐酸，可用于酸洗工艺中（社会生活）
人教版教材	①盐酸用于金属表面除锈（社会生活）、制造药物（生产研究）、人体胃液中有盐酸，可帮助消化（日常生活） ②硫酸可用于生产化肥、农药、火药、染料（生产研究）；冶炼金属、精炼石油（生产研究）；金属除锈（社会生活）；实验室用作干燥剂（日常生活） ③食醋中有醋酸；柠檬、柑橘水果中有柠檬酸（日常生活）

由表 5-3 可以看出：《科学探索者》中能够直观地看出酸在哪些方面应用，并且以常见的酸为代表说明了其相应的应用；《物质科学》中虽然

也谈到了酸在食物、家庭、工业、人体的应用，但是其囊括在两段话中，没有分开介绍，不便于学生进行分类；人教版教材中简单介绍了常见的盐酸、硫酸的应用，和身边的物质食醋的应用。相比较而言，《科学探索者》条理清晰地介绍了常见酸在各个方面的应用，并配上了相应的图片，以加深学生的理解。

随着社会的不断发展，网络上有形形色色的资源可供学生学习参考，因此美国教材一些知识的旁边会给学生推荐相应的学习网址，方便学生更加深入地了解相关知识。本章研究中的时代性既指知识呈现出的教育信息化，也指化学科学与技术的前沿成就和发展[①]。三版教材的时代性体现如表 5-4 所示。

表 5-4　三版教材酸碱内容中的时代性比较

教材	形式	具体内容
《科学探索者》	网上冲浪	①有关酸碱的链接 ②了解有关 pH 的更多知识 ③有关消化和 pH 的链接 ④自我评估
《物质科学》	科学在线	①话题：氢氧化钙；活动：描述石灰水转变为氢氧化钙的化学反应 ②话题：指示剂；活动：描述植物指示剂是如何在酸碱溶液中作用的 ③登录 ips.msscience.com/science_stats，研究学习海水中的其他元素，制作一张图表 ④ips.msscience.com/interactive_tutor ⑤ips.msscience.com/vocabulary_puzzlemaker ⑥ips.msscience.com/chapter_review ⑦ips.msscience.com/standardized_test
人教版教材	资料卡片	①酸、碱的由来 ②酸碱指示剂的发现 ③pH 计

从表 5-4 可以看出：①美版教材都是以栏目的形式直接体现时代性，反映教育与网络的结合，教育信息化的特点，而人教版教材是以栏目中的内容来体现时代性。②从数量上来说，《物质科学》中体现了强烈的时代性：无论是正文内容中的知识点，还是复习的概念图、词汇以及习题等，都配有相应的网上链接，便于学生自主化地学习。③从形式上来说，美版教材《物质科学》也更为丰富多样。不仅包含知识的深入理解，还包括一些活动，让学生尽量地参与其中并给予相应的反馈。人教版教材是以资料卡片的形式展示，学生不用上网即可直接阅读，尤其是 pH 计的介绍反映了时代的进步，这类科学技术的前沿知识可直接拓宽学生的视野。但人教

[①] 李敏. 美国 IB 化学教材与我国高中化学教材的比较研究：以原子结构、化学键、氧化和还原为例. 西南大学硕士学位论文，2016.

版教材缺乏美版教材中网上链接的形式，在促进学生自主学习、利用多样化的信息资源加强对知识的理解与升华方面尚显不足。

教育部办公厅印发的《2019年教育信息化和网络安全工作要点》提出，网络学习空间应用不断深入，教育治理能力显著提升，数字校园建设与应用加快推进，智慧教育创新发展行动有序开展，师生信息素养全面提升。目前，开放课程、教育云与互联网、平板电脑等信息化资源盛行，但对信息技术与教材的融合涉及得很不够，作为教师和学生共同使用的教科书也应当走向信息化时代。所以，应加强信息技术与教材的衔接，进一步促进教育信息化。

二、认知与心理比较与分析

本小节从认知心理学信息加工的角度，对酸、碱教材中的核心知识进行知识分类，研究了教材中的陈述性知识和程序性知识，并深入分析某一知识点在教材中是如何完成教学任务，揭示知识的组织加工过程。

笔者在前人的基础上，提出了陈述性知识的加工阶段与教学条件。具体来说，教材中陈述性知识的加工分为激活启动、获得加工、巩固迁移三个阶段。其中在激活启动阶段，创设符合学习认知规律的教学情境与教学情境的人文性加工等教学条件能够激发学生学习动机，为记忆搜索和提取提供线索。在获得加工阶段，利用精致性编码、例—规—例分层加工、情感注入与动作镶嵌、多感官协同学习等教学条件能有效地促进知识结构化和条件化，激活多种记忆通路。在巩固迁移阶段，利用复合情境练习、变式练习和间隔练习，运用方法论知识进行精细性复述，情境化与去情境化交替复习能够进一步巩固、修改和完善学生形成的知识图式，促进知识的长久保持。教材中陈述性知识显性的加工阶段与教学条件主要包括教学情境、精致性编码、例—规—例分层加工、多感官协调学习，因此本小节对教材中显性的加工阶段与教学条件进行分析。

量化说明：为了便于量化，对没有情境的赋值为0，对有符合学生认知的教学情境的赋值为1，以人性化的角度从教学情境的思想性、价值性、艺术性方面进行加工的赋值为2。精致性编码（如符号、概念、命题、组织结构图、图片）、例—规—例分层加工（如举例）、多感官协同学习（如实验）等都能够促进知识的获得与加工，为了定量统计知识加工的程度，每出现一次加工方式赋值为1，具有累积性，值越高，则表明对知识加工的方式越多，越有利于知识的加工。

（一）陈述性知识：酸的定义

陈述性知识的学习实质是学习者将符号、概念、命题等言语信息蕴含的新知识与原有知识网络中的有关知识联系起来进行储存的过程，基于陈述性知识的学习过程，对三版教材有关酸的定义激活与加工过程的比较如表 5-5 所示。

表 5-5　三版教材有关酸的定义激活与加工

教材	激活阶段与教学条件	赋值	获得加工阶段与教学条件	赋值
《科学探索者》	早餐时，你食用了橙子、苹果或果汁吗？如果是，那么你的膳食中就包含了酸（教学情境的人文性加工）	2	①图：酸味（精致性编码）②组织结构图：酸的描述（精致性编码）③概念：酸是酸味的，能和金属、碳酸盐等反应，能使蓝色石蕊试纸变红的物质（精致性编码）④表格：发现酸的共性（例规例）⑤符号：$HCl \rightarrow H^+ + Cl^-$（精致性编码）⑥概念：酸是溶于水后能生成氢离子的物质（精致性编码）	6
《物质科学》	橘子汁、醋、泡菜和葡萄汁等都含有酸味（符合学生认知规律的教学情境）	1	①微观图：氢离子与水结合图（精致性编码）②符号：$H^+ + H_2O \rightarrow H_3O^+$（精致性编码）③概念：酸是在水中释放带正电荷氢离子的物质（精致性编码）	3
人教版教材	"酸"对你一点也不陌生，食醋和水果中有酸味，是因为含有酸（符合学生认知规律的教学情境）	1	①实验：物质的导电性（多感官协同）②微观图：HCl 和 $NaOH$ 在水中解离出离子（精致性编码）③文本：像盐酸、硫酸这样的酸在水溶液中均能解离出 H^+ 和酸根离子（例—规—例）	3

由以上分析得出：①《科学探索者》创设了更优化的教学情境，以激活学生对酸的定义认识。它以更加人性化的角度，对教学情境的思想性、价值性、艺术性方面进行加工，激发学生的学习动机，发挥学生的想象力与创造力，促进学生对化学事实的社会理解与现实反思。②《科学探索者》对酸的定义加工方式更多，表现在从多角度对酸进行界定。《科学探索者》中酸的定义出现了两次，第一次是从物理性质和化学性质的角度定义，第二次是从阿仑尼乌斯提出的酸碱电离理论的角度进行定义。《物质科学》则从丹麦化学家布仑斯惕和英国化学家劳里提出的酸碱质子理论的角度给出酸的定义。人教版教材在酸的性质讲解后，给出了酸的组成，但并没有明确提及酸的定义。心理学研究表明，信息加工水平越深，获得回忆的水平越高。三版教材比较来看，《科学探索者》从多角度对酸碱进行界定，便于加深学生对核心概念的多角度理解，这种方式值得借鉴学习。

（二）程序性知识：用 pH 试纸测量溶液的酸碱性

程序性知识学习[①] 有三个阶段：第一阶段是习得阶段，即新旧知识建立联系，出现新的意义建构，这一阶段也可以看成陈述化阶段；第二阶段巩固与转化阶段，即陈述性知识向程序性知识转化阶段；第三阶段是提取与运用阶段，即用规则支配行为或技能达到自动化学习阶段。教材中只呈现了前两个阶段，因此本小节不包括对第三阶段的研究。在陈述化阶段是对知识陈述化，按照陈述性知识的加工阶段与教学条件进行赋值分析。在程序性阶段，以陈述性知识为基础，再进行规则的学习，接着再将规则在不同的情境中运用。在一定意义上，能否熟练地运用概念和规则是程序性知识获得的标志。因此在程序化阶段，联系定位加工与练习反馈起到了至关重要的作用。

为了便于量化研究，对运用到联系定位加工（规则学习、整体分解和联系）与练习反馈的内容赋值为 1，进行累积，看其联系定位与练习反馈的程度如何。值越高，则说明联系定位加工或练习反馈程度越好，越有利于程序性知识的加工。

1．陈述化阶段

该阶段是陈述性知识的激活与获得阶段，此处主要是对 pH 概念的学习，按照前面陈述性知识的加工阶段与教学条件进行赋值量化，如表 5-6 所示。

表 5-6　三版教材用 pH 试纸测量溶液酸碱性的陈述化阶段

教材	激活阶段与教学条件	赋值	获得加工阶段与教学条件	赋值
《科学探索者》	文本：知道溶液中氢离子的浓度就能知道溶液的酸碱强度。为了确定氢离子的浓度，化学家提出了 pH。（教学情境的人文性加工）	2	①概念：用 pH 计量溶液中氢离子的浓度（精致性编码）②图：pH 比色卡（精致性编码）③网上冲浪：有关消化和 pH 的链接（精致性编码）	3
《物质科学》	你可能听说过 pH 平衡的洗发水或除臭剂，你有可能看到有人测试游泳池水中的 pH。pH 是用来测定溶液酸性或碱性的。（教学情境的人文性加工）	2	①结合生命科学栏目：pH 水平（精致性编码）②概念：pH 用来描述溶液的酸碱性，其范围是 0—14（精致性编码）	2
人教版教材	在生产研究中往往需要精确地知道溶液酸碱性的强弱程度，如何测定和表示？溶液的酸碱度常用 pH 表示。（教学情境的人文性加工）	2	①图：pH 试纸和比色卡（精致性编码）②概念：溶液的酸碱度常用 pH 来表示，pH 的范围是 0—14（精致性编码）③资料卡片：pH 计（精致性编码）	3

① 黄梅. 化学程序性知识的加工阶段与教学条件. 中国教育学刊, 2014（3）: 71-75.

由表 5-6 可知：①三版教材对 pH 的引入激活均较好，《科学探索者》提出化学家对教学情境进行了思想性加工，《物质科学》和人教版教材则突出了实用性，对教学情境进行了价值性加工，有助于学生理解知识及其意义价值，激发学习动机，提高学习效能。②《科学探索者》和人教版教材对 pH 都采用了多种加工方式。人教版教材利用图片、概念、资料卡片等形式进行精致性加工，《科学探索者》则利用概念、图片、网页键接的形式进行精致性编码，利用网上冲浪提高学生自主获取信息的能力。

2．陈述性知识向程序性知识转化阶段

三版教材用 pH 测定溶液酸碱性的程序化阶段的比较与分析如表 5-7所示。

表 5-7　三版教材用 pH 试纸测量溶液酸碱性的陈述性知识向程序性知识转化阶段

教材	联系定位加工	赋值	练习反馈	赋值
《科学探索者》	①pH 与酸碱性的联系 ②图：生活中常见物品的 pH	2	①试一试：家用物品的 pH（集中练习） ②解释图片：根据 pH 判断酸碱性（集中练习） ③表：消化系统中的 pH（集中练习）	4
《物质科学》	①pH 与酸碱性的联系 ②图：生活中常见物品的 pH	2	想一想：在中性溶液中，水合氢离子和氢氧根离子数目相比如何？（集中练习）	1
人教版教材	①图：pH 和溶液的酸碱性 ②实验：用玻璃棒蘸取溶液到 pH 试纸上，把试纸显示的颜色与标准比色卡比较，读出 pH ③pH 与酸碱性的联系	3	①实验：测定生活中物品的 pH（集中练习） ②图：身边物质的 pH（集中练习） ③表：人体内液体的正常 pH 范围（集中练习） ④探究：洗发剂和护发剂的酸碱性（练习） ⑤调查研究：测雨水的 pH，绘制时间-pH 图，并判断是否为酸雨，提出措施（分散练习）	5

由以上分析得出：①人教版教材在联系定位加工阶段做得更好，除了呈现图片和规则，还对操作过程进行整体到部分的分解。如人教版教材的实验中详细介绍了测量溶液酸碱性的步骤，将整体步骤分解为子步骤，便于学生学习简单的操作，再将分解的小程序连为整体，形成固定的刺激与反应的联系，并且还对规则进行学习，形成了几个产生式：如果 pH<7，那么溶液呈酸性；如果 pH=7，那么溶液呈中性；如果 pH>7，那么溶液呈碱性。②在练习反馈阶段，人教版教材中利用更多练习促进学生对规则以及技能的掌握，《科学探索者》和人教版教材均有集中练习与变式练习，《物质科学》主要采用集中练习的方式进行知识转化。

三、思想与文化比较与分析

现代课程设计在指导思想上越来越注重将科学精神与人文精神相结合。很明显，思想和文化维度将要探讨的科学精神与人文精神属于教育目标中的情感目标，而教材中对科学精神和人文精神的体现程度就可以用情感目标的层次来表示。教材思想性水平划分见表 5-8。

表 5-8　教材思想性水平划分[①]

水平	具体内容
水平 1	教材仅仅呈现一些科学现象或人文现象，引起学生的有意或无意的觉察和一定程度的注意
水平 2	教材不仅是一些科学现象或人文现象，而且要求学生因为这些现象而开展某种活动
水平 3	教材采用某种方式引发学生关于科学现象或人文现象的思考、讨论或解释
水平 4	教材促使学生对科学现象或人文现象进行比较性评价
水平 5	教材对科学精神和人文精神的传播影响到学生的多种行为，并且已经形成一套方法或观念

下面分析三版教材酸碱内容中体现科学精神和人文精神内容所处水平。

（一）科学精神

在学生发展的核心素养中，科学精神主要是学生在学习、理解、运用科学知识和技能等方面所形成的价值标准、思维方式及行为表现，具体包括理性思维、批判质疑、勇于探究等基本要点。本书借鉴高凌飚教授对科学精神的定义，主要看教材是否突出在化学实践活动中培养求真、求实的科学精神，以及是否以多种方式发展学生善于合作、勤于思考、敢于怀疑、勇于创新和实践的科学精神[②]，并借助前面的思想性维度量表来判断教材中科学精神所体现的层次。对三版教材中部分科学精神内容进行量化统计的结果如表 5-9 所示。

表 5-9　三版教材科学精神内容的数量

教材	《科学探索者》	《物质科学》	人教版教材
科学精神总值	60	39	70
科学精神均值	3.52	3.25	2.90

① 李敏. 美国 IB 化学教材与我国高中化学教材的比较研究：以原子结构、化学键、氧化和还原为例. 西南大学硕士学位论文，2016.

② 高凌飚. 教材分析评估的模型和层次. 课程·教材·教法，2001（3）：1-5.

由上分析可知：

1）人教版教材中体现科学精神总值最高，说明教材编写过程中非常重视对学生科学精神的启迪。此外，人教版教材中实验的数量也是最多的（17个），并且形式多样，包括普通实验、探究、课外实验、调查与研究（具体的实验细节对比在后面陈述，这里不做具体论述）。其中普通实验有10个，说明教材期待通过实验的求真与探索来培养学生的科学精神，但是这些普通实验的科学精神水平不高，因为大多数是陈述实验步骤，填写实验现象，并没有提出问题让学生思考、交流、讨论等。

2）美版教材科学精神均值相对较高。虽然教材中体现科学精神的数量和总水平值没有人教版高，但是其水平均值最高。尤其《科学探索者》中的实验形式也是多样的，包括探索活动、家庭实验、实验图、消费者实验室等多种形式，并且每一项实验中所体现的科学精神也较高，即不仅要让学生去做，还要让学生思考、交流、讨论，有的还形成一定的观念或方法。同时美版教材还包括一些关于科学的图，让学生思考、解释，对学生的科学精神培养层次也较高。这些都是我国编写教材时可以借鉴的地方。

3）人教版教材体现的科学精神数量和总值虽多，但均值却是最低的。因为人教版教材中，大多呈现的是低水平科学精神，仅呈现一些现象或让学生按照要求去做，很少让学生做进一步的交流、思考、解释、比较、评价或形成观念。这方面是我国教材需要加强的，即教材需要在呈现科学现象的基础上提出一些问题，引导学生进一步思考、解释、比较或评价。

三版教材中体现科学精神的举例如图5-7—图5-9所示。

图5-7　《科学探索者》体现的科学精神　　图5-8　《物质科学》体现的科学精神　　图5-9　人教版教材体现的科学精神

（二）人文精神

人文精神作为一种以人为对象、以人为主体的思想，是人对自身命运的理解和把握。人文精神关怀个体的自我价值的实现，追求人与人的平等、社会和谐与进步、人与自然的统一。高凌飚教授在《基础教育教材评价：理论与工具》①中介绍道，教材中人文精神主要体现在建立科学的物质观，含有 STSE②内容，渗透树立珍惜资源、爱护环境、合理使用化学物质的良好态度，渗透爱国爱乡的情感体验。本小节借用其定义进行相关统计，对三版教材中部分人文精神内容进行量化统计，结果如表 5-10 所示。

表 5-10　三版教材中部分人文精神内容的数量

材	《科学探索者》	《物质科学》	人教版教材
人文精神总值	61	32	57
人文精神均值	2.35	2.02	2.19

综合以上进行分析可知：

1）人教版教材酸碱内容与《科学探索者》在体现人文精神的数量上相当，但《科学探索者》的人文精神总值、均值相对较高。人教版教材和《科学探索者》在编写上都比较注重渗透人文精神，加强学生对身边物质的认识、STSE 教育、安全教育等。而《物质构成》中大多是知识原理的介绍，渗透的人文精神相对较少。

2）关于人文精神，人教版教材多以显性方式呈现，美版教材多以隐性方式呈现。人教版教材中用了 4 次注意模块来加强学生对正确合理地使用化学物质建立良好的态度。这是一种非常直观的方式，能直接引起学生的注意。而美版教材中多以隐性方式呈现，其人文精神渗透在相应的文本中。在《科学探索者》中，多次介绍了科学家、化学家、艺术家、地质学家及其主要成就，能够让学生进一步了解他们为科学发展做出的贡献，对学生产生潜移默化的影响。

3）《科学探索者》的家庭实验中，强调与家人协作。在家庭活动方面，如在 pH 排序活动中，《科学探索者》要求学生与家人一同完成，进一步促进学生的成长。但人教版的家庭实验中，大多只介绍了步骤，并没有进一步说明实验过程中应注意的事项或思考什么。《科学探索者》这种易操作、较方便的家庭合作学习方式值得我们借鉴。

因此，我国教材可适当以"显性+隐性"的方式渗透人文精神，可学

① 高凌飚. 基础教育教材评价：理论与工具. 北京：人民教育出版社，2002.
② STSE 是科学（science）、技术（technology）、社会（society）、环境（environment）的英文缩写。

习美版教材在文本中渗透科学家所做的事情及其所起到的作用；还可增加科学写作板块，采用不同的科学写作类型培养学生的科学写作能力，提高学生的科学素养。通过科学写作，还可培养学生在实践中考察社会、环境的能力以及对信息进行综合处理的能力。

（三）科学精神与人文精神相结合

现代课程设计在指导思想上将传授理性知识、培养理性思考能力和关注学生非理性精神世界的完整性有机地统一起来，根据科学发展的综合化、整体化趋势，力求科学课程人文化、人文课程综合化[1]，这使得科学精神与人文精神越来越有机地融合起来。三版教材中也有很多地方体现了科学精神与人文精神的融合，主要体现在探究实验、化学史内容、STSE内容、家庭活动、调查与研究等。其中化学史教育是指引导学生像科学家那样在精确、严格的科学实验中发现前人未曾发现的科学事实和道理，能提出科学的见解并深入地探究物质世界的奥秘。科学史是进行科学精神与人文精神培养的良好素材，其中不仅记载着科学知识一步步的重大进展，反映出求真、严谨、创新的科学精神，同时也反映了每一步进展中人类为之所付出的努力、历经的艰辛、付出的代价、获得的经验和教训，以及这种进展对科学、对社会产生的作用和影响。

"科学精神和人文精神是人类在认识与改造自然、认识与改造自我的活动中形成的一系列观念、方法和价值体系。它们是贯穿在科学探索和人文研究过程中的精神实质，是展现科学和人文活动内在意义的东西。"[2]科学精神要与人文精神相辅相成，协同作用，才能促进社会的和谐和人的自我完善，二者缺一不可。三版教材体现人文精神的例子如图5-10—图5-12所示。

实验区 家庭活动	调查与研究
pH排序　与你的家人一起，在家里寻找图3-20所示的物品。按照pH从小到大的顺序，将你所找到的物品排列起来。然后，让你的家人猜测你这样排列的依据是什么。运用这一排序解释pH的含义以及如何测量pH。	测定最近一段时间本地区雨水的pH，绘制时间-pH关系图。根据雨水的pH及其变化情况，判断本地区是否已经或可能出现酸雨。如果已经或可能出现酸雨，请分析原因，并提出防治的合理建议。

图5-10　《科学探索者》　　　图5-11　《物质科学》　　　图5-12　人教版教材
　　体现的人文精神　　　　　　体现的人文精神　　　　　　体现的人文精神

（这里每种物品都含有酸或是通过酸制造的。描述　如果无法获取酸来制造这些物品，你的生活会变成什么样？）

---

① 聂莉娜，周金声. 论人文精神与科学精神的互渗教育. 教育探索，2006（12）：38-39.

② 李醒民. 科学精神的特点和功能. 社会科学论坛，2006（2）：5-16，1.

四、编制比较

栏目是教材中必不可少的要素。毕华林等在《化学新教材开发与使用》[①]一书中多处涉及对栏目的分析，指出栏目不仅仅是一种格式，更是一种引导学生学习的线索。不同的栏目发挥了不同的作用与功能。教材中利用栏目把信息组织起来，并且对内容进行了划分，便于学生学习。为了便于比较与分析，本小节将三版教材中的栏目分为活动类栏目、方法类栏目和资料类栏目三类（表 5-11）。其中，活动类栏目是为学生学习提供不同形式的空间，方法类栏目是给学生学习中渗透的方法，资料类栏目是拓宽学生视野和辅助学生学习。

表 5-11　三版教材酸、碱内容中的栏目情况

教材	方法类	活动类	资料类
《科学探索者》	阅读要点（3）、阅读检测（6）、学习指导（1）、评估（3）、复习与评估（1）、标准化测试（1）	本章课题（1）、探索活动（3）、试一试（1）、实验室（1）、家庭活动（1）	网上冲浪（4）、科学写作（3）
《物质构成》	学习准备（1）、学习聚焦（1）、想一想（4）、回顾（1）、学习指南（1）	预备活动（1）、迷你实验（1）、自主设计（1）、科学统计（1）	科学在线（8）、结合生命科学（1）
人教版教材	想一想（2）、学完本课你应该知道（2）、练习与应用（2）	实验（10）、探究（4）、课外实验（2）、调查与研究（1）、实验活动（2）	资料卡片（4）、注意（5）

注：表中的数字表示栏目在教材内容中出现的次数

（一）方法类栏目

关于方法类栏目，《科学探索者》中数量最多，数量最少的是人教版教材。方法性栏目渗透在学生学习的全过程：①学习前的方法性栏目主要表现在阅读要点、预备活动、学习准备、学习聚焦，这些都是为明确学习目标、进一步有效学习做准备；预备活动有折叠式学习卡等，学生可以自己动手制作学习卡，并且每一章前的折叠学习卡均不同，这些学习卡可以传递给学生学习的方法。②学习中的方法性栏目主要表现在阅读检测、想一想。阅读检测是及时检测学生对教材前面新学内容的掌握情况，能够给予学生及时、有效的反馈，如"鉴别碱的安全方法"。教材中提出问题，体现了教材与学生"对话"的功能，引导学生带着问题有目的地学习，并对所学内容进行及时的思考与反馈，引导学生将已有的知识经验和新知识

---

①　毕华林，等. 化学新教材开发与使用. 北京：高等教育出版社，2003.

及时联系起来，促进学生建构有意义的学习。学习中的方法类栏目也促进了教材、教师、学生之间的交互。③学习后的方法性栏目主要表现在学习后的知识归纳总结以及习题。三版教材每章后都有对整章内容的知识总结。《物质构成》和人教版教材每节后都有知识归纳总结，这样更有利于学生及时地总结自己对本节知识的掌握情况。美版教材既有文字的总结，还有用概念图帮助学生巩固和联系知识。利用不完整的概念图进行知识总结，能够让学生将所学知识补充完善，进一步思考和联系内容之间的关系，在头脑中建立知识网络图。人教版教材中主要是用文字形式呈现知识总结。三版教材中方法类栏目的举例如图5-13—图5-15所示。

图5-13 《科学探索者》 　图5-14 《物质科学》 　图5-15 人教版教材
　　方法类栏目 　　　　方法类栏目 　　　　方法类栏目

（二）资料类栏目

《物质构成》和人教版教材中的资料类栏目相对较多，《科学探索者》中则相对较少，三者差别不明显。三版教材中资料的呈现方式大有不同：在栏目功能上，美版教材主要是提供网上学习平台，表现在网上冲浪和科学在线。这种网上学习方式旨在让学生从网上获得更多的与教材内容相关的课程信息，进一步加深学生对书本内容的理解，也有助于培养学生学习的自主性。美版教材的网上内容还包括对习题的评估反馈，这也有助于学生对自己所学内容进行评估，此外还有提供信息的栏目，如科学在线、资料卡片等。人教版教材在此栏目的运用较多，在学习过程中为学生提供更多获取信息的渠道，以拓宽学生的视野、扩大其知识面。《科学探索者》还包括科学写作，这也是一个特色板块。《科学探索者》除了为学生提供信息，还要求学生学会运用信息，锻炼学生的信息整合能力、语言表达能力以及对知识合理运用的能力。人教版教材中还有注意板块，其旨在提醒教师和学生使用时注意安全。三版教材资料类栏目举例如图5-16—图5-18所示。

与技术科 图3-13中的金属版已被酸学的综合 蚀刻了，蚀刻是制作印刷模板的一种方法。用印刷模板可以把一些艺术作品印到纸上。为了蚀刻，艺术家先在金属板上镀一层防酸材料——常用蜂蜡，然后用小刀刻去设计图案上的蜂蜡，露出金属，用酸处理金属板，酸就"吃掉"金属，露出图案，最后油墨敷到金属板上由酸腐蚀出的沟槽中，印刷时，油墨就转移到纸上。

科学 在线
话题 氢氧化钙
浏览 ips.msscience.com，了解有关氢氧化钙的知识。

活动 描述石灰石（碳酸钙）转变为氢氧化钙的化学反应。

资料卡片
酸碱指示剂的发现
英国科学家波义耳（R.Boyle，1627—1691）在一次实验中不慎将浓盐酸溅到一束紫罗兰花的花瓣上，喜爱花的他马上进行冲洗，一会儿却发现紫色的花瓣变红了。惊奇的他没有放过这一偶然的发现，而是进行了进一步的实验和思考。结果发现，许多植物花瓣的浸出液遇到酸性溶液或碱性溶液都能变色，其中变色效果

图 5-16 《科学探索者》 资料类栏目　　图 5-17 《物质科学》 资料类栏目　　图 5-18 人教版教材 资料类栏目

　　我国教材在编写过程中可适当借鉴美版教材直接性资料栏目与间接性资料栏目相结合的方式。直接性资料栏目如资料卡片，可结合学科前沿与其他学科相关的知识，让学生直接阅读并拓宽视野。间接性资料栏目如网上链接，间接性地为学生提供资料，锻炼学生查阅资料、收集信息、处理信息的能力，还可增加二维码扫一扫功能，学生借此可查阅和浏览网上相关资源，进一步促进教育信息化。

（三）活动类栏目

　　人教版教材中的活动类栏目最多，《物质科学》中的数量最少。人教版教材中活动类栏目主要集中在实验和探究上，十分显著地体现了化学学科以实验为基础的这一学科特点。在栏目类型上，《科学探索者》和人教版教材都有 5 种，《物质科学》有 4 种。美版教材的实验可划分为课前、课中、课后实验，美版教材中的探索活动、预备活动都是课前留给学生的思考与探究。人教版教材中的实验可划分为课中实验和课后实验。三版教材活动类栏目举例如图 5-19—图 5-21 所示。

实验10-3 将纸、小木棍、布放在玻璃片上做下列实验。

实 验	放置一会儿后的现象
用玻璃棒蘸浓硫酸在纸上写字	
用小木棍蘸少量浓硫酸	
将浓硫酸滴到一小块布上	

图 5-19 《科学探索者》 活动类栏目　　图 5-20 《物质科学》 活动类栏目　　图 5-21 人教版教材 活动类栏目

五、教材编写与教育教学的建议

通过中美教材中酸碱内容的比较，我国在今后的教材编写与教育教学过程中应注意以下几个方面。

（一）强化教材编排与内容关系

编排应注重学科的知识逻辑和学生的思维认知逻辑，内容应层次分明。

学生在掌握具体学科中具有高度概括性和包摄水平的基本概念、原则、原理后，就可以通过所学知识演绎出大量新知识。学科知识内在的规律是人类科学文化进步的结果，具有系统化、严密化的特点，教材需要遵守学科知识内在逻辑，还应考虑学生的思维认知发展规律。只有当学科知识逻辑与思维认知逻辑一致时，才有利于教学目标的达成。

人教版教材"酸和碱"的编排方式符合学生的思维认知逻辑，但内容关系还有待完善。动态研究的开放性问题中有教师提到酸碱内容编排知识不够系统化，知识可以安排得更有体系一些。静态研究发现美版教材层次分明，每段内容前面都有小标题提示该内容的主旨。因此可适当借鉴美版教材的形式，以小标题的形式（图5-22）告知学习内容，便于引起学生的注意，使学生清晰地意识到要学什么，使学生具有主动加工的"心理倾向"。如人教版教材"酸和碱"中可增加"酸碱的定义""酸碱的用途"等小标题，以及对酸的性质增加更具体的小标题，如"与指示剂作用""与金属反应""与金属氧化物反应"。

酸性溶液的性质　酸味是酸性溶液的性质之一。酸味能让你知道食物中存在酸。尽管你可以通过酸味来分辨酸性溶液，但在实验室内绝不能尝任何东西，你不能通过品尝来检测未知物质里是否有酸的存在。因为许多酸会对人体组织造成严重的烧伤。

酸性溶液的另一个性质是它能导电。酸性溶液中的水合氢离子在电路中能传导电荷，这就是为什么有些电池中含有酸。酸性溶液也具有腐蚀性，这意味着它能破坏某些物质。许多酸能腐蚀衣物、皮肤和纸。有些酸能与金属发生剧烈反应。酸—金属反应能形成金属化合物和氢气，使金属表面留下破损的洞孔。

环境中的酸　碳酸对溶洞、钟乳石和石笋的形成起到了关键作用。当土壤中的二氧化碳溶于水中便生成了碳酸。当这种酸溶液与碳酸钙——石灰岩直接接触时，它能溶解碳酸钙，最终在岩石上雕刻出溶洞。当酸雨滴在雕像或石头上时，类似的过程便会发生。当碳酸溶液从岩洞上滴下时，水蒸发而降低了二氧化碳的溶解性，从而使之从溶液中逸出，溶液随即变得微酸性，石灰岩也就变得不易溶，从而使其从溶液中析出。久而久之，这些固体便形成了钟乳石和石笋。

图5-22　《物质科学》的主旨小标题展示

（二）增加学习策略与方法

随着教科书从"教材"到"学材"的转变，教材还应该提供有效的学习策略和科学的学习方法。主要体现在以下几个方面。

1. 增加学习目标

人教版教材中缺少学习目标，而美版教材中学习目标直接呈现在正文中。美版教材有明确的目标指向的学习策略，学生在学习中可不断通过元认知调控自己的学习过程，反思自己的学习结果。《物质构成》每章前的学习目标，给出一些观点，让学生分别在学习前和学习后都对其进行评价。《物质构成》每节中的学习聚焦（图 5-23）包括你会学到什么、为什么这很重要。《科学探索者》中的阅读要点为主要概念。美版教材中直接呈现目标的方式值得借鉴，但是目标最好是认知性目标、操作性目标、体验性目标均涉及。对于酸和碱可增加如"比较酸和碱及其性质""描述酸和碱的实际用途""感受生活中常见的酸与碱""初步学会用 pH 试纸测量溶液的酸碱性"等内容。

2．增加学习方法

我国教材可以借鉴《物质科学》每章前的折叠式学习卡（图 5-24）。通过手动制作不同类型的学习卡片，可以进一步帮助学生对学习内容进行分类，促进其对知识的理解。教材中还可增加一些学习方法的指导，比如在开放性问题中，可增加一些学习方法的指导性内容，引导学生如何学习。

图 5-23　《物质科学》的学习聚焦栏目　　图 5-24　《物质科学》的折叠式学习卡

3．绘制组织结构图

首先，我国教材可借鉴《科学探索者》每节前提出的阅读要点——目标阅读技能。目标阅读技能中强调学生在阅读内容前，先阅读红色标题或图片来提出问题，通过阅读学习找出答案，最终填写在组织结构图中，如"酸和碱的描述：什么是酸？酸是……"促进学生提出问题、解决问题。科学探索始于问题，爱因斯坦进一步指出，"提出一个问题往往比解决一个问题更重要，因为解决一个问题也许仅仅是数学上、实验上的技能而已，而提出新的问题，却需要创造性的想象力"①。其次，我国教材可借鉴美版教材复习评估中的概念图，美版教材中每节后呈现的不完整概念图，帮助学生梳理这章核心内容，使其清楚上下层之间的关系，明确需要掌握哪些内容，从而建立良好的认知结构。例如，《科学探索者》在"酸和碱"一章后增加概念图（图5-25），引导学生梳理与组织知识。

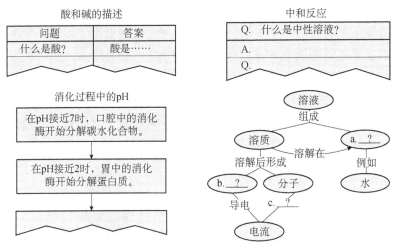

图 5-25　《科学探索者》中的概念图

（三）注重对学生学习兴趣的激发

兴趣是推动学习学习的内在动力。皮亚杰曾说，一切有成效的工作都是以某种兴趣为先决条件。布鲁纳也曾说，学习的最好刺激就是对学习材料的兴趣。可从以下方面激发学生的学习兴趣。

1．增加 STSE 内容

化学在推动人类文明进步发展中起到了重要作用。从人们的衣食住行到高科技领域，从纸笔到高端计算机等，这些都与化学产生了紧密联系，能源的利用、环境的保护、食品的饮用、药品的生产等社会各界普遍关注的热点问题，其每个领域的流程都要应用到化学。《科学探索者》中的社会性内容最多，教材非常重视知识在日常生活、社会生活中的应用，而人教版教材有更多日常生活和生产研究的内容。调查研究表明：72.13%的教师在课堂中还会补充 STSE 相关知识②。因此，适当补充 STSE 内容有助

① 爱因斯坦. 爱因斯坦论科学与教育. 许良英，李宝恒，赵中立，等译. 北京：商务印书馆，2016：34-35.
② 王秋，尚雪，刘畅. 化学师范生对化学相关职业了解的现状调查. 辽宁师范大学学报（自然科学版），2023（3）：346-353.

于学生察觉到学习内容与自身的关系。当学生察觉到学习内容与自身的关系时，有意义的学习便发生了。人教版教材在酸的性质或碱的性质部分结合具体的应用讲解，有利于学生理解相应的知识。

2．增强文字的活泼性

调查研究表明：59.02%的教师认为幽默的语言能吸引学生[①]。纵观三版教材发现，美版教材文字活泼。《科学探索者》常以第二人称的形式叙述生活场景中有关的化学知识，例如"早餐时，你食用了橙子、苹果或果汁吗？如果是，那么你的膳食中就包含了酸""上次洗头，你用洗发水了吗？如果是，那么你可能用到了碱""你可能看过类似的广告：一个人吃了辛辣食品后开始胃疼，电视里的声音说，问题出在胃酸过多，需要服用抗酸性药品来治疗"（图 5-26）。用幽默、艺术、拟人化的语言创设学习情境，可进一步激发学生学习的兴趣。

图 5-26　《科学探索者》中与生活联系的内容

（四）注重对知识的理解与巩固

1．重视概念教学，深入本质理解概念和内容

毕华林等曾提出，"国外对核心概念的认识更多是从学科本位出发，对核心观念的具体内涵阐述得比较深入透彻，国内对核心概念的内涵还不

---

① 莫爱屏，江沈英，冯建明. 教师幽默话语与学生社交语用能力培养的研究. 山东外语教学，2013（3）：64-68，81.

够重视，有待完善"[①]。美版教材非常重视核心概念的学习。对酸碱的定义，《科学探索者》从酸碱的物理性质、化学性质进行界定，再从电离的角度进行界定，利用表格列出常见的酸（图 5-27），让学生发现酸在化学表达式上的共性，并且利用电离的微观动态示意图加深学生对电离过程及强弱酸的理解。《物质科学》则是从质子论的角度定义酸、碱。人教版教材正文中给了酸的组成，并没有明确清晰地呈现酸的定义；对于酸碱中和反应，教材中也未述及酸碱中和反应的实质。因此，人教版教材从本质上理解酸碱概念和中和反应实质的内容还有待加强，以使学生能够深入理解概念，抓住本质性的内容，举一反三，在不同情境中很好地认识和运用概念。对概念本质的理解以及形成批判性的态度能使学生受益终身。

酸的性质

　　酸是什么？要知道一种物质是不是酸，就试一下它的性质。**酸(acid)** 是一类在化学反应中表现出共同特性的化合物的总称。**酸是一种有酸味的物质，能和金属、碳酸盐等反应，能使蓝色石蕊试纸变红。**

酸味　如果你吃过柠檬，就对酸味有了感性的认识。你是否还尝过其他有点酸或很酸的食物？柑桔类水果——柠檬、柚子、橙子——它们都是酸性的，其中都含有柠檬酸。樱桃、西红柿、苹果等水果也含有酸。用在色拉料理中的醋是乙酸的水溶液，茶也是酸性的、变质的牛奶也是酸性的。当然，与酸奶不同，因变质而发酸的牛奶是不能喝的。

某些重要的酸	
酸	**化学式**
盐酸	HCl
硝酸	HNO_3
硫酸	H_2SO_4
碳酸	H_2CO_3
乙酸	$HC_2H_3O_2$
磷酸	H_3PO_4

图 3-12　表中列出了部分常见酸的名称和化学式。

图 5-27　《科学探索者》中关于酸的介绍（节选）

2．增加阅读检测与讨论

教材中增加阅读检测与讨论，有助于学生对所学内容进行及时的思考与反馈；用提问的方式，增强教材、教师、学生之间的对话功能，引导学生反馈和调控自己的学习过程。如美版教材中的阅读检测："鉴别碱的安全方法有哪些？""什么是盐？""化学消化过程中食物发生了什么变化？"

3．适当降低习题难度，增加习题的开放性，普及习题的方法性

习题能够很好地检测学生对所学内容的掌握情况。相对而言，人教版教材习题难度最大，主要是习题性质、习题背景、知识含量均较高[②]。调查研究表明：37.18%的学生认为习题难，41.03%的学生认为习题一般，

①　毕华林，万延岚. 化学基本观念：内涵分析与教学建构. 课程·教材·教法，2014（4）：76-83.

②　郭民，史宁中. 中英两国高中数学教材函数部分课程难度的比较研究. 外国中小学教育，2013（7）：55-59

29.51%的教师认为习题难，59.02%的教师认为习题一般；两版美版教材中的简答题分别占习题总数的74.42%、60.00%，《科学探索者》中的科学写作占习题总数的4.65%，这表明美版教材对开放性习题的重视。开放性习题有利于学生大胆表达自己的观点，培养学生独立自主、乐于思考、不迷信书本与权威、尊重他人等批判性精神。在动态研究中，有教师和学生提到可增加习题的方法性，授人以鱼不如授人以渔，增加解题方法，使学生学会学习。

（五）加强对科学精神与人文精神的升华

1．注重对呈现的科学精神、人文精神内容进行思考

《科学探索者》对学生科学精神、人文精神的教育更深入，它不仅呈现某些科学精神或人文精神的内容，还注重引导学生对内容进行思考、讨论、比较、评价，进而有可能使学生在此基础上形成一套方法或观念。在中国学生发展的核心素养中，科学精神和人文底蕴为培养全面发展的人起到了重要作用，因此，我国教材中也应适当添加这些方面的内容。

2．增强实验的探究性，安全性，简单性，实用性

美版教材探究水平较高，因为由学生自主设计实验方案，并且大多结论均是由学生通过实践给出。通过实践，体会科学探究；实验要强调安全性，人教版教材中注意栏目大多体现了实验的安全性，同时对学生戴护目镜和手套进行实验的意识还有待加强。在动态研究中，有教师提到实验应简单化，即实验器材生活化，生活中的塑料杯、胶管、水果、茶水、洗涤剂、醋等均可供实验使用；在实验的实用性方面，我国教材可以借鉴美版教材的抗酸性实验，通过动手实验让学生知道哪种抗酸剂能够中和更多胃酸，从而体会化学实验的实用性。

3．增加课外活动方式：家庭活动，增强课外实验的可行性

家庭活动也是美版教材的一大亮点，如"与家人一起在家里找寻物品，按照pH大小对其排序，让家人猜测你排列的依据，并运用排序介绍pH的含义以及如何测量pH"。这种活动是在家里可做的简单实验，而不局限于化学实验室，能够很好地促进学生对知识的理解和增进家庭关系。对于课外实验，73.08%的学生提到没有时间，65.38%的学生提到药品器材不方便，38.26%的学生提到操作不方便，因此增加课外活动的简便性、可行性很有必要。

（六）增加网上链接促进教育信息化

美版教材对拓展性的知识和习题答案等提供了网上链接（图5-28），

引导学生自主学习，并对所学内容进行评价反馈。在动态研究中，也有学生提到可增加一些网址，教师提到可配套视频讲解。教育部印发的《教育信息化2.0行动计划》强调构建一体化的"互联网+教育"大平台。引入"平台+教育"服务模式，整合各级各类教育资源公共服务平台和支持系统，逐步实现资源平台、管理平台的互通、衔接与开放，建成国家数字教育资源公共服务体系。充分发挥市场在资源配置中的作用，融合众筹众创，实现数字资源、优秀师资、教育数据、信息红利的有效共享，助力教育服务供给模式升级和教育治理水平提升。因此可增加拓展性内容、网页链接、配套学习的课程视频和习题讲解视频。为了促进教材与技术的融合，还可以在教材中设计二维码，用手机扫一扫的形式即可进入链接或播放视频。如对于"酸和碱"，可增加网上链接，如"有关酸和碱的链接""了解有关pH的更多知识""有关消化和pH的链接""习题解答链接""视频链接"等。

绘制图

登录ips.msscience.com/science_stats，研究学习海水中一些其他元素。制作一张图表来表示1L海水中最常见的10种元素的含量。

图5-28　《物质科学》与网上链接相关的内容截图

创新驿站

《科学探索者》鼓励学生像科学家那样思考，像科学家那样探索，知识、能力、方法并重。让学生在动手动脑中体会趣味无穷。但是针对我国义务教育阶段的具体国情，应该怎样做才能让学生像科学家那样思考，像科学家那样探索？如何去把握应试教育与素质教育的平衡点，真正地做到知识、能力、方法并重？如何让学生在动手动脑中体会科学探究的乐趣？

第二节　中美教材中原子结构比较

本节选取IB教材与人教版高中化学教材（本节简称人教版教材）作为比较对象。IB化学课程的核心内容主要是化学的基础理论和基础知识，而选修部分则是和社会紧密结合的有关化学的主题。人教版高中化学基于《普通高中课程标准（2017版）》进行编撰而成，包括必修两册、选修六册，教材体现了鲜明的时代性与人文性、着眼于提高21世纪公民的科学素养等特点。

一、教材知识性比较与分析

下面将从难度、层次性、典型性三个维度对中国人教版高中化学教材和美国 IB 教材的知识性进行比较分析。

（一）知识难度

本节采用史宁中等提出的教材难度静态定量分析模型[①]来分析原子结构内容的难度。表 5-12 显示了原子结构在两版教材中对应的知识点。

表 5-12　IB 教材和人教版教材知识设置

教材	原子结构
IB 教材知识点	陈述原子中质子、中子、电子的位置；陈述质子、中子、电子的相对质量和相对电荷；定义质量数 A、原子序数 Z 和同位素；根据质量数、原子序数和电荷数计算出原子核离子的质子数、中子数；比较元素的同位素的性质；讨论放射性同位素的应用；描述并解释质谱仪的操作；以碳-12 模型描述质谱仪是怎么确定相对原子质量的；根据给定的非整数计算相对原子质量和同位素丰度；描述电磁波谱；区分连续谱和线状谱；解释氢原子发射光谱中线与电子能级的关系；推导出前 20 号元素原子的电子排列
人教版教材知识点	了解原子结构的构造原理；知道原子核外电子排布的能级；能用电子排布表示常见元素（1—36 号）原子核外电子排布；了解能量最低原理；知道基态与激发态；知道原子核外电子在一定条件下会发生跃迁产生原子跃迁光谱；了解原子核外电子的运动状态；知道电子云和原子轨道；认识原子结构与元素周期表的关系；了解元素周期表的应用价值；能说出元素的电离能、电负性的含义；能应用元素的电离能说明元素的某些性质

统计得到知识广度 G，代入公式 G/T 得到可比知识广度，结果如表 5-13 所示。

表 5-13　两版教材的可比知识广度

主题	T_{IB}	$T_{人教版}$	G_{IB}	$G_{人教版}$	G/T_{IB}	$G/T_{人教版}$
原子结构	5.30	8.00	14.00	12.00	2.64	1.50

观察数据发现，原子结构主题中两版教材的知识广度相差无几，但可比知识广度值 IB 教材普遍比人教版教材大，原因是 IB 教材课时较少。

就原子结构知识点来说，IB 教材难度（难度系数 1.53）要大于人教版教材难度（难度系数 0.99）。两版教材的习题难度基本一致，因此可比广度和可比深度直接导致了知识难度的不同；进一步分析，在 4 个影响因素（知识广度、知识深度、习题难度、课时）中，两版教材在知识广度和

---

① 史宁中，孔凡哲，严家丽，等. 十国高中数学教材的若干比较研究及启示. 外国教育研究，2015（10）：106-116.

习题难度上基本相同，在知识深度上，IB 教材数值较大，在课时上，人教版教材数值较大，因此知识深度深和课时少或许是 IB 教材难度较大的主要原因。这与 IB 课程本身的特征与要求相关。IB 课程模式既要求机会最大化（美国模式），又要求提供大学一二年级水平的深度（英国模式），而且要将大部分人文、科学、技术领域（法国模式）融为一体。同时，IB 教材在其指导手册中指出：在进入 21 世纪之时，知识爆炸使得一般教育的概念越来越难以获得，"全人"的教育变得非常重要。今天的年轻人面临着许多令人迷惑的选择，因此学术训练提供给他们能够做出明智选择的机会和价值就显得非常重要。现今每个学科能获取的信息量使得百科全书式的教育方法不那么合适了，学会学习和自我学习变得非常重要。这就对教育者提出挑战——既要提供充分广度，以加强学生的一般人文意识，又要足够专业化，以确保学生获得大学学习和在竞争世界工作必需的技能。

（二）知识层次性

概念图以命题（节点—连接词—节点三合一）的形式表征概念间的意义关系，命题是由概念或词语连接而形成的意义单元[①]。概念图的发明者、美国教育心理学家诺瓦克（Joseph D. Novak）强调概念图等级结构的重要性。在概念图中，包摄性更广、更普遍的概念处于层次的较上端，包摄性更窄、更特殊的概念处于层次的较下端，基于这个原则，概念图普遍应该从上到下读[②]。有研究者认为不同类型的内容结构应该施行不同的图结构：蜘蛛图、等级图、链式图等[③]。也有学者定义了 5 种概念图结构类型：线形、环形、轮辐形、树形和网络形[④]。还有学者提出，等级概念图适合组织和表征概念间的静态关系，环形概念图鼓励呈现概念间的功能关系，增加了动态思维[⑤]。结合教材的特点，以教材中的概念为节点制作等

---

① 王立君. 概念图在促进认知和评估知识结构方面的理论与实证研究. 上海师范大学博士学位论文，2008.

② Safayeni F，Derbentseva N，Canas A J. A theoretical note on concepts and the need for cyclic concept maps. Journal of Research in Science Teaching，2005，42（7）：741-766.

③ Primo R，Shavelson R J. Problem and issues in the use of concept maps in science assessment. Journal of Research in Science Teaching，1996，33（5）：69-100.

④ Yin Y，Vanides J，Ruiz-Primo M A，et al. Comparison of two concept-mapping techniques：Implications for scoring，interpretation，and use. Journal of Research in Science Teaching，2005，42（2）：166-184.

⑤ Safayeni F，Derbentseva N，Canas A J. A theoretical note on concepts and the need for cyclic concept maps. Journal of Research in Science Teaching，2005，42（7）：741-766.

级概念图，可以方便比较和分析两教材的知识层次与教材结构，编写逻辑与知识深度。制作工具为诺瓦克所在的人机认知研究所根据意义学习和建构主义的原则而专门开发的概念图软件 CmapTools。

两版教材"原子结构"等级概念分别如图 5-29 和图 5-30 所示。

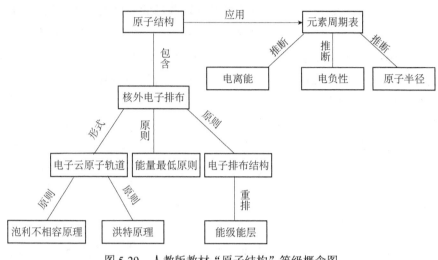

图 5-29　人教版教材"原子结构"等级概念图

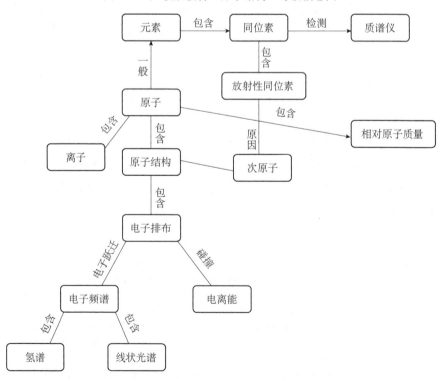

图 5-30　IB 教材"原子结构"等级概念图

对比两版教材后发现：

（1）IB 教材知识层次性更强

IB 教材"原子结构"有 8 层，人教版教材有 4 层。认知心理学第一个语义记忆模型——层次网络模型认为，在长时记忆中概念被分层次地组织成有逻辑性的种属关系，每一类事物的特征总是储存在对应于该类别的层次，而不会储存于下位概念的层次[①]。教材知识组织的层次分明将通过帮助学生构建自身认知结构而利于学生对信息的意义加工和进入长时记忆。根据双重信息编码理论，长时记忆中存在两种独立的编码系统：语义编码系统和表象编码系统。这两个系统都在某种情况下对刺激信息进行加工处理，并大大增加了长时记忆中个体知识与经验存储的数量，并提高了个体知识与经验的质量[②]。长时记忆能够进一步促进学生对信息的意义加工和认知结构的形成与发展。

（2）IB 教材更注重对知识的多角度阐释

层次网络模型认为每个概念都有两种关系：①每个概念都有从属于上一层概念的特征，这决定了知识表征的层次性。②每个概念都具有一个或多个特征，表示概念所"具有的"特征。③IB 教材进行原子结构和电子排布的讲解时，通过元素、同位素、放射性同位素、电子频谱、电离能、质谱仪等多方面理论和应用知识来帮助学生达成对原子结构及电子排布的深入理解；不同的是，人教版教材直接呈现能级、能层、电子排布原则，让学生达成对原子结构的理论认识，之后进一步呈现原子结构与元素周期律推导的作用。相比之下，IB 教材通过多角度呈现更多原子结构的特征来帮助学生达到对原子结构相关知识的全面理解。认知心理学家通常将对所学命题有所增添或补充的过程称为精致（elaboration），那么概念图也可以看作一种精致结构，概念拥有的特征越多，精致加工得越充分。安德森认为对学习材料所做的精致加工越充分，越能导致良好的记忆：①精致加工为记忆提供了多种提取路径；②精致加工能够帮助个体推论出遗忘的信息[③]。对比图 5-30 和图 5-31 可以看出，IB 教材呈现出的原子结构的特征更多，说明 IB 教材的原子结构更精致、更充分，更有利于学生对原子结构的形成良好记忆。

---

① 杨治良，郭力平，王沛，等. 记忆心理学. 上海：华东师范大学出版社，1999：65.

② 梁宁建. 当代认知心理学. 上海：上海教育出版社，2003：158.

③ 李敏，黄梅. 国际课程 IB 与我国高中化学教材比较——以原子结构和氧化还原为例. 化学教育，2018（3）：6-9.

（3）IB 教材更注重学生对知识的深入理解

由图 5-31 可知，人教版教材重在通过规则、原理让学生掌握核外电子排布的规律，进而呈现原子结构和元素周期表之间存在哪些联系；IB 教材在对原子的构成和基本性质进行介绍之后，从电子频谱的角度直观地呈现出电子跃迁，再次回到原子核外电子的排布，知识结构以原子结构为中心，所有知识的设置都是为了说明原子结构。人教版教材的知识编排方式有利于学生掌握解题技巧，IB 教材的知识编排更容易让学生明白知识的发生、发展，达成对知识本身的深入理解。

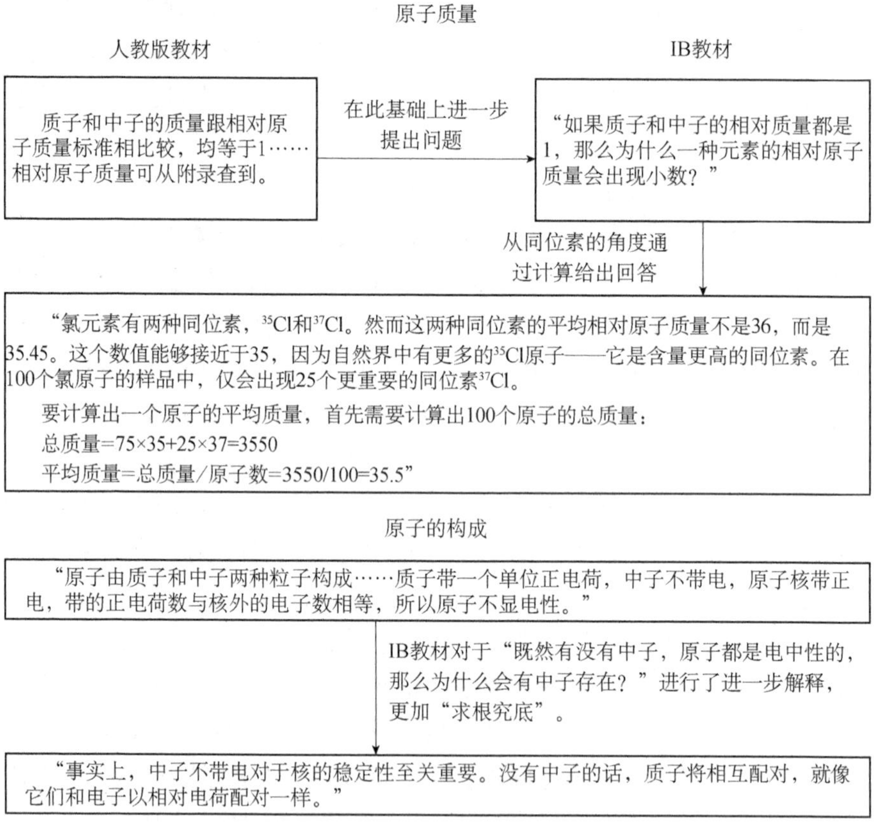

原子质量

人教版教材　　　　　　　　　　　　　　　　　　　　　IB教材

質子和中子的质量跟相对原子质量标准相比较，均等于1……相对原子质量可从附录查到。

在此基础上进一步提出问题

"如果质子和中子的相对质量都是1，那么为什么一种元素的相对原子质量会出现小数？"

从同位素的角度通过计算给出回答

"氯元素有两种同位素，^{35}Cl和^{37}Cl。然而这两种同位素的平均相对原子质量不是36，而是35.45。这个数值能够接近于35，因为自然界中有更多的^{35}Cl原子——它是含量更高的同位素。在100个氯原子的样品中，仅会出现25个更重要的同位素^{37}Cl。

要计算出一个原子的平均质量，首先需要计算出100个原子的总质量：
总质量=75×35+25×37=3550
平均质量=总质量/原子数=3550/100=35.5"

原子的构成

"原子由质子和中子两种粒子构成……质子带一个单位正电荷，中子不带电，原子核带正电，带的正电荷数与核外的电子数相等，所以原子不显电性。"

IB教材对于"既然有没有中子，原子都是电中性的，那么为什么会有中子存在？"进行了进一步解释，更加"求根究底"。

"事实上，中子不带电对于核的稳定性至关重要。没有中子的话，质子将相互配对，就像它们和电子以相对电荷配对一样。"

图 5-31　人教版教材与 IB 教材对原子结构的编排

（4）IB 教材编排体现了序列组织原则，人教版教材编排体现了螺旋式上升原则

图 5-32 可以看出 IB 教材的内容编排上，前一章为后一章的学习提供了应有的认知基础：原子结构中核外电子排布（第二章）是学生理解元素呈现周期性（第三章）的原因；化学键（第四章）是原子缔合的结果，关

键在于电子（第二、三章）；键能（第四章）越大，物质越稳定，能量（第五章）越低；温度（第五章）越高，反应速率（第六章）越快；当正反应速率等于逆反应速率（第六章）时，反应达到化学平衡状态（第七章）；很多酸碱理论（第八章）来源于化学平衡（第七章）。奥苏贝尔认为只有把新的学习内容的要素与已有认知结构中相关的部分联系起来，才能有意义地习得新内容，"如果发挥学科知识前后依存的逻辑序列优势，可以最大限度地提高有意义学习和原有观念的可利用性" [1] 。

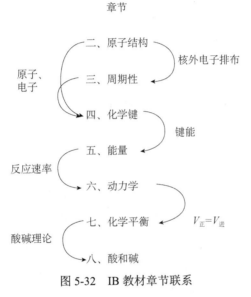

图 5-32 IB 教材章节联系

"螺旋式上升"的课程设计与教材编排兴起于美国著名教育家、心理学家布鲁纳（J. S. Bruner）在 20 世纪 60 年代提出的"螺旋式课程"（spiral curriculum）。螺旋式课程意指根据某一学科知识的"概念结构"，以促成学生认知能力发展为目的的一种课程设计。其基本假设是任何教材都可以用某种合理的形式来教给任何发展阶段的儿童[2]。布鲁纳认为要掌握并有效地运用自然科学、数学的基本观念和文学的基本课题，不能只靠一次学习达到目的，必须通过反复学习，在越来越复杂的形式中加以运用，并不断地加深理解，才能逐渐掌握[3]。

"螺旋式上升"原则在课程设计和教材编排上得到广泛认可，但也存

---

① 陈琦，刘儒德. 当代教育心理学. 3 版. 北京：北京师范大学出版社，2018：116-117.

② 布鲁纳. 教育过程. 邵瑞珍译. 北京：文化教育出版社，1982：90.

③ 布鲁纳. 布鲁纳教育论著选. 邵瑞珍，张渭城，等译. 北京：人民教育出版社，1989：55.

在一些争议，主要有二：“新课标用了‘螺旋式上升’的理念，把知识点分成几片，先讲一片，然后就放下了，讲下一片就要等到一年以后。可是知识是有一个体系的……现在只讲了‘是什么’，‘为什么’要到一年以后再讲，知识的体系就断了，思维探究的精神就弱了’”①；“与以往学科课程的‘窄而深’相比，新课程就是‘广而浅’吗？‘螺旋式上升’的课程设计和教材编排的课程难度一定适合学生学习吗？什么样的课程设计和教材编排更适合我国中小学教育教学实际？”②

（三）知识典型性

知识的典型性主要从实用性、时代性进行分析比较。

1. 实用性比较

学生只有意识到所学内容是有价值的，才能更有效积极地去接受掌握③。“实用性包括教学内容的实用性和教学方法的实用性，教学内容必须是学生所需要的、常用的，教学方法要便于教师在课堂上使用。”④《现代汉语词典》对“实用”的解释之一是“有实际使用价值的”⑤。本书中教材实用性主要指知识的实用性，知识是否是学生所需要的，以教材中例子作为研究视角，对教材中的社会性内容⑥进行定量统计。借鉴赫勒、衣俊卿等的分类方法，依据与学生生活的关联，笔者将以学生为中心的社会性内容分为日常生活（聚焦日常生活问题解决）、社会生活（聚焦社会现象理解与社会问题解决）、生产研究（聚焦工农业生产及科学研究问题解决）三个由近及远的领域。

从图 5-33 可以看出：①IB 教材中的社会性内容普遍比人教版教材多，说明 IB 教材更重视向学生展现知识的实际应用；②IB 教材中的社会性内容在三个领域数量分布较为均匀，人教版教材更偏向于知识在生产研

---

① 蔡闯. 姜伯驹：新课标让数学课失去了什么. 光明日报·教育周刊，2005-03-16.
② 孔凡哲. 螺旋式上升课程设计编排风格的误区及其矫正. 课程·教材·教法，2006（10）：41-46.
③ 崔雅萍. 多元学习理论视域下大学生英语自主学习能力可持续发展研究. 上海外国语大学博士学位论文，2012.
④ 吕必松. 对外汉语教学概论（讲义）（续五）第四章 教学过程和教学活动. 世界汉语教学，1993（3）：206-219.
⑤ 中国社会科学院语言研究所词典编辑室. 现代汉语词典. 6 版. 北京：商务印书馆，2015：1180.
⑥ 也有说“生活性内容”，秉承教育生活观的杜威、陶行知等偏好用生活统整一切现象，秉承 STS 的教育家偏好用社会统整一切现象，而斯宾塞认为一切生活现象就是社会现象，本书中不做区分。

究方面的应用。

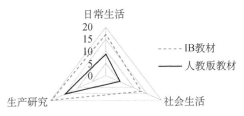

图 5-33　两版教材中社会性内容统计

IB 教材和人教版教材的社会性内容举例见表 5-14。

表 5-14　两版教材社会性内容举例

教材	知识点
IB 教材	在核电站中产生能量、医用手术器械的消毒、食物保鲜、犯罪调查、设备探伤；^{60}Co 放射治疗癌症；都灵裹尸布的年代测定；^{131}I 医学示踪
人教版教材	在日常生活中，我们看到的很多可见光，如灯光、霓虹灯光、激光、烟火……都与原子核外电子发生跃迁释放能量有关

对表 5-14 进行分析后发现：

1）IB 教材注重知识与生命个体的联系。教学内容的选择拉近了学生自身与教材、知识的联系，有利于学生认识自我、探索自我。IB 教材以人本主义心理学的基本理论为依托。人本主义教学观以学生为中心开展教学活动，突出学生的中心地位，认为教学中的以人为本实质上就是尊重学生的人格，从学生的需要出发组织教学活动，选择适当的教学内容，激发学生的学习动机，使其达到最佳学习状态，让学生感受到知识的实用价值的同时，把学习本身当作一种享受[①]。根据对有意义学习的研究结果，强化学习材料与学习者之间的关系，有利于学生的认知和情感的发展，使其全神贯注地投入学习活动中，自发地探索知识的意义，最终达到行为、态度、个人修养等的全面发展。

2）两版教材都体现了不同学科的相互交叉、相互融合，不同的是 IB 教材更凸显学科间的联系，人教版教材更凸显学科内部的联系。IB 教材中的例子遍及多个一级学科，有生物学（如自由基理论）、基础医学、临床医学（如 ^{60}Co 放射治疗癌症）、核科学技术（如核放射）、考古学（如裹尸布的年代测定）、法学（如犯罪调查）等，体现出学科间课程整合的思想。人教版教材中的例子更多的是知识在本学科内或者生活中的应用，

---

① 王秀惠. 人本主义教学观与教学改革——以课程改革下的初中历史教学为例. 福建师范大学硕士学位论文，2006.

很少涉及与其他自然或人文学科的联系。

3）两版教材都体现了 STSE 思维，都体现了可持续发展的理念和科学、技术、生活、环境的相互关系，这正是 STSE 课程内容选择的原则。STSE 课程强化了科学教育的价值维度，摒弃了精英主义传统，倡导民主的、实用的、大众的科学教育，其宗旨是培养具有科学素养的公民[①]。

2. 时代性比较

大数据时代，教育信息化在理论和实践上都有很大进步，电子书包、开放课程、教育云与物联网等能够有效节约教育资源，有利于学生随时随地进行学习。这里的时代性既指知识的呈现体现出的教育信息化，又指化学科学与技术的前沿成就和发展，教育信息化的发展有赖于先进的科学技术。

IB 教材的时代性体现在大量先进科学与技术的呈现和体现教育信息化的电子教材、信息盒子（提供相关的网站信息，在网页上可以看到支持课题的背景信息、仿真视频、练习题、文献，以及具备学生感兴趣的其他功能）；人教版教材的时代性体现在教材正文和科学视野栏目的先进科学发现和技术发展。IB 教材和人教版教材正文中对先进科学与技术的呈现主要指介绍科学技术在生产、生活中的应用，在表 5-15 对 IB 教材信息盒子（教育对信息技术的应用）和人教版教材科学视野栏目（科学与技术前沿成果与应用）进行了比较。

表 5-15　两版教材相关栏目比较

教材	知识点
IB 教材信息盒子	进入 www.heinemann.co.uk/hotlinks，输入代码 4259P，点击即可以看到：卢瑟福实验的简介、玩游戏找诺贝尔奖、质谱仪的简介、根据焰色反应确定未知化合物、吸收光谱和发射光谱都是电子跃迁的结果
人教版教材科学视野栏目	分子间作用力和氢键、用质谱仪测定分子结构、分子的立体构型是怎样测定配合物的、表面活性剂和细胞膜

在日常生活、社会生活、生产研究 3 个领域中，信息盒子出现 20 次，出现科学视野共 10 次。从图 5-34 可以看出：①IB 教材和人教版教材都通过正文内容及栏目体现出一定的时代性，不同的是 IB 教材通过栏目本身体现出的教育信息化来反映时代性，人教版教材通过栏目内容中科学和技术的现状与未来发展反映出时代性。从图 5-34 中可知，IB 教材正文中有关生产研究的时代性内容数量为 20，人教版正文中有关生产

---

① 王晶莹.《国际视野下的 STS 课程研究》——科学教育改革的时代走向. 比较教育研究，2013（10）：102-103.

研究的时代性内容数量为 15，因而从这个角度来说，IB 教材体现了更多对技术的利用，这与美国教育信息化程度高不无关系。②从数量上看，IB 教材体现出更强烈的时代性，尤其栏目数量更能体现教育信息化的普遍性。

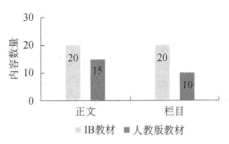

图 5-34 两版教材中时代性内容数量统计

二、认知和心理比较与分析

认知心理学的任务是"试图理解人类智能本质以及人们怎样思维"，"它涉及心理过程的全部范围——从感觉到知觉、模式识别、注意、学习、记忆概念的形成、思维、表象、回忆、语言、情绪和发展过程，而且还贯穿于行为的各个领域"。① 认知心理学有广义和狭义两种，广义的认知心理学包括结构主义心理学、心理主义心理学和信息加工心理学，狭义的认知心理学即信息加工心理学，本书所指认知心理学即信息加工心理学。认知心理学认为外部信息通过感觉刺激进入大脑，经过一系列加工过程，将感官获得的信息转化为有组织、有意义的整体。这一转化过程需要过去的经验对刺激进行编码、记忆和储存。可以看出，认知心理学的实质即主张研究认知活动本身的结构和过程，并把这一过程看作信息加工。

认知与心理维度是从认知心理学的角度分析教材内容的选择与组织是否有利于学生的认知发展。表征、迁移是心理学概念，1991 年，约翰斯顿（A. H. Johnstone）教授从思维的角度提出了化学学习的三种水平：宏观水平、微观水平、符号水平②；1996 年，《美国国家科学教育标准》明确要求学生"能够在思维的三大领域漫游：可观察的宏观世界，分子、原

---

① 安德森. 认知心理学及其启示. 7 版. 秦裕林，程瑶，周海燕，等译. 北京：人民邮电出版社，2012：9-12.

② Johnstone A H. Why is science difficult to learn? Things are seldom what they seem. Journal of Computer Assisted Learning，1991，7（2）：75-83.

子构成的微观世界，化学式、化学反应方程式和符号等构成的符号与数学世界"[①]；2013 年，美国《新一代科学教育标准》中侧重学生能够从微观水平对宏观的化学物质和过程做出解释[②]。从宏观、微观、符号三种水平认识和理解化学知识并建构三者的内在联系，已成为国际公认的化学学科特有的思维方式。化学是一门研究物质的结构、性质及变化的科学，三重表征体现了化学学科的本质特征。"授之以鱼不如授之以渔"，让学生学会如何学习，如何利用已有知识来缩减新知识的认知过程，把已有的概念、原则、模型等经过重组形成能够解决新问题的概念、原则、模型等，比纯粹知识的教学更有利于学生的认知发展和能力提升，因此下面从三重表征和认知迁移两方面研究教材如何促进学生认知发展的水平。

（一）三重表征

教材中的三重表征主要指化学宏观知识、微观知识、符号知识在教材中的呈现形式，下面以宏观、微观、符号三者之间的转换作为依据，在定性分析的基础上通过水平划分开展更直观的量化统计（表 5-16）。

表 5-16　三重表征水平划分

表征	水平	具体内容
语言描述	1	教材通过描述展示物质的结构、性质、变化等
宏观或微观或符号表征	2	教材设置实验或模型、图片来加强学生对物质性质或变化的解释
宏观-微观表征/宏观-符号表征/微观-符号表征	3	教材设置实验或模型、图片来加强对概念、原理、物质结构等的解释
宏观、微观、符号三重表征	4	教材让学生了解物质的性质、变化，通过化学式、化学方程式和微粒的变化加强解释
多种形式的三重表征	5	教材采用多种形式让学生在概念、原理等的学习时不仅有直观体验，还有微观模拟，并从化学式、化学反应等的角度进行解释

教材对相关知识的解释方式与程度决定了教材三重表征所处水平。水平具有累积性，即水平 2 是在水平 1 的基础上，水平 3 是在水平 2 的基础上……换句话说，如果通过分析认为某教材达到了水平 5，这意味着该教材肯定达到了水平 1—水平 4。

从实验数量上来看，IB 教材设置实验更多，如设置了盖革·马斯登 α

① 国家研究理事会. 美国国家科学教育标准. 戢守志，金庆和，梁静敏，等译. 北京：科学技术文献出版社，1999：217.

② 毕华林，万延岚. 当前国际化学课程改革的发展动向及启示. 比较教育研究，2015（9）：79-84.

粒子散射实验与卢瑟福实验等虚拟实验。实验是增强学生对概念、原理宏观认识的最好方式，学生获得越多的宏观认识，就越有利于其学习。尤其当学生学习分子、原子、化学键等微观物质时，如果缺乏宏观材料的支持，加上微观物质抽象不可见的特征、学生有限的概念性知识和贫乏的空间可视能力等，就会影响学生的微观理解。

例如在 IB 教材中，原子光谱的实验设计就是基于不同元素原子发出的光通过衍射光栅时产生独一无二发射光谱的物理知识，要求学生根据实验画出原子发射光谱带，利用谱线波长确定电子能级，再通过计算能量来掌握电子跃迁等化学知识和量子力学知识。这个实验要求学生：①根据玻尔理论，按照能量由高到低排列可见光谱的颜色。②使用玻尔理论，计算氢原子发射光谱每条线对应的能量。③画出最终 $1/n^2$ 至起始 $1/n^2$ 的能级图。④解释：荧光灯的谱图独特之处是什么？哪些元素被用在荧光灯中呢？⑤观察其他光源中气体发射的波长和频率，解释电子发生什么变化。这个案例涉及可见光、原子发射光谱、玻尔理论、电子能级、能级能量和电子的跃迁等从量子物理学到原子结构化学知识、仪器分析基础知识到数学知识的综合运用。其实验内容关注知识获得的实践过程，让学生亲手实验和观察后画出分光镜谱线，从直观上体验和感受电子跃迁量子化的过程和结果，为今后在大学中学习量子力学和仪器分析打下基础。此外，实验探究过程系统化。第一个实验先从灼热的白光引入得到完整光谱，然后通过氢元素、汞元素等的对比研究使学生了解不同元素对应不同的原子光谱，最后将特殊元素一般化，研究生活中常见的荧光灯光谱，以及这种光谱对比元素光谱有什么特殊点和相似点。这种从普遍到特殊再到普遍的系统化设计思路符合学生对事物的认识规律，能让学生形成系统性跨学科思维。

化学学科中的微观表征关注的是分子、原子、亚原子等肉眼不可见的微粒，化学正是在分子、原子的水平上研究物质的结构、性质与变化，因此合理使用微观模拟、使微观可视化就变得非常重要。

从数量上来看，IB 教材和人教版教材都使用了大量模型，以利于学生对微粒等的认知，尤其在化学键主题"分子的立体构型"部分，人教版教材展示了大量比例模型和球棍模型，但是模型中输出的信息和呈现方式却不尽相同。

综上，结合表 5-16 的水平划分，人教版教材处于水平 4，IB 教材处于水平 5。

✎ **专家论坛**

"表征"是一个心理学概念，认知心理学家和人工智能的创始人西蒙（H. A. Simon）指出表征包含两个含义：信息和对信息的加工。毕华林等将化学三重表征分为化学外部三重表征与化学内部三重表征，外部三重表征指化学宏观知识、微观知识、符号知识的呈现方式，是静态的，内部三重表征指化学宏观知识、微观知识、符号知识在学习者头脑中的加工和呈现方式，是动态的。

毕华林，卢珊珊. 化学三重表征的实质与三重表征能力的培养. 课程·教材·教法，2021（3）：110-116.

（二）认知迁移

学习之间的相互影响被称为迁移，是一种学习对另一种学习的影响，也就是学生已获得的知识经验、认知结构、动作技能、学习态度、策略和方法等，与新知识、新技能的学习之间相互作用所产生的影响[①]。

✎ **专家论坛**

知识的内在加工分为陈述化、程序化和迁移三个阶段，其中迁移是运用已有知识解决新问题、回答新问题，促进学习新事物的能力。理解、应用、分析、评价和创造这五个认知过程都与迁移有关，知识的迁移阶段意味着学生更加主动地参与学习，能够从大量实例中组织知识，进行更可靠的归纳推理和概括抽象，以探索和提炼之前所学知识，更乐于修正和处理不同情况下的各种问题。这一阶段是教学的升华阶段，也是评价学生是否真正掌握知识的关键阶段。在迁移阶段，可通过模型化加工、系统的问题解决和元认知反馈学习等教学条件对知识不断地进行解释与修正，发展学生系统解决问题的能力，以及灵活运用认知策略对学习过程进行反思、优化和归纳总结的能力。

黄梅，黄希庭. 知识的加工阶段与教学条件. 教育研究，2015（7）：108-115.

产生式迁移理论认为认知迁移的过程是：规则以陈述性知识进入学习者的命题网络，然后经过变式练习等程序化过程转化为以产生式表征的程

---

① 姚本先. 心理学. 2 版. 北京：高等教育出版社，2009：295.

序性知识，当两项任务之间存在共同的产生式或产生式的重叠，就会发生迁移。不同技能之间的产生式重叠使迁移发生，重叠越多，迁移越容易发生，迁移量也越大。其过程如图 5-35 所示。

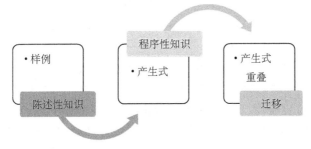

图 5-35　认知迁移过程

从图 5-35 可以看出，认知迁移就是知识达到自动化的过程，程序性知识越丰富，产生式就越多，可能发生的重叠也就越多，认知迁移便越顺畅。因此，要实现认知迁移，程序性知识的获得就显得格外重要。程序性知识的学习由三个阶段构成：陈述化阶段、程序化阶段、自动化阶段[1]。安德森在修正布鲁姆认知目标的基础上，进一步提出了认知过程发展维度（表 5-17），可以看出"记忆""理解"维度主要针对陈述性知识，"运用"维度执行的某种程序即为产生式的初步运用，"分析"维度是形成产生式系统（即控制流）的过程，"评价"和"创造"维度是产生式开始指导行为，即达到自动化。随着认知的不断发展，迁移也不断形成和深化。因此，本书根据安德森的认知过程将认知迁移也划分为 6 级水平（表 5-18），对 IB 教材和人教版教材促进学生认知迁移程度进行量化处理。

表 5-17　认知过程发展维度

维度	内容
记忆	从长时记忆系统中提取有关信息
理解	从口头、书面、图画传播的教育信息中构建意义
运用	在给定的情境中执行或使用某程序
分析	把材料分解为它的组成部分，并确定各部分之间如何相互联系，以形成总体结构或达到目的
评价	依据标准或规格做出判断
创造	将要素加以组合以形成一致的或功能性的整体，将要素重新组织成为新的模式或结构

---

[1]　徐学福，宋乃庆. 教学设计. 重庆：重庆出版社，2008：46.

表 5-18　认知迁移水平划分

水平程度	内容
水平 1	教材在呈现新知识时，会回顾前面讲述过的知识
水平 2	教材通过举例、分类、比较等策略对知识进行解释
水平 3	教材会设置情境为学生提供运用知识的机会
水平 4	教材把整体分解为单个要素进行分析
水平 5	教材会引导学生对不同的规则或原理做出评价、判断
水平 6	教材为学生提供运用已有知识去生成、设计或构建新的内容的机会

与认知过程维度一样，水平具有累积性。IB 教材设计了"数豆子"这一新颖独特的实验来理解抽象的"核素""同位素""同位素丰度""相对原子质量"等抽象的化学概念。在实验设计中，将每种同位素形象化为一种看得见摸得着的豆子，并且用不同的颜色标记不同的同位素，以示区分，在真实世界中 3 种同位素集合具有不同的质量，让学生从不同种类的豆子中分别计算每个假设同位素的数量、平均质量，每种同位素的百分数、相对丰度、相对质量。实验要求学生：①表格中的数据哪些要求测量？哪些数据要求计算？②百分数告诉你在 100 个豆中含有各种豆的比例，相对丰度告诉你什么？③平均质量和相对重量有何区别？比较的价值在哪里？④比较并解释你所在小组与其他小组得到豆的质量的区别，说明为什么样本越大差别越小。同位素概念的定义中涉及"质子数""中子数""核素"等抽象概念，学生对元素、核素、同位素、同位素的相对原子质量、元素的相对原子质量（是其中各种同位素相对原子质量的加权平均值），平均相对原子质量这些定义的学习会产生干扰和困惑。通过对豆子混合比例的模拟计算来类比理解相应的化学概念，将抽象难懂的化学概念与学生的生活经验建立了联系，从而加深了学生对相对原子质量的理解，也培养了学生操作能力和互相协作能力。实验后还提出了一系列关于实验误差的问题，有助于科学态度的培养。从以上分析可以看出，IB 教材达到水平 2。

IB 教材以核心概念为中心组织内容，对核心概念的认识多从学科本体出发，倾向于"理解""分析""应用"等高层次认知水平设计，注重对知识进行深层意义上的分析和对知识生成过程的深入理解，而不是直接显示结果。其结果就是让学生明白知识的产生和缘由在哪里，为什么会这样，知识生成的过程和相互关联是什么；同时通过大量情境变式练习，让学生学会根据已有认知产生或创造新知识。例如，IB 教材中关于原子的构成内容是："原子由质子和中子两种粒子构成，质子带一个单位正电荷，中子不带电，原子核带正电，带的正电荷数与核外的电子数相等，所以原子不显电性。"那么学生会问："既然有没有中子，原子都是电中性的，那么为什么会有中子存在？"IB 教材则进一步解释："事实上，中子不带电对于原子核的稳定性至关重要，特别是对含有一个以上质子的原子核。没有中子的话，带正电荷的质子将彼此相互排斥导致原子核分崩离析。"这样对知识本质的"求根究底"在 IB 教材中并不少见。从本案例可以看出，IB 教材都达到了水平 3。

IB 教材在"原子结构"章末提出问题"截至目前，道尔顿的 5 个建议中仍然正确的是哪个"，引导学生利用本章所学关于原子和原子结构的知识与规则对道尔顿的原子理论做出判断，但是 IB 教材没有涉及要求和提供学生进行生成或设计的内容及机会，因此根据表 5-18 的水平划分，IB 教材促进学生认知迁移的程度属于水平 5。经过分析，总体来看，IB 教材的三重表征和认知迁移均达到水平 5（图 5-36）。

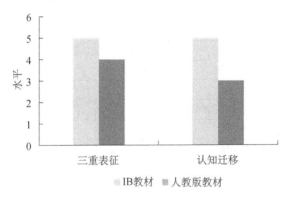

图 5-36 两版教材认知与心理维度水平

三、思想和文化比较与分析

现代课程设计在指导思想上将传授理性知识、培养理性能力和关注学生非理性精神世界的完整性有机地统一起来，根据科学发展的整体化、综合化趋势，力求科学课程人文化、人文课程综合化[①]，科学精神与人文精神越来越多地融合到一起。

布鲁姆与克拉斯沃尔等将教育目标分为三重分支——认知、情感、动作技能。其中认知目标指注重记忆或再现某些可能已经学得的内容的目

---

① 聂莉娜，周金声. 论人文精神与科学精神的互渗教育. 教育探索，2006（12）：38-39.

标，以及含有解决某些理智任务的目标，这种理智任务要求个体必须先确定实质性的问题，然后对特定的材料重新排列，或把它与以往所习得的观念、方法或程序结合起来。情感目标指注重情调、情绪或接受与拒绝程度的目标。从简单的对所选择的对象的注意，到复杂而又内在一致性的性格和良心，在文献中这类目标通常用兴趣、态度、欣赏、价值观和情绪意向或倾向等术语来表示的。动作技能目标是注重某些肌肉的或运动的技能、对材料和客体的某种操作的目标，或要求神经肌肉协调运动的目标。思想性维度要探讨的科学精神与人文精神属于教育目标中的情感目标，教材中对科学精神和人文精神的体现程度可以用情感目标的层次来表示（表 5-19）。

表 5-19　克拉斯沃尔情感目标分类[①]

层次	子层次	解释
1.0 接受（注意）	1.1 觉察	给予适当的机会使学习者意识到某些事情，即注意到某种情境、现象、客体或事态
	1.2 愿意接受	
	1.3 有控制的或有选择的注意	
2.0 反应	2.1 默认的反应	学生除觉察现象之外，还对现象有所作为
	2.2 愿意的反应	
	2.3 满意的反应	
3.0 价值的判断	3.1 价值的接受	这一层次关心的不是各种价值之间的关系，而是使一套规定的和理想的价值观得到内化
	3.2 对某一价值的偏好	
	3.3 信奉	
4.0 组织	4.1 价值的概念化	归入这一层次的许多目标可以用这样一种方式来表述，即它们需要对各种价值进行比较性评价
	4.2 价值体系的组织	
5.0 由价值或价值复合体形成的性格化	5.1 泛化心向	在这一层次上，个体始终根据已经内化的价值行事
	5.2 性格化	

从 1.0 到 5.0 是学生面对刺激时完整的情感连续体。就教材所体现出的科学精神和人文精神而言，下文根据表 5-8，以情感目标分类为依据做出水平划分，以期在文本分析的基础上对教材的思想性水平进行量化比较。和情感连续体一样，水平具有累积性。下面结合对教材内容的文本分析分别确定 IB 教材和人教版教材中科学精神与人文精神所处的水平。

---

① 克拉斯沃尔，布鲁姆，等. 教育目标分类学（第二分册：情感领域）. 施良方，张云高译. 上海：华东师范大学大学出版社，1989：101-198.

（一）科学精神

科学精神首先表现为创造精神。科学活动的基本特征是永无止境地探索未知、追求真理，创造精神是科学探索活动的生命和灵魂。科学精神还表现为求实精神，科学的目的是求实、求真。用科学造福于人类也是不得不强调的一种科学精神，正如爱因斯坦所言："如果你们想使你们一生的工作有益于人类，那么你们只懂得应用科学本身是不够的，关心人的本身，应当始终成为一切技术上奋斗的主要目标……"[①] 表 5-20 从教材内容及组织上对两版教材的"原子"内容及组织进行了对比。

表 5-20　两版教材的"原子"内容及组织对比

教材	"原子"内容
IB 教材	早在 2500 多年前，在希腊与印第安哲学中就有了关于原子的最初的观点，但是直到 19 世纪才有实验证据支持原子的存在 "原子"一词来源于希腊语"不可再分" 道尔顿的原子理论 原子的现代观点可以追溯至 19 世纪初。道尔顿注意到氢元素和氧元素总是以固定的比例结合在一起。为了解释这一现象，他提出以下观点： 所有的物质都由坚不可摧的微粒组成，可以称为原子 原子不能被创造或摧毁 同一元素的原子在各方面都有相似性 不同元素的原子是不同的 原子以小数目组合形成分子 道尔顿的元素符号、硬球原子模型 然而原子真实的样子是什么呢？把它们当硬球来作依照对于思考是有用的，但是关于不同元素的原子是怎样不同，它能告诉我们的却很少。为了了解这一点，探究是必要的 亚原子粒子 原子序数和质量数 …… 罗瑟福 α 粒子散射实验证实原子有空间结构 …… 能级排布 ……
人教版教材	开天辟地：原子的诞生 现代大爆炸宇宙学理论认为，我们所在的宇宙诞生于一次大爆炸。大爆炸后约两小时，诞生了大量的氢、少量的氦以及极少量的锂。其后经过或长或短的发展过程，氢、氦等发生原子核的融合反应，分期分批地合成其他元素 地球上的元素绝大多数是金属，非金属仅 22 种 能级和能层 ……

可以看出，IB 教材以原子的发现历程为线索，将原子的组成、性质、结构逐渐呈现出来。相比人教版教材，它更加注重对历史真相的还原

[①]　爱因斯坦 1936 年在美国加利福利亚理工学院的讲话. http://blog.sina.com.cn/s/blog_782 2ce750100snpe.html.[2023-12-08].

和化学史的教育价值，让学生意识到科学的进步是在不停地疑惑、不停地探索、不停地追求真相和创造的过程中慢慢接近世界的本来面目的。科学史既揭示了科学的进化特征，也揭示了科学的变革特征，"科学的本质不在于认识真理，而在于探索真理"[①]。科学本质是科学素养的核心要素之一，缺乏对科学及科学探究的正确认识是我国部分科学教育存在的令人担忧的现象。

从表 5-20 可以看到，IB 教材和人教版教材都展示了大量科学技术改善生活生产的例子，体现出科学造福于人类的特征，充满了科学的伦理关怀。不仅如此，IB 教材还开设栏目，提出问题，以激发学生的思考，如通过一系列疑问加强学生对科学精神的理解，同时要求学生运用已有知识和经验对科学方法、科学素养、科学知识做出解释、比较与价值评判，从而促进其科学精神的内化，达到对学生的情感和价值观教育。而这些是我们的教材需要借鉴和学习的。根据表 5-18 中的水平划分，IB 教材科学精神的体现处于水平 4，人教版教材处于水平 1。

（二）人文精神

人文精神指蕴含于人类文明发展中的对人类生存价值和意义的关怀，是在人文认识活动中形成的一系列价值观念和态度，实质就是以人为本[②]。文化是人们生存发展中形成的产物，对不同民族文化的关注体现了教材的以人为本，也是对学生进行情感教育的载体。本文从多元文化教育和世界观、人生观、价值观的角度去分析教材中人文精神的体现。

多元文化教育（multicultural education）是 20 世纪六七十年代伴随着西方国家的民族复兴运动而兴起的一项教育理念和教育运动。它揭示了人们对文化多样性和文化多元性选择的认知，以尊重不同文化为出发点[③]，体现了教育促进和平的美好愿望。两版教材中直接涉及多元文化的素材并不多见，原子结构、化学键、氧化还原 3 个主题中，人教版教材 1 处（古希腊哲学关于原子的说法）体现出多元文化教育，IB 教材有 3 处（希腊与印第安哲学关于原子的说法、都灵裹尸布、希腊太阳神），同时 IB 课程要求学生必须掌握除母语之外的第二语言，并作为一门课程进行学习，目

① 张碧家，张菊. 浅论科学精神的核心——求真. 湖北函授大学学报，2009（2）：41-42.
② 刘国华，邱德雄. 现代师范教育的本体转向——培育人文精神与科学精神. 湖南师范大学教育科学学报，2012（5）：64-67.
③ 程敏. 多元文化背景下的化学双语校本课程的开发研究. 苏州大学硕士学位论文，2009.

的之一便是让学生理解文化，认识到世界上存在多元化的生活方式、思维方式和行为方式。

IB 教材栏目中有 1 项专门提供国际主义的相关材料，主要包括化学领域带来的环境和政治问题，以及一些道德和伦理上的考虑，以帮助学生开拓国际视野。引导学生突破国家与民族界限，摆脱自我中心主义，并设置问题引导和鼓励学生全球参与，这正是 IB 课程的理念之一——国际情怀的体现。IB 课程鼓励教师和学生在课内外讨论和解决人类共同面临的问题，比如科学、技术、能源、环境、气候、冲突、人权等，使学习者认识到地球是大家共同的家园，通过共同承担保护地球的责任，创造一个更加美好、更加和平的世界。1996 年国际 21 世纪教育委员会向联合国教科文组织提交的报告《教育：财富蕴藏其中》指出，教育的四大支柱，其中之一便是"学会共同生活"，"学会认知、学会做事、学会生存"都是"学会共同生活"的途径。

IB 教材呈现了大量材料引起学生的注意，而且还设置问题，通过思考、讨论、解释帮助学生达成对一些国际性问题的理解和思想建构。根据表 5-18 中的水平划分，IB 教材人文精神的体现处于水平 3。人教版教材中呈现一些科学现象或者人文现象，引起学生的一定程度的注意，人教版教材人文精神的体现处于水平 1（图 5-37）。

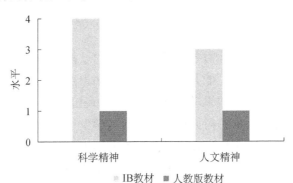

图 5-37　两版教材的思想与文化水平

（三）科学精神与人文精神相结合

通过对教材的比较可以发现，教材中很多地方体现了科学精神与人文精神的融合。其主要体现在探究实验、化学史内容、STSE 内容、家庭活动、调查与研究等。

四、教材编写与教育教学的建议

从"教教材"到"用教材教"，教师的教学观已经发生明显变化，教材不再是教师教学、学生学习的唯一资料，但依然是主要资料。教材编写质量直接影响到教师教学、学生学习的方便程度。基于以上分析，笔者从教材编写的角度，对教材编写与教育教学提出如下建议。

（一）增加策略性知识，重视知识的过程性与生成性

✎ 实践路上

课程深度泛指课程内容所需要的思维深度，它涉及概念的抽象程度以及概念之间的关联程度，反映了教材内容编排和组织的逻辑深度，以及潜在的学科思维深度。具有一定深度的内容有利于培养学生思维的深刻性，同时也要求学生具有一定的思维深刻性。

教材知识深度是课程深度的具体表现。教材知识深度不足的主要表现是对学生认知目标水平的要求主要为"知道"和"了解"，缺乏对知识进行深层意义上的分析，对知识的呈现忽略过程性和生成性，更多的是直接显示结果，不注重学生对知识的深入理解，学生不明白为什么会这样。

王后雄，黄郁郁. 高中化学新课程教科书课程难度的静态定量对比分析. 教育理论与实践，2007（24）：27-29.

在教学过程中，教师需要知道知识生成的过程、概念之间的关联、学生思维的引导和培养，不能只满足于学生记知识点和一系列规则，而不知道知识的产生及缘由。如果学生不清楚所学知识的产生与缘由，那么即使为学生提供大量情境去练习如何使用规则，学生也很难根据已有认知去产生或创造新知识。根据广义知识加工理论的知识分类，学生掌握了大量的陈述性知识，通过在多种情境中的运用等策略使陈述性知识转化为程序性知识，但是对知识本身的认知，如知识是怎么来的、为什么要用、为什么可以使用等策略性知识却不得而知。

（二）强化教材编排的理论支撑，注重章节关系

奥苏贝尔认为，课程设计的首要任务是确定学科中特定的组织和解释性原理，它们能显示出最宽广的概括和综合特性[①]。所谓"特定的组织和

---

① 转引自王瑞政. 基于奥苏贝尔学习理论分析英美高中化学教材的编排特点. 陕西师范大学硕士学位论文，2010.

解释性原理"是指某门具体学科中具有高度概括和包摄水平的基本概念、原则、原理等，它们是"强有力的观念"，决定了该门学科的基本结构，这也是奥苏贝尔提出的学科组织与教材编写的"学科基本结构原则"。奥苏贝尔认为，在编写教材之前，首先应该找出那些决定学科根本结构的"强有力的概念"，这些概念一旦被学生掌握，就会减轻学生的学习负担，使其不但能巩固所学知识，还能演绎出大量新知识。为此，奥苏贝尔提出可以"覆盖性主题"作为组织学科结构的手段。"覆盖性主题"是指某特定学科中具有广泛渗透性的基本概念和命题，能够高度概括地将不同的课题内容有机地联系起来。在学生开始学习一门新学科的时候就介绍给他们，有利于帮助他们获取该学科整体的知识结构。基于此，化学教材的编排顺序应该是基本概念—基本原理—元素化合物。

"覆盖性主题"不仅适应于学科内容，还可以联系多门学科。比如"能量"，如果以能量为主题组织章节内容，学生可以很快联系到物理学科所学的能量守恒，而化学学科中的化学能、热能会使学生的原有图式更加完善。

除了学科基本结构原则，奥苏贝尔还提出不断分化原则、综合贯通原则以及知识层次性中提到的序列组织原则。奥苏贝尔认为，当学习者接触一个完全不熟悉的知识领域或熟悉的知识体系中陌生的组成部分时，从已知的、较一般的整体知识基础上掌握分化的细节，比从已知的细节知识中归纳和概括出整体知识要容易一些[①]，即以演绎的思维获取新知识比以归纳的思维获取新知识更容易。这只是作为主流的顺序，奥苏贝尔并不完全排除归纳的思维。

✎ 实践路上

人教版教材必修一第三章、第四章讲述金属和非金属及其主要化合物，涉及非常多的化学性质和反应，必修二第一章讲述元素周期表和元素周期律，此时教材安排一些金属与非金属的性质让学生观察、总结规律，学生结合必修一学过的金属、非金属的性质很快便会发现递变的规律，不仅明白了元素周期律和元素周期表的意义，还能回忆旧知识，并将知识进行前后贯通。

---

① 陈昌岑. 奥苏贝尔论教材的编写与组织原则. 课程·教材·教法, 1986（2）: 59-62.

教材内容不仅要在纵向分化，还要在横向上加强各水平概念、命题等之间的联系。比如人教版教材在每章后面会设置"归纳与总结"栏目，方便学生对本章整体把握，明确知识的关联。其中选修四电化学基础的"归纳与总结"栏目还将原电池、电解池进行列表对比。这些都体现了综合贯通的原则，那么如何有效发挥栏目的作用便是教材编写者和教材使用者需要思考的问题了。

针对目前教材编排在采用"螺旋式上升"原则时存在的质疑，孔凡哲提出三个基本原则：①差异性原则，即相邻两次循环之间必须有质的区别；②多维性原则，课程的"螺旋式上升"可以从深度、广度、应用等维度予以实现；③具体性原则，即对课程内容需要具体问题具体分析，适时选用恰当的"螺旋式上升"方式。[①]

（三）关注学生个体，增加日常生活和社会生活领域的知识

让学生觉察到学习内容与自身的关系，有利于激发其学习兴趣和内在动机，增强其情感体验。人本主义学习理论认为，学习是认知和情感的整合，需要学习者全身心投入，将逻辑与直觉、理智与感情、概念与经验、观念与意义等结合起来，具有个人参与（personal involvement）的性质。罗杰斯认为当学生觉察到学习内容与自己的目的有关时，意义学习便发生了。学生在意义学习中所学得的不是固定的、他人授予的客观知识，而是融入个体情感、体悟的、真切的、全新的意义材料，它成为学习者人格结构的一部分，会使其行为、态度乃至个性都发生变化。因此，在组织教学材料时，要尊重学生的需要，重视学生的意志、情感，让学生感受到学习内容与自己正在经历、将要经历的生活是有关联的，这样学生就会产生学习的兴趣和内驱力。即使激发或者刺激来自外部，那种发现的感觉、达成的感觉、掌握和理解的感觉，却是发自个人内心[②]。这也是高中化学课程的基本理念——从学生已有经验和将要经历的社会生活实际出发，帮助学生认识化学与人类生活的密切联系。

✎ 实践路上

人教版教材呈现了大量生产科研方面的社会性内容，但是对学生的日

① 孔凡哲. 基础教育新课程中"螺旋式上升"的课程设计和教材编排问题探究. 教育研究，2007（5）：62-68.
② 曾荣侠. 论人本主义心理学的教育思想及其现实价值. 华北水利水电学院学报（社会科学版），2002（4）：72-74.

常生活和社会生活方面的内容关注不够，使得部分学生难以理解教材知识对自己生活的影响和改变，在学习过程中很难投入情感，意义学习便难以发生。

基于脑的研究结果显示：强烈的情绪会使脑释放出化学物质，如促肾上腺素等，从而使情绪与意义关联起来。学习者的情绪状态对学习者的记忆和注意等认知功能的发挥具有重要作用[1]。因此，增加日常生活和社会生活等方面的社会性材料有助于激发学生的情感，使其认知功能得到有效发挥，从而带来意义学习的发生。

（四）进一步加深教育信息化，减轻师生负担

通过教材分析可以发现，我国非常重视教育信息化的引领作用，并且已经从基础设施建设的初级阶段进入信息技术与课程整合的深入应用阶段。但是，信息技术与教材整合的理论和实践研究还较少涉及。IB 教材专门开设信息栏目，创建相关网站，提供学习材料、活动设计、微观模拟、虚拟实验等，方便师生对知识进行深入了解和拓展学习，为解决我国普遍存在的教材知识浅和高考考查深度知识的矛盾提供借鉴。随着手机、平板电脑等的普及，不但创建学习网站很便捷，而且国内外已出现移动APP 和微信公众号，方便学习者随时随地根据自己的需要进行碎片化学习。

🖉 实践路上

手持技术又称掌上实验室，是由计算机与微电子技术相结合的新型数字化实验手段。它将科学数据的世界放在了我们的手掌。我们可以利用它对许多自然现象和科学实验进行探究性学习。例如可以应用于初中、高中新课程"物理、化学、生物、地理和科学"，而且可以完成用传统实验方法难以实施的定量实验，以及进行初中、高中新课程"综合实践活动和研究性学习"，体现学科交叉和科学探究活动。其具有便携、实时、准确、综合、直观、定量等特点，为化学的实验提供了很大的便利。

方涛，黄梅. 基于 TPACK 研究手持技术在中学化学课堂教学的应用现状. 化学教育（中英文），2019（23）：60-67.

---

① 黄梅. 基于三维目标的化学教学策略研究. 西南大学博士学位论文，2009.

（五）开发虚拟实验，加强三重表征的转换

随着虚拟现实（virtual reality，VR）技术的发展，虚拟实验已经成为教育领域一种新的教育形式。虚拟实验是由虚拟现实技术生成的适合进行虚拟实验的实验系统，包括实验室环境、相关的实验仪器设备、实验对象和信息资源等，其所具有的开放性、仿真性、经济性、可重复利用性、共享性等特征[①]都可以弥补现实实验教学的不足。

虚拟实验不仅可以让学生看到实验的全过程，增强学生的宏观体验，而且将微观过程直观化，让学生看到微观粒子的运动，从微观的层面理解物质的变化、化学变化发生的过程，同时用符号、化学式、化学方程式表达出实验过程。学生可以自己操作实验，变化实验情境，从而构建不同的学习情境，大大丰富了学生的经验背景，根据情境认知理论，"知识是具有情境性的，知识是活动、背景和文化产品的一部分，知识是处在情境中并在行为中得到进步与发展的"[②]，通过不断变换实验情境，真正实现宏观、微观、符号的顺利转换。

✎ 实践路上

20 世纪 90 年代，美国政府实施"国家信息基础设施行动计划"（National Information Infrastructure，NII），俗称"信息高速公路"。自此，世界各国开始将信息技术应用于教育领域。

在中国，1996 年，国家教委采取了三项具有教育信息化前行意向的措施：①在全国建立 100 个中小学计算机教育试验区，并鼓励有条件的地区和学校试行计算机教育；②通过"96-750"项目资助多媒体课件开发；③拟订了一个关于 1000 所学校教育手段现代化试点项目的五年计划，试点学校平均装备微机百余台，大多包括多媒体教室、电脑教学机房、电子阅览室等建设内容。2012 年 3 月，《教育部关于印发〈教育信息化十年发展规划（2011—2020 年）〉的通知》指出，"以教育信息化带动教育现代化，是我国教育事业发展的战略选择。制定和实施《规划》……对于提高教育质量、促进教育公平、构建学习型社会和人力资源强国具有重大意义"。该通知提出，各级教育行政部门和各级各类学校应高度重视，要"把教育信息化摆在支撑引领教育现代化的战略地位"，要"进一步增强加

---

① 杨雪，刘英杰，阚宝朋. 基于设计的研究范式在网络三维虚拟实验中的运用研究. 中国电化教育，2008（10）：103-106.

② 吴烜. 情境化教学及在信息技术教学中应用研究. 福建师范大学硕士学位论文，2012.

快教育信息化进程的责任感、紧迫感和使命感"。

姚水琼，齐胤植. 美国数字政府建设的实践研究与经验借鉴. 治理研究，2019（6）：60-65.

（六）注重化学史，促进科学本质理解

化学史包括内史、外史、人物史三个维度。内史关注化学科学理论、概念、技术等的发展，厘清化学成果之间的关系，勾勒出学科本身发展的线索；外史关注化学与社会的关系，有助于公众理解科技的社会功能和影响；人物史关注化学家和科学家的个人成长[①]。内史、外史、人物史构成科学史的三维坐标，三者的有机结合不仅能让学生看到知识发展的历程，而且能让学生感受到化学对社会进步的巨大推动作用和科学家追求真理过程中的科学精神。目前我国化学教材中关于化学家生平事迹、科学理论发展的历史素材在内容表述上过于简略，多局限于某人提出某个理论或发现某种物质的简单叙述[②]。对于科学家如何提出问题、如何思考、如何解决问题，理论发展的不同阶段是如何进行的，科学家是如何质疑原有理论的等等还很欠缺。著名科学教育家李德曼从认识论的范畴出发，认为"科学的本质是科学认识论，科学是一种获得知识的途径，或与科学知识的发展相一致的价值和信念"[③]。当前我国科学教育面临一个严峻的问题是学生不知道科学是在不断发展变化的，认为知识就是真理，这说明我国科学本质的教育还很薄弱。目前在化学课程中实施科学本质教学主要有两种方式：强调科学史哲学和开展科学探究[④]。科学本质是科学素养的核心要素之一，加强科学史教育，帮助学生认识科学知识背后的科学发展历程、使用的科学方法、蕴含的科学精神，是教材将科学本质教育显化的一种有效途径。

目前化学史教学设计有两种主流理论：HPS 教学设计理论和 IHV 教学设计理论。HPS 是科学史（history of science）、科学哲学（philosophy of science）、科学社会学（sociology of science）的英文首字母缩写。1997年，英国科学教育者孟克和奥斯本在总结科学教育的历史经验并借鉴建

① 孟献华，李广洲. 国内化学史教育研究述评. 化学教育，2011（7）：5-8.
② 毕华林，辛本春. 中学化学教材中化学史内容编排的思考. 课程·教材·教法，2008（3）：63-65，82.
③ 王晶莹. 科学本质观与科学探究的意义及实践——美国李德曼教授访谈录. 全球教育展望，2008（2）：3-6.
④ 毕华林，万延岚. 当前国际化学课程改革的发展动向及启示. 比较教育研究，2015（9）：79-84.

构主义理论后，提出将 HPS 内容融合到科学教育中的新教学模式，即 HPS 教学模式①，以促进学生对科学本质和科学精神的理解。也就是说，以教材中知识的发展历史过程为基础，在讲解相关化学历史的过程中，将其中蕴含的科学思维方法、科学精神进行有机地渗透，在教学上模拟科学家的探究过程，使"知识""思维方法""情感态度价值观"三条线在教学过程中并行前进，加强学生对科学本质、科学素养和人文素养的理解②。

📝 实践路上

HPS 教学模式实施过程——以"离子键"为例

【情境创设】利用多媒体展示元素周期表，发现目前人类已知的元素只有一百多种，而自然界形成的物质却成千上万，原子通过什么作用形成如此丰富的物质？

【教学意图】以实际情景引起学生的注意，提出需要解决的问题。

【引出观点】引导学生根据已有经验和知识，大胆想象原子间的结合可能像人类一样有喜欢与憎恶，有赞成与分歧，或存在电力、热力、磁力。

【教学意图】开发学生丰富的想象力，启发学生对此现象提出自己的观点。

【学习历史】借助多媒体，以图片的形式向学生展示公元前 5 世纪哲学家的猜想以及后期有关化学亲和力的猜想。

【科学探究】呈现氯气和钠的反应，在观察宏观现象之后，引导学生画出原子结构示意图，从微观的角度分析这一现象产生的原因，也就是离子键的作用。

【教学意图】以实验宏观现象引入微观本质的探讨，培养学生微观宏观思维的转换。

【呈现科学的观念和检验】为学生呈现柯塞尔提出离子键的历史材料。

【教学意图】为新知识的产生提供思想基础和历史依据。

【总结与评价】归纳总结出科学的概念，同时提出有关思考科学的问题，引导学生从科学方法、精神等方面对这一过程做出评价。

---

① 李钰. 美国学校情境教学的策略与实践. 教学与管理（中学版），2003（5）：77-79.
② 张克龙. 化学学科实施 HPS 教学模式的策略. 中学化学教学参考，2006（12）：12-14.

【教学意图】在学生建立相应的知识体系后，做总结与交流，帮助学生深刻认识科学探究，理解科学本质，形成科学概念和学习科学的方法。

IHV 是 interactive historical vignettes 的缩写，译为"互动历史小品"，它也是一种将科学史融合到科学课程的教学模式，即 IHV 教学模式。IHV教学模式就是收集与教学主题相关的科学史素材，并运用科学史精心编写一个生动活泼且简短的、由学生参与表演的关于科学本质的戏剧小品，每次表演时间为 15 分钟以内，每周进行一次。戏剧小品再现了科学家对科学事实的推演过程，在表演过程中，学生之间可以互动、讨论，并推断科研的结论，达成科学本质属性的目标。

第三节　中美教材中有机化学比较

本节选取人民教育出版社根据《普通高中课程标准（2017 版 2020 年修订）》修订出版的《高中化学》必修 1 和必修 2 教材（本节简称人教版新教材）和美国 IB 教材进行比较研究，同时，基于核心概念和两本教材共用的内容，选取"有机化学"内容为具体的比较对象。

一、教材知识维度的比较与分析

下面对两版教材从学科融合度和知识难度两个方面进行具体分析。

（一）学科融合度

根据 STEAM 教育[①]细目表可知，STEAM 教育分为 5 个主学科，每个主学科分为多个子学科，STEAM 教育强调跨学科性，不是仅指每个主学科多学科融合，更强调这 5 个学科之间进行很好的融合。本节根据学科综合程度对教材中学科融合水平进行评析（表 5-21）[②]。

表 5-21　学科综合程度表

学科综合程度	具体阐释
程度 1	综合程度最低，在某学科上，学生需要用到其他一门或多门学科知识来理解所学习的该学科内容

---

① STEAM 教育就是集科学（science）、技术（technology）、工程（engineering）、艺术（art）、数学（mathematics）多学科融合的综合教育。

② 帕特西亚·L. 罗伯茨，理查德·D. 凯洛. 跨学科主题单元教学指南. 李亦菲，等译. 北京：中国轻工业出版社，2005：3.

续表

学科综合程度	具体阐释
程度 2	各学科的材料混合在一起，各学科在相同的学年围绕一个共同主题进行教学
程度 3	材料在不同的学科中，各学科在不同教学时间基于一个中心主题进行教学
程度 4	学科界限很模糊，在教授共同主题时，学科界限消失
程度 5	综合程度极高，没有学科界限，不同教师和各科目的教学都指向学生对同一主题不同方面的理解

进一步根据 STEAM 的主学科和子学科类别、数目以及学科融合程度表对二级维度学科（以 AI 为例）融合度划分不同水平，如表 5-22 所示。

表 5-22　学科融合度水平表

水平层次	AI 学科融合度
水平 1	1. 涉及 STEAM 主学科科学中化学以外的其他子学科 2. 没有体现技术、工程、数学、艺术等其他主学科
水平 2	涉及 STEAM 主学科科学以外的其他一个主学科，即技术、工程、数学、艺术中的任意一个主学科
水平 3	涉及 STEAM 主学科科学以外的其他的多个主学科，即技术、工程、数学、艺术中的多个主学科
水平 4	涉及 STEAM 主学科科学以外的技术、工程、数学、艺术等其他多个主学科，且主学科之间具有较高综合度，即综合程度达到表 5-21 的程度 3 及以上

在分析学科融合度时，根据评价维度和水平模型，首先要明确教材内容中的主学科数目情况，然后再依据表 5-21 分析教材中的学科内容对应学科综合程度表中的哪一个程度，如果有多个主学科，且多个主学科中具备很强的综合性，就属于水平 4。

依据 STEAM 学科内容，对两版教材中的有机化学内容进行统计分析，得到科学、技术、工程、艺术、数学 5 个主学科的内容的数量分布情况（表 5-23）。

表 5-23　有机化学中 STEAM 主学科的内容的数量

学科主题	IB 教材	人教版新教材
科学	23	22
技术	44	52
工程	14	33
艺术	27	18
数学	17	18

由表 5-23 可以看出，两版化学教材中都涵盖了 STEAM 中的 5 个主

学科的内容，体现了 STEAM 教育的跨学科性。在科学、艺术两个主学科中，IB 教材的内容数量多于人教版新教材，在技术、工程、数学 3 个主学科中，人教版新教材的内容数量多于 IB 教材；其中人教版新教材在工程学科中的内容数量显著多于 IB 教材，工程是 STEAM 教育中的核心学科，这表明我国教材与 STEAM 教育理念所提倡的重视工程教育的理念在很大程度上具有一致性。

在科学学科方面，虽然两版教材在科学学科方向的内容总数量趋于一致，但 IB 教材所涵盖的科学子学科类别更多，相关有机化学知识涉及除了地理之外的其余子学科；人教版新教材侧重体现生物化学，未涉及物理、生物。在生物化学这一子学科中，两版教材都涉及较多，但人教版新教材涉及范围更广。

在技术学科方面，人教版新教材中的技术学科相关内容总数量多于 IB 教材，但是 IB 教材所包含的技术子学科数量多于人教版新教材，同时两版教材在技术学科中都凸显了制造业相关内容，其中人教版新教材中对制造业有了更明显的涉及。两版教材均未提及"设计世界的能力"以及"通信信息"，IB 教材提及"技术的本质""技术与社会""生物技术""电力能源"相关内容，但在人教版新教材中均未提及。

在工程学科方面，人教版新教材不但工程学科相关内容总数量多于 IB 教材，其所涵盖的子学科范围也十分广，除"海洋建筑"没有涉及外，其余工程学科的子学科均在教材中有所体现，且体现明显；IB 教材则只在"环境/工业工程""电力工程""化学工程""航空航天"中有所涉及，其余均未涉及。

艺术是 STEAM 教育中不可或缺的一部分。相比较于人教版新教材，IB 教材的艺术元素数量更多，子学科范围也更广。例如：

IB 教材比较强调国际关系、社会研究、语言艺术，而且教材话语比较拟人，如案例 5-1 和案例 5-2。人教版新教材更注重人类健康、同学交流沟通等相关人文内容，如案例 5-3。虽然在两版教材中，这一章节均未涉及"哲学"，但都在有机化学方面很好地体现了人文性。

【案例 5-1】在第一章中首先提到国际纯粹与应用化学联合会（International Union of Pure and Applied Chemistry，IUPAC）核准以其命名系统而闻名，现已被公认为该领域的世界权威。IUPAC 术语使跨越国际边界的科学家之间能够进行精确的交流。

【案例 5-2】IB 教材中在键的空间结构中运用拟人的"回去吧"（goes

back)、"站出来"(comes forward)等话语增添了人文艺术色彩（图 5-38）。

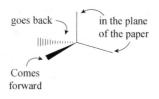

图 5-38　键的空间结构解释

【案例 5-3】在烹饪过程中，油脂不仅是加热介质，还会赋予食物令人愉悦的风味和口感。目前，人们往往容易摄入过多的油脂，影响健康，因此在日常饮食中要注意合理控制油脂的摄入量。

　　数学是 STEAM 教育的基础。两版教材都比较注重学生问题解决能力和证据推理能力的培养；在两版教材中，对于数及其运算的涉及范围也基本持平，在测量、数据与概率分析方面，IB 教材均简单提及，人教版新教材则没有；在代数方面，人教版新教材简单提及，IB 教材则未提及。

创新驿站

　　亚克曼（G. Yakman）在 2006 年首次提出的研究支持的理论模型，将STEAM 学习定义为"基于数学元素的科技"的学习，并将其理论框架总结在五层金字塔中。从塔底开始作为第一层即具体课程层，主要是五门学科的相关课程，也指的是具体的内容层面，比如艺术学科包括人文艺术、美学、音乐、语言、社会艺术等；第二层是学科层，主要探讨了科学、技术、工程、艺术、数学，这些学科是隔离开的；第三层是 STEM+A，连接了 STEM 学科，但是艺术和 STEM 学科是隔离开的，旨在用美的眼光去发现和改造世界；第四层是 STE@M 综合层，即 STEAM 学习，以艺术作为横向和整合的学习元素，也可以说其将艺术渗入科学、技术、工程和数学中，在理工科中加入了艺术元素，将五门学科综合起来，提倡让学生学会在发现和解决问题中运用跨学科的思维方式；塔的最顶层即第五层，表示教育教学的最终目标，表示能够达到的最高境界，发展 STEAM 素养，能将科学、技术、工程、艺术和数学系统结合，在处理实际的问题中培养跨学科的思维以及素养，与终身学习和可持续发展联系起来，把它们内化为一种自身能力，推动其创新素养的发展。

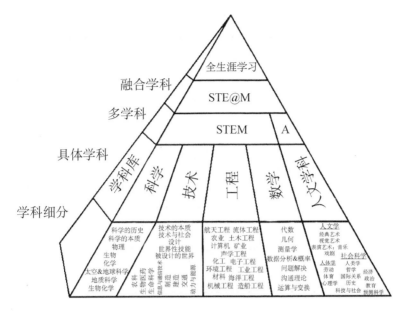

STEAM 金字塔模型

魏晓东，于冰，于海波. 美国 STEAM 教育的框架、特点及启示. 华东师范大学学报（教育科学版），2017（4）：40-46.

（二）知识难度

　　周青开发的教材难度模型针对化学学科知识，首先将教材中的化学知识分为三大类：主体性知识、实验知识、习题知识，且根据戴诺对学习对象的划分，哈罗、辛普森、克拉斯沃尔和斯特瓦特等对动作技能领域目标的分类，以及吉尔福特关于智力活动的解读和操作维度等级的划分，分别将主体性知识、实验知识以及习题知识划分为各个详细的子维度，即所包含具体的内容，并根据不同的等级水平进行赋值（表 5-24）[1]。

表 5-24　知识类型及难度赋分

知识类型	具体内容	赋值
主体性知识	符号	1
	概念	3
	原理	5
	应用	7

[1]　周青. 世界优秀高中化学教材难度比较. 西安：陕西师范大学出版社，2015：7-10.

续表

知识类型	具体内容	赋值
实验知识	基本操作实验	1
	性质实验	2
	鉴别、分离实验	3
	制备实验	4
	数据测定实验	5
	探究实验	6
习题知识	记忆型习题	1
	理解型习题	3
	简单应用习题	5
	综合应用习题	7
	创新型习题	9

从表 5-24 可以看出，在对教材难度进行评价时，结合了化学学科具体的知识点，同时对每种知识类型都进行了详细分类，并按照等级进行了明确赋值，便于笔者按照要求对其进行相应的打分，保证了研究的可靠性。

根据知识难度公式计算各知识类型的知识难度和总体难度（公式 5-1），进一步得出表 5-25 的结果。

$$N=S(G)=\sum_{i=0}^{n}S_i(G)+\sum_{k=1}^{l}S_k(G)+\sum_{j=1}^{m}S_j(G)=S_{主体性知识}+S_{实验知识}+S_{习题知识}$$

（5-1）

表 5-25 两版教材有机化学知识难度比较

知识类型	IB 教材	人教版新教材
主体性知识	1201	1066
实验知识	26	52
习题知识	128	217
总体难度	1355	1328

从表 5-25 可以看出，两版教材的有机化学知识总体难度得分相差不多，几乎趋于一致。其中 IB 教材在主体性知识方面难度较大，主要包括大量原理知识，如案例 5-4。

【案例 5-4】人不能形成一个链，直到他们展开手臂相互牵手。同样，烯烃必须打破它们的双键才能结合在一起形成聚合物（图 5-39）。

烯烃的聚合

因为烯烃很容易通过破坏它们的双键来进行加成反应，所以它们可以结合在一起产生称为加成聚合物的长链。这种反应所用的烯烃称为单体，其化学性质决定了聚合物的性质。聚合物通常含有数千个单体分子，是有机化学工业的主要产品，我们最熟悉和最有用的塑料是烯烃的聚合物。

图 5-39　烯烃聚合模拟图

　　在两版教材中，主体性知识难度均是原理>应用>概念>符号，其中 IB 教材应用知识难度占比为 27.40%，人教版新教材应用知识难度占比为 40.71%，可以看出，两版教材在主体性知识方面均比较重视应用，能够体现 STEAM 理念。在实验知识方面，相较于 IB 教材，人教版新教材的难度相对大一些，主要体现在探究实验数量较多，且难度占比为 51.06%，而 IB 教材中未包括探究实验，这也可以看出我国教材更加注重学生探究性的培养，更符合 STEAM 理念所强调的探究学习方式。IB 教材包括 5 个数据测定实验，人教版新教材未涉及，这说明 IB 教材更加重视培养学生的数学计算和测定能力。除此之外，人教版新教材比较重视物质性质实验的呈现。在习题知识方面，人教版新教材难度相对大一些，其中除综合应用习题难度低于 IB 教材外，记忆型习题、理解型习题、简单应用习题和创新型习题难度均大于 IB 教材，人教版新教材更加注重让学生做创新型习题，且难度占比为 20.74%；IB 教材未呈现创新型习题，综合应用习题占比相对较大。这反映出在习题方面，人教版教材更重视 STEAM 理念所强调的培养学生的创新能力。

二、思想与文化维度比较与分析

　　研究依据克拉斯沃尔情感目标分类以及科学精神的结构划分了思想与文化维度中的科学精神与人文精神（表 5-26）。表 5-26 中的科学内容在此是指学科知识、学生在领会和应用知识/技能等方面形成的评判事物的价值标准、思考问题的方式，培养学生崇尚真知、逻辑思维、问题意识、思辨质疑、批判思考、探询求知、合作探究和创新能力方面的内容。人文内容是指 STEAM 金字塔模型中的人文学科。

表 5-26 思想与文化维度水平划分

比较项	水平 1	水平 2	水平 3	水平 4
科学精神	教材仅呈现科学内容，对学生没有相关学习活动要求	教材采用具体方式引发学生关于科学内容的问题分析、讨论交流	教材要求学生对相关科学内容进行实践创造	教材体现出将科学精神的传播渗透到学生的日常生活行为中
人文精神	教材仅呈现人文内容，对学生没有相关学习活动要求	教材采用具体方式引发学生关于人文内容的分析问题、讨论交流	教材要求学生对相关人文内容进行实践创造	教材体现出将人文精神的传播渗透到学生的日常生活行为中

在有机化学章节中的科学精神内容方面（表 5-27），IB 教材的水平 1 最多，也就是说，教材在内容上仅仅呈现一些学科内容，对学生的相关活动要求较少，没有达到发展学生思维能力、引发学生对科学内容进行问题分析和讨论交流等的要求。在人教版新教材中，水平分布相对均匀，其中水平 3 的内容较多，可以看出人教版新教材要求学生对有机化学科学内容进行实践创造，从而激发学生对有机化学的学习兴趣，增强学生对科学的探索信心，少部分能够将相关知识应用到日常生活中，以及将相关的科学精神的内容进行全方位呈现。人教版新教材的有机化学章节中将实践创造作为侧重点，能够有效提高学生的动手实践以及深度思考的能力。

表 5-27 两版教材中科学精神内容的数量

科学精神	IB 教材	人教版新教材
水平 1	7	4
水平 2	6	3
水平 3	4	6
水平 4	2	4

人文精神内容在两版教材内容中渗透方式相似，都主要将有机化学与历史、社会和环境等主题相结合，探讨与展示有机化合物在人类生活中的进展与影响。然而，两版教材的课后习题（表 5-28）中人文精神内容所处水平有所差异。在人教版新教材中，大部分习题均未设置题干背景，处于水平 1 的习题较多，其中在每小节的"练习与应用"中的习题基本为水平 1—水平 4，其中水平 4 主要分布在各小节的"问题与讨论"模块以及"练习与应用"的结尾习题部分，相对缺乏水平 2 的习题的设置。在 IB 教材的课后习题中，人文精神的水平较为平均（除水平 3 外），水平 1 基本分布在各小节中，包括"烷烃中的结构异构体""一级、二级和三级化合物""芳香烃""烯烃""苯"，水平 4 则在各小节后的练习题中体现。

表 5-28　两版教材课后习题中不同层次人文精神内容的数量

人文精神	IB 教材	人教版新教材
水平 1	3	6
水平 2	4	—
水平 3	—	1
水平 4	4	3

三、学生心理发展与认知维度比较与分析

（一）情境激活

基于学生生活经验的教学内容不仅能引起学生的兴趣，而且能接近学生的认知逻辑，有利于学生对知识的理解，教材的汇编应符合学生的认知逻辑[①]。根据蒋子龙[②] 对情境的分类，本节在此基础上进行了补充，将情境分为先前化学知识类、实验现象类、故事类、社会生活类。

1）先前化学知识类：仅体现之前所学学科知识，没有体现 STEAM 教育理念特点中实践性、协作性及人文性。

2）实验现象类：以实验为基础是化学的重要特征，因此，在化学教材中实验现象的呈现较多，但是没有联系学生的实际生活，这与 STEAM 教育理念"真实生活和社会情境"不一致，但是绚丽多彩的化学实验现象渗透着 STEAM 教育中的人文性和科学性。

3）故事类：在化学教材中故事类的情境多以化学史展开，通过介绍物质的发现、发明的故事来进行呈现，可以将学生带入化学家所处的情境中，感受科学性和人文性。但是它不能很好地体现跨学科性，同时也不能很好地结合学生所处的实际社会生活的情境。

4）社会生活类：由于 STEAM 教育要培养的是能够解决实际社会和生活问题的创新人才，所以社会生活类的情境非常符合 STEAM 教育理念所提倡的"结合学生所处真实生活和社会环境"。同时实际社会生活中的问题又是由多种不同学科组成，所以跨学科性和人文性在这里很容易被体现。

综上，根据情境的类别以及与 STEAM 所强调的与学生生活实际的贴合度进行了水平的划分（表 5-29）。

---

① 王愉鑫. 基于教学逻辑的生物学教材创生策略. 基础教育课程，2019（24）：63-66.

② 蒋子龙. STEM 视野下探索中学化学教材中化工主题内容的建构. 上海师范大学硕士学位论文，2017.

表 5-29　情境激活水平划分

水平层次	情境激活
水平 1	未设计相应教学情境
水平 2	创设情境，但不符合学生现有认知水平
水平 3	创设了先前化学知识、实现现象类、科学史等情境，且符合学生认知
水平 4	基于学生认知规律，并结合学生实际生活，创设了真实具体情境

由表 5-30 可知，人教版新教材在有机化学章节中对于情境的表述大多体现在水平 4 上，也就是在水平 3 的基础上，让学生能够在更宽广的学科背景下思考。

表 5-30　两版教材中情境激活内容的数量

情境	IB 教材	人教版新教材
水平 1	3	3
水平 2	4	5
水平 3	1	1
水平 4	8	8

在情境设立问题的水平上，人教版新教材明显高于 IB 教材，如案例 5-5。

【案例 5-5】涂料是一种含有机高分子的混合物，可以在物体表面形成坚固的涂层，如油漆。涂料可用于建筑、船舶、车辆，以及家电、家具的保护和装饰。

IB 教材只将深度停留于将情境与学生的社会生活紧密联系，并没有让学生对其进行深度思考，但是 IB 教材能够通过呈现美丽的实验现象和讲述科学史体现 STEAM 特点中的科学性与人文性，如案例 5-6。

【案例 5-6】IB 教材在讲有机高分子时提到了塑料的降解问题，引入图 5-40 所示的这样一段话和图片，不但联系了生活，也提到了塑料降解等技术、海洋等工程、环境问题等。

意大利海滩上的塑料垃圾。海洋塑料垃圾被冲上岸，给野生动物带来了问题，并造成了图中这样难看的场景

图 5-40　海滩上的塑料垃圾

（二）内容加工

前文已经分析过，在内容加工阶段主要分析教材中的学习方式和相关活动设计。本小节主要依据教材中在促进学生获得加工学习阶段是否有STEAM学习模式的体现以及对问题的提出程度进行比较。

如今，国内国外已形成较为成熟的STEAM教学模式和相应的学习方式，在本书中主要是指基于项目的学习、基于设计的学习、以科学探究为导向的"5E学习环"[①]，即引入（engage）、探究（explore）、解释（explain）、精致[②]（elaborate）和评价（evalue）。通常具备这些学习形式的教材会让学生通过自主探究、合作交流、模拟设计等过程进行更深度的学习，获得更深远和实用价值更高的知识。学习模式不是简单地进行模式的呈现，而是为学生学习和生活准备有价值的问题。因为STEAM教育所强调的是让学生在真实情境中解决切实存在的问题，这种实际问题是在学生解决学科问题基础上进行的，其理念是在此基础上培养能够创新解决实际问题（图5-41）的全面型人才。

图 5-41　问题解决的结构

1）基于项目的学习，指通过在合作学习的环境中围绕项目安排真实的学习任务，使学生能够设计并进行探究活动，并表达和交流结果。这种学习主要由基础问题、项目设计、工作计划、项目管理、最终产品和评价反馈6个因素组成。

2）基于设计的学习，是让学生在设计中学习科学知识，发展能够解决问题的能力。这种学习通常会让学生进行设计/再设计循环流程，最终设计出某种产品。

3）以科学探究为导向的5E学习，是基于美国生物科学课程研究会所开发出的科学教育领域的教学模式。该模式主要包括引入、探究、解释、精致（深化）、评价5个步骤。

基于项目的学习、基于设计的学习、以科学探究为导向的5E学习被定义为一组为达到最终结果的任务，学生必须通过研究过程进行自主解

①　郑葳. 中国 STEAM 教育发展报告. 北京：科学出版社，2017：95.
②　精致为心理学术语，有的学者将 elaborate 翻译为深化。

决，以小组的形式进行，其中有不同技能和水平的学生分享情况并达成共同的目标，这是一种整体策略，能够增强与课堂之外现实的互动，同时以可持续城市等任务的设计和建设来激励学生完成任务。允许学生以更整体的方式确定、挑战、实现和验证想法，同时通过合作实现学习成果，以切实的结果奖励他们的努力。

综上，本小节内容加工水平的划分标准如表 5-31 所示。

表 5-31　内容加工水平划分

水平层次	内容加工
水平 1	在学生回答问题呈现时，没有体现 STEAM 理念的学习方式
水平 2	运用 STEAM 理念中的学习方式促进学生解决学科问题
水平 3	运用 STEAM 理念中的学习方式，以真实问题的解决为重要导向，让学生解决与生活相关的学科问题
水平 4	在水平 3 的基础上，能体现通过 STEAM 理念促进学生创造性地解决问题

表 5-32 显示两版教材中水平 1 和水平 2 的内容加工较多，几乎没有呈现 STEAM 教育学习的方式，或者仅仅有这种理念的体现，让学生回答化学问题，较少或没有让学生回答真实问题。

表 5-32　两版教材中不同水平内容加工的数量

内容加工	IB 教材	人教版新教材
水平 1	7	15
水平 2	2	5
水平 3	—	1
水平 4	—	1

人教版新教材虽然在水平 3 和 4 的内容加工较少，但是渗透了一定的 STEAM 教育理念的学习方式。如案例 5-7 所示。

【案例 5-7】 人教版新教材中在"研究与实践""实验活动""信息搜索"中，要求学生了解食品中的有机化合物，搭建球棍模型认识有机化合物分子结构特点，乙醇、乙酸的主要性质等。有的让学生解决与真实生活相关的问题，有的让学生进行科学探究回答学科问题，也有的提出开放性问题，让学生通过查阅资料创造性地解决问题（图 5-42）。

IB 教材在相应内容的左右两边呈现"挑战自己"等栏目直接进行问题的提出，但是并没有相关学习方式的要求，皆是在主题下直抛问题，如案例 5-8 所示。

【结果与讨论】
(1) 与同学分享你研究的结果，并就有机化合物在食品生产中的作用进行交流。
(2) 请从化学的角度，讨论饮食搭配与人体健康的关系。

图 5-42　人教版新教材高水平内容加工案例

【案例 5-8】有机化学使用许多模型来表示分子结构，它们在细节上彼此不同。我们在解释这些模型时假设了什么知识？（图 5-43）

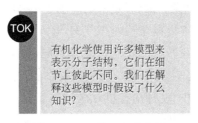

图 5-43　IB 学习方式案例

可以看出，IB 教材中虽然无相关 STEAM 学习要求，但是其问题大多数为开放性单独设问，比较适合自主学习型学生的发散思维方式。

（三）习题巩固

习题可以让学生在最初的学习中通过习题巩固、修改和完善学生形成的知识图式[①]。本小节通过比较两版教材习题设置，比较两版教材中基于 STEAM 理念的习题巩固水平。水平 1 为概念检测型习题。基于 STEM 理念将习题分为背景渗透型习题、探究与设计型习题、解决实践型习题（参考朱怡佳[②]）。其中，背景渗透型习题在题干内容的陈述上体现了对社会生活背景的渗入，并不是在解决情境问题中应用 STEAM 知识，背景渗透型仅与社会生活有关，在 STEAM 教育理念的体现上略显僵硬，只是提及与学生生活相关背景，且没有要求学生进行相关探究与实践。探究与设计

[①] 黄梅. 化学陈述性知识加工阶段与教学条件. 中国教育学刊，2012（1）：67-70.
[②] 朱怡佳. 基于 STEM 理念的高中物理习题及其教学设计研究. 湖南师范大学硕士学位论文，2020.

型习题比背景渗透型习题更能体现 STEAM 教育的核心特征，以某一问题为导向展开教学，对应"科学探究取向的 STEAM 教育"，在解决问题中培养学生综合能力。相较于前两种习题，解决实践型习题具有高度的综合性与实践性，符合 STEAM 教育的核心理念的实践性。

综上，本小节认知维度中二级维度及水平的划分如表 5-33 所示。

表 5-33　习题巩固水平划分

水平层次	习题巩固
水平 1	习题设置仅为概念检测型，题干未设置背景
水平 2	习题设置为背景渗透型，在题干内容的陈述上体现了社会生活背景的渗入
水平 3	习题设置为探究与设计型，以某一实际问题为导向展开，让学生进行探究设计
水平 4	习题设置为解决实践型，具有高度的综合性与实践性，让学生能够将学科知识联系并应用于实践中

对于有机化学的习题巩固部分来说，表 5-34 显示 IB 教材对于在习题布局上较为单一，基本为概念检测型（31 道，94%），同时有少量的背景渗透型习题；人教版新教材的概念检测型习题有 34 道，在该教材所有习题中的占比约为 61%。由此可见，两版教材中的习题均侧重于对有机化学概念的检测。其中，IB 教材在有机化学这一章节中的习题练习部分均将习题设置为对概念定义的理解记忆的考查，并未进行对背景的设置与引导；在人教版新教材中，从有机化学这一章节中的"认识有机化合物"小节中的习题分布可以看出，该教材首先考查本节所学的基本概念，进而将习题转为背景渗透性，最后基本上均为探究设计型，由浅入深，由易到难，题型分布较为合理。两版教材在让学生巩固知识时，都体现了 STEAM 强调的真实生活背景的渗透，但在通过解决实践型习题来巩固知识方面较薄弱。

表 5-34　两版教材中不同水平习题巩固的数量

习题巩固	IB 教材	人教版新教材
水平 1	31	34
水平 2	2	12
水平 3	—	5
水平 4	—	5

四、教材编写与教学建议

通过对两版教材中 STEAM 理念融入情况的分析与评价，以及结合教师和学生对于 STEAM 理念化学教材案例的评价，笔者对化学教材编写提出如下建议。

（一）注重教材与国际和社会层面的人文联系

IB 教材对二氧化碳引起的温室效应、塑料造成的海洋污染、饮酒驾车导致的车祸等全球性问题进行了阐述，通过对一系列社会问题的介绍，让学生对化学学科有更全面深刻的理解；同时，通过提出与化学有关的全球性问题，引导学生以国际视角看待化学，增强学生的社会责任感，并帮助学生树立保护环境，合理使用化学的意识。IB 教材对这些尚未解决的问题进行介绍，可以开阔学生的视野，激发学生的探索欲和求知欲。这些都是值得我国教材学习和借鉴的。

（二）注重教材与技术工程的联系

在人教版新教材中，化学学科与技术和工程的融合数量较多，但所涵盖的技术和工程范围较小，对技术与社会的联系也鲜有提及。技术不断发展进步，使得各行各业对技术人才的需求不断增长。只有将化学与技术联系起来，将技术与社会联系起来，才能将化学理论付诸实践，从而推动生产力的发展。化学最终是为人们美好生活服务的，要将化学知识应用到生活中，工程和技术实践是必经之路。同样，技术与工程的发展也会带来化学学科的变革，因此，应注重教材中技术内容的体验，培养学生的实践能力和操作能力，提高学生的问题解决能力，激发学生对技术、工程类学科的兴趣，促进科技创新。

（三）均衡设置教材各方面难度

设计形式和内容再好的教材，若教材的难度过大，学生很难吸收理解，学习就可能流于形式，并不能真正地掌握。知识的难度设置要合理，教材主体性知识、实验知识和习题知识等方面的难度要匹配，不能在文本中所呈现的主体性知识较简单，而让学生完成的习题难度较大，也不能主体性知识和实验知识难度较大，而让学生做很简单的习题，这样学生难以对知识进行有效的巩固。对于我国高中教育来说，STEAM 教育理念还未普及，所以其教材任务要求对于未接受过此理念熏陶的学生来说往往过高，它需要学生将所学的多种知识进行回忆与联系，然后再进行整合加工。基于 STEAM 教育理念的教材通常需要学生搜集和运用很多材料和工具来进行工程的设计，但是大部分学生由于课业繁重或缺乏经验，往往在搜集材料工具这一环节就停滞不前，从而失去学习兴趣，因此，在教材学习活动设计这部分可以尽量告知学生需要的材料和工具，或使学生在教师的提示下进行探索，降低学习任务的难度。

（四）丰富教材情境和活动设计，紧密联系实际生活

情境的设计能够有效地激活学生对于知识学习的热情和兴趣，所有知识的学习都不能只停留在理论层面，其最终目的都是让学生学以致用，即能够将知识在实际中运用。因此，情境的设计不但要符合学科内容和学生认知，更要结合实际问题，使学生清楚所学内容是如何联系实际的，以促进学生去解决实际问题。教材中的活动设计同情境一样，也是吸引学生的重要内容，活动设计不但要能够培养学生科学探究、创新创造的精神，还要能够加强学生之间的合作交流与表达展示能力。现阶段化学教材上的学习活动形式以探究型居多，鲜有涉及项目式和设计式的活动，因此，设计教材时可基于实际的视角，呈现多样化的活动形式，以丰富学生学习的方式。

（五）丰富习题类型，促进学生巩固

习题是教材中检验学生知识掌握情况的重要环节，也是促进学生知识巩固转移的必要渠道。习题的设计顺序一般都是由易到难，即先提问陈述性知识，再延伸到程序性知识，通常习题设置为选择、填空、计算、简答、应用等多种类型，这些类型也一般是有固定答案的问题，学生一般通过翻阅课本就可以找到答案，不具备挑战性。单一的刺激容易引发学生疲劳，当学生总是面对这些类型的题时，往往充满了"审阅疲劳"。因此，除上述类型外，教材应为学生提供比较开放的问题或让学生自己撰写研究报告与论文。虽然学生可能需要较多时间思考这些问题，但是万事开头难，当学生习惯完成这种习题时，就会越来越熟练地解决相关问题，同时也将这种能力迁移到实践中去解决真实存在的问题。这既可以培养学生翻阅书籍和查找文献的能力，也可以为其进入大学做充足的准备。

第六章　中美高等教育创新人才培养模式比较与建议

在社会科学中，模式具有构造功能、解释功能、对事件进程或结果的预测功能等。人才培养模式是为实现一定的人才培养目标而采取的组织管理构建方式。因此，研究国内外高等教育在培养创新人才过程中运用的不同模式，对我国提高人才培养质量具有重要的借鉴意义。

第一节　中美高等教育创新人才培养目标比较

21世纪的高等教育阶段以培养高素质的创造型、复合型、个性型、开放型、国际型人才为目标。要实现这样的目标，关键在于构建适应未来社会发展需要的、改革和优化人才培养模式下的高等教育课程体系。

一、中美本科教育阶段创新人才培养目标比较

高校的培养目标决定了其对自身的目标定位、发展方向，也反映了社会政治、经济、文化对人才培养的要求。我国近年来高度重视本科教育阶段对创新人才的培养，许多研究型大学在本科教育方面进行了长期的探索[1]。表6-1对中美部分研究型大学本科人才培养目标进行了整理汇总，以期管窥其对创新人才培养的目标要求。

表6-1　中美部分研究型大学本科人才培养目标

国家	高校（学院、学部、学堂、班）	人才培养目标
中国	清华大学	适应社会主义建设和发展的高素质、高层次、多样化、创造性的骨干人才，并坚持以高质量的本科教育作为其人才培养和教学体系的基础
	西安交通大学	培养出德智体全面发展的，具有基础宽厚、整体素质高、创新意识强及综合能力强的复合型高级专门人才
	浙江大学	"以人为本，整合培养，求是创新，追求卓越"，以人的全面发展为核心，强调知识、能力、素质并重，宽、专、交相结合，倡导自主化、高效化、研究化、国际化学习，着力培养通晓国际政治、经济、文化、科学，能把握国际大势的各行各业领导人才

---

[1] 李兴业. 七国高等教育人才培养：法、英、德、美、日、中、新加坡人才培养模式比较. 武汉：武汉大学出版社，2004.

续表

国家	高校（学院、学部、学堂、班）	人才培养目标
中国	同济大学	培养适应 21 世纪科学技术、经济、社会发展需要的，德智体全面发展，基础扎实、知识面宽、能力强、素质高，富有创新精神的高级专门人才
	重庆大学	以继续学习能力、创造力、批判性思维、合作能力、交流能力为核心能力目标，培养具有国际视野、掌握国际标准、通晓国际规则、能参与国际事务和国际竞争的国际化人才
	华南理工大学	培养德智体全面发展的，具有竞争意识、创新精神和实践能力的高素质的高级科技和管理人才
	哈尔滨工业大学英才班	培养有竞争力的精英型人才和各行各业领军人物
	北京航空航天大学高等工程学院	培养能够担当领军、领导大任的高端人才
	天津大学求是学部	培养未来工程领域领军人物
	山东大学泰山学堂	以培养大学问家、大科学家为目标
	中国科技大学英才班	培养未来 15—20 年科学与工程领域的高层次拔尖人才
	北京大学元培学院	为成为具有国际竞争力的领军人物奠定基础
	西安交通大学钱学森实验班	培养在各行业能起引领作用的优秀杰出创新人才
	浙江大学求是科学班	培养未来的科学家、世界一流的学科引领者
	上海交通大学致远学院	培养数理贯通、能够成为未来科学研究大师的后备人才
	四川大学吴玉章学院	培养具有较高实践能力、科研能力的本科拔尖创新人才
	西南大学含弘学院	厚基础、强素质、扬个性、求创新
美国	哈佛大学	从根本上解放学生的思想，致力于创造知识，并利用知识陶冶学生的心智，使学生最大限度地利用教育机会；鼓励学生尊重思想和自由表达，乐于发现问题和进行批判性思考；鼓励学生去探索、创造、挑战、领导
	加利福尼亚大学伯克利分校	使学生能够理解研究过程并了解如何创造新知识
	斯坦福大学	将探索和创新精神作为培养目标的核心，对学生提出勇于向自己挑战的希望，并要求他们无论在教室、实验室、剧院或是运动场上，都要把握时机尝试新事物
	康奈尔大学	适应现代社会环境，适应美国人民和美国的需要，促进个人的发展
	杜克大学	通过选择有着出色能力、视野和个性的人担任教师，仔细地挑选学生，从事有助于发展社会、增长知识、造福于人类的教学与科研，提供最好的教育
	普林斯顿大学	为国家服务，为世界服务

　　中美研究型大学本科人才培养目标的确定由于学校的差异而不尽相同。我国研究型大学确立的本科人才培养目标对创新人才的培养有着基本的共同点：以适应社会、经济、文化发展需要为主要目的，以人的全面发展为核心，重视培养有创新意识和能力的通识人才。美国研究型大学在本

科教育阶段对创新人才培养目标要求较为具体，强调培养学生批判性思维，鼓励学生探索、挑战与创新，开拓视野，尝试新事物。总之，中美两国本科教育阶段对创新人才的培养都包括个人素质和社会取向两个方面：既立足于时代和社会对人才的现实要求，又着眼于未来发展对人才要求的不确定性；既考虑到高等教育人才培养的一般要求，又强调和突出了研究型大学对创新性人才培养的更高要求。正是因为中美两国在高等教育本科阶段就确定了创新人才培养目标，才能使之适应飞速发展的科学技术和现代社会的挑战，培养全面发展且富于创造力的人才，从而成为培养社会杰出人才的摇篮和基地。

为了对比中美研究型大学本科生的各项能力，常桐善分别对 7 所美国研究型大学和 4 所中国研究型大学进行了问卷调查，结果如图 6-1 所示[①]。

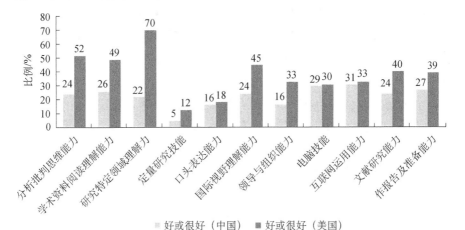

图 6-1 中美部分研究型大学本科生各项能力比较

由图 6-1 分析可知：被调查的中美两国本科生在分析批判思维能力、学术资料阅读理解能力、研究特定领域理解力、国际视野理解能力等方面存在明显差异。从人才培养目标的角度分析发现：首先，我国研究型大学注重培养能够满足社会需求的"人才"，美国研究型大学注重培养能适应社会变化的、有较好修养的、有对社会及伦理的分析判断能力的"人"。"人才"是相对于"普通人"的，"人"是相对于"物"的；其次，我国研究型大学也强调培养人的适应能力，这种适应能力通常是为了适应社会职业发展的需要；美国研究型大学注重通识教育，强调培养人的适应能力；

① 常桐善. 中美研究型大学本科学生基本能力比较研究. 中国高教研究，2018（2）：48-55.

最后，我国研究型大学注重培养学生的核心素养，即培养学生适应个人终身发展和社会发展所需要的正确价值观、必备品格和关键能力；美国研究型大学注重培养人的品质，如审美能力、兴趣爱好、文学鉴赏等能力。

二、中美研究生教育阶段创新人才培养目标比较——以教育硕士为例

教师的创新思维和能力在一定程度上决定了一个国家未来创新人才的培养状况。本小节对中美教育硕士创新人才培养进行比较，不仅因为其是两国研究生教育阶段创新人才培养的重要组成部分，更是因为其对国家的师资队伍建设起着不可忽视的作用。

我国教育学方面的硕士主要分为教育硕士和教育学硕士两种。前者是专业学位，目的是培养具有扎实理论基础并适应特定行业或职业实际工作需要的应用型高层次专门人才，即能够运用所学知识解决中小学教学与管理的复杂问题的教师和教育管理工作人员；后者是学术性学位，偏重理论和研究，主要培养大学教师和科研机构的研究人员。我国教育硕士专业学位设教育管理、学科教学、现代教育技术、小学教育、科学技术教育、心理健康教育等专业，其中学科教学包括数学、物理、思想政治教育、化学、语文、生物、英语、历史、地理、音乐、美术、体育 12 个专业。

美国教育学方面的硕士大致分为教育硕士（Master of Education）、教育科学硕士（Master of Science in Education）、教学艺术硕士（Master of Arts in Teaching）、文学硕士（Master of Arts）、通识教育文学硕士（Master of Liberal Arts Education）、教学硕士（Master of Teaching）。教学艺术硕士、教学硕士通常是终结性学位，为那些将要从事教师工作的大学本科生设置，本科生采取 4+1 培养模式，即经过大学 4 年学科专业的学习之后，再学习 1 年的教育理论知识和技能，可以获得州教师资格证书。该类教育硕士涉猎多个专业方向，比如特殊教育、英语、历史、语言、数学、音乐、科学教学等。其他类型的教育硕士作为过渡性学位，旨在提高学习者的实际工作能力，使其向更高层次发展。学习者可以结合自身发展需求，或侧重学术理论研究的学习，或侧重实践应用的学习，进而继续选择攻读教育博士学位（Doctor of Education，Ed.D）或教育领导博士学位（Doctor of Education Leadership，Ed.L.D）。

下面就中美部分大学教育硕士培养目标进行分析，并由此从教师教育的角度窥见中美研究生阶段创新人才培养目标的异同。

（一）北京师范大学 vs. 哈佛大学教育硕士培养目标

北京师范大学是教育部直属重点大学，是一所以教师教育、教育科学和文理基础学科为主要特色的著名学府，同时也是我国教育硕士培养的重要基地。北京师范大学学科综合实力位居全国高校前列。2022 年，北京师范大学教育学入选"双一流"建设学科名单。本小节以北京师范大学教育硕士（化学）专业学位培养目标来具体阐释我国教育专业研究生阶段对创新人才培养的具体要求。

哈佛大学是以培养研究生和从事科学研究为主的综合性大学，哈佛大学教育研究生院拥有 13 个硕士专业和 2 个博士专业，教师教育专业是其专业之一。哈佛大学教育研究生院教师教育专业提供了 3 个具体的教师教育项目：本科生教师教育项目（Undergraduate Teacher Education Program）、职业中期数学和科学教师培养项目（Midcareer Math and Science Program）以及教学和课程项目（teaching and curriculum program）。教师教育专业培养两种类型的教师——数学和科学职业生涯专业、教学和课程专业，旨在培养学生成为未来美国城市公立学校改革的教师领导者。

北京师范大学和哈佛大学教育硕士培养目标具体内容如表 6-2 所示。

表 6-2　北京师范大学 vs.哈佛大学教育硕士培养目标

学校		培养目标
北京师范大学	思想政治方面	全面贯彻党的教育方针，落实立德树人根本任务，加强社会主义核心价值观教育，培养德智体美全面发展的社会主义建设者和接班人；热爱祖国，拥护中国共产党领导，具有良好的道德品质，遵纪守法，积极进取，勇于创新
	教师职业道德	培养有理想信念、道德情操、扎实学识和仁爱之心的四有好教师；热爱教育事业，明确肩负的国家使命和社会责任，尊重学生、理解学生、宽容学生的品质
	教育理论方面	了解化学学科前沿和发展趋势
	教师学科专业知识	具有良好的知识结构和扎实的化学专业基础，在现代教育理论指导下运用所学理论和方法，熟练使用现代教育技术，积极开展教育教学及管理工作
	教师学术科研能力	具有自我教育教学创新能力以及教育教学领导力
	教师专业实践能力	传承中华优秀的传统文化，了解国际教育发展与改革动向，能运用一种外国语阅读与中学化学教育教学相关的外文文献资料
哈佛大学	培养专业	数学和科学职业生涯专业、教学和课程专业
	培养学生角色定位	旨在培养学生成为美国城市公立学校改革中的教师领导者
	具体要求	培养适合城市教育具体要求的教师；教师能增强学生的理解力，提高学生建构知识和在学校担任新的领导角色的能力；此外，教师还要具备参与组织活动和改进领导者活动方面的技能；证明教学可以成为一项终身职业[①]

---

① 江萍. 哈佛大学教育博士培养：基于文本分析的视角. 吉林省教育学院学报（下旬），2012（12）：10-14.

（二）东北师范大学 vs. 密歇根大学教育硕士培养目标

东北师范大学是教育部直属、教育部与吉林省人民政府共建高校，是"双一流"、"211 工程"、"985 工程"教师教育优势学科创新平台建设高校。教师教育平台包括国家基础教育实验中心、全国中小学教师继续教育东北师范大学研究中心、全国现代教育技术培训中心、教育部东北教育管理干部培训中心等。2022 年，东北师范大学教育学入选"双一流"建设学科名单。

密歇根大学不仅是美国中西部 10 大名校中排名第一的大学，也是美国名列前茅的公立大学。2021 年，美国国家研究委员会（National Research Council，NRC）对美国各大学研究生院 41 个学科的评估中，密歇根大学总分排名第三。

东北师范大学与密歇根大学教育硕士培养目标如表 6-3 所示。

表 6-3　东北师范大学 vs.密歇根大学教育硕士培养目标

大学	培养目标
东北师范大学	职业道德：正确理解与把握国家的教育政策和法规，具有良好的职业道德以及为基础教育发展服务的社会责任感
	理论素养：具有较高的理论素养，通过学科素养和教育素养的提升，形成符合基础教育改革发展和时代要求的先进教育理念和进行学科素养教育的行动能力，养成多维度、多视角分析教育问题的意识与能力
	教育教学能力：系统掌握本学科专业的知识结构与研究方法，有较强的教育教学研究能力和实践能力
	实践研究能力及专业发展能力：了解中小学教育改革实际，具有较强的自主专业发展的意愿和能力，为教师职业素养的持续发展奠定发展潜力
密歇根大学[①]	加强学生对教与学环境和个人学习与发展的理解，对影响教与学的制度因素、社会条件进行分析，促进学生使用恰当合理的方法、手段进行教学
密歇根大学	增加学生知识和技能，培养学生学术严谨性，了解多样性研究、教育政策和实践研究以及社会公正教育实践的联系，提高解决问题的能力
	使学生了解高等教育中的核心问题，传授探究技巧，提供机会让学生运用这些技巧来理解问题，培养学生对自己进行批判反思的能力

通过以上对比发现，两校教育硕士培养目标对创新人才的培养既有相同之处，也有不同之处（表 6-4）。

---

① 吴易林，赵金敏. 高等教育学研究生培养中课程设置的优化路径——基于中美八所院校培养方案的比较. 教学研究，2021（4）：62-70.

表 6-4　两校教育硕士培养目标的主要异同

大学	不同点	相同点
东北师范大学	培养具有现代教育观、掌握现代教育理论、技术与方法，勇于创新，从事基础教育教学和管理工作的优秀教师	为国家基础教育培养优秀的师资力量，都侧重教育学理论知识和学科能力双重发展和实践应用能力，具有勇于创新的能力
密歇根大学	培养"教育领域的研究型专业人员"——教育领域的管理者、政策制定者；培养创新型教师	

　　由此可窥见，中美教育硕士培养目标相同之处是为国家基础教育培养优秀的师资，侧重教育学理论知识和学科能力结构的双重发展，以及培养教育硕士的实践应用能力。同时，美国教育硕士还有一个重要的培养目标——培养教育领域的研究型专业人员，主要是教育领域的管理者和政策制定者。这就为美国教育硕士生适应社会、职业不断变化的要求奠定了专业基础，有助于其将来作为教师主动适应社会经济发展的需要，根据学生的实际需要创新性地制定学生教育发展规划，在人才培养规格中加入与"教学、管理"人才定位相匹配的职业实践能力目标，为创新人才培养提供科学连贯的教育教学指导。

三、对我国高等教育创新人才培养目标的建议

（一）注重教学与科研相结合

　　1）在教育理念方面，应坚持"国际视野，追求创新，基础宽厚，复合交叉"的理念，并以此为核心，学习和吸收优秀的培养经验，建构系统、完整、科学的教育新模式，注重培养学生的研究能力与创新能力。

　　2）在教学内容方面，应具有前沿性、前瞻性。将国际最前沿的学术研究成果、需要解决的重大问题充分反映在教学内容中，培养学生放眼世界，关注人类、社会、经济发展的强烈责任感和使命感。

　　3）在教学方式方面，应鼓励学生适当地参与科学研究，注意培养学生的批判性思维和探索精神，应强调并推广"以探索、论证和研究为基础"的教学。

（二）利用学科综合与交叉优势

　　1）应发挥学科综合与交叉的优势，坚持以前沿学科综合知识为核心，提供优秀的人文环境和扎实的科学实验设施基础，营造有助于培养学生综合素质的育人环境。

　　2）通过综合性学科群，为学生提供完整的课程体系，使学生能够接触自然科学、社会科学、艺术等不同的知识领域，丰富他们的知识结构，

培养他们的综合素质。

3）跨越学科间、学院间、高校和企业社会间的障碍，使多学科综合和交叉资源共享优势渗透到培养的各个环节。

🖊 实践路上

西安交通大学：学科交叉沃土涵育科技创新之花

"国产设备替代进口，成本至少降低五分之一。"不久前，国内首款体外膜肺氧合（extracorporeal membrane oxygenation，ECMO）研发成功并运用于临床，西安交通大学第一附属医院心血管病医院院长袁祖贻激动不已。这台由西安交通大学研发的国产 ECMO 打破了国外产品的长期垄断，实现了国产重大医疗器械自主化研制的突破，成功破解心血管危重症患者救治的"卡脖子"难题。这项成果由学校第一附属医院、机械学院以及四川大学国家生物医学材料工程技术研究中心联合研发。"学科交叉融合氛围愈加浓厚，'催化剂'作用日益凸显，也吸引了一大批领军企业、科研院所。"学校党委书记卢建军介绍说，学校主动对接全省"链主"企业，已建设省级"四主体一联合"创新联合体 18 个，与华为、联通等 48 家全国行业龙头企业共建联合研发平台。在科技成果转化方面，2021 年学校依托秦创原平台签订省内横向项目 700 余项，经费达 5.38 亿元，93 个项目已注册成立科技型企业。

西安交通大学全方位促进学科交叉融合，创新人才培养之路. https://www.sohu.com/a/533310083_100185418.（2022-03-28）［2023-08-28］.

第二节　中美高等教育创新人才培养过程比较

在 2020—2021 年的中外大学校长论坛上，众多学者认为当前大学生的发展需要质疑、批判精神，以及独立探索、提出问题的能力。2000年，我国部分高校尝试开设研讨课程，试行研究型教学、探究式教学，以期为学生提供更多机会，培养学生质疑、批判和提出问题的能力。

一、中美本科教育阶段创新人才培养历程比较

我国高等教育本科教学阶段多数主要采取教师讲解、学生听课的形式，教学方法较为单调，教学往往与科研脱节。如果本科生只是单一地接

受知识，而不是主动地形成新的思维模式，就会造成千人一面的育才结果，且创新能力不足。另外，部分大学的本科生教育与研究生教育脱节，本科生缺少与研究生导师、研究人员交流和共同从事科研的机会。鉴于此，我国应不断探索本科生教育新的教学模式和教学方法，取他人之长，以促进和加快我国创新人才的培养。

可喜的是，我国部分大学已经进行了有益的探索，比如清华大学"大学生研究训练计划"（Students Research Training，SRT）和浙江大学知识、能力、素质（knowledge，ability，quality，KAQ）培养计划，弥补了传统本科教学"重理论而轻能力、重传授而轻实践"的缺陷，加强了学生的动手能力，使其初步具备独立研究的能力。西南大学在建设本科生教学体系时，充分利用了研究项目和教师资源，通过设立本科生创新创业项目，让本科生自己选择科研题目和导师进行研究，使学生在富有研究经验的教师指导下将已学知识应用于实际，使其实践能力和创造能力得到提高，真正做到学以致用。另外，通过优秀公费师范生 3+2 项目和"国优计划"，使优秀本科生最后一年提前进入导师课题组，参与研究生导师的科研活动，促进了本科生教学与科研创新的双发展。

美国是世界上拥有一流大学最多的国家，其学生的科学精神与创新能力也备受瞩目。美国大学课堂比较注重培养学生的独立思考能力、分析解决问题能力、价值判断能力、与他人合作能力，以及批判性思维、创新思维和创新精神。这些素质的培养往往通过有特色的教学方式来实现。教师通过指导性案例、问题解决、项目任务、知识理解、多种选择性的信息加工和真实情境教学等教学方式，创建以学生为中心的动态课堂。这些教学方式鼓励学生独立思考和分享思想，注重让学生在实践中解决问题，从而培养学生的创新思维和创新能力。

中美部分研究型大学本科生教学模式比较如表 6-5 所示。

表 6-5　中美部分研究型大学本科生教学模式比较

国家	体系	本科教学模式特色
中国	监督独立研究与定向团体研究	2003 年北京大学规定，在本科生中实施，学校将参加三项基金（"君政基金""泰兆基金""校长基金"）资助研究项目的学生确定为该类课程的选修者，对学生资格、选修程序、课程分类、中期管理和成绩评定做出严格细致的规定，标志着学校正式将"研究课程"纳入学校正规课程体系
	大学生研究训练计划	由清华大学首先提出，旨在培养学生创新意识和创新能力，使本科生及早接受科研训练，接触社会。学生可以根据自己的情况选择项目，学生就教师承担的科研项目展开项目研究

续表

国家	体系	本科教学模式特色
中国	KAQ 培养计划	由浙江大学开展，旨在弥补传统教学"重理论轻能力、重传授轻实践"的缺陷，加强学生动手能力，使他们初步具备独立研究的能力，充分利用研究项目和教师资源，积极参与教师科研活动。学生就教师承担的科研项目展开文献查询、比较学习、论文撰写等研究型学习活动，或就某一课程的相关内容进行调研，写出调研报告等
	小班专题讨论课程	2007 年 4 月 3 日，清华大学率先提出面向全校本科生的大型选修课——实验室科研探究，全校 22 个院系的 52 个国家实验室参与开课，希望通过这门课程，引导学生了解不同的研究领域，使本科生尽早形成开阔的科学视野和跨学科、跨院系、跨专业的思维方式。研讨课题由教师精心选择，然后经过小组讨论，让学生积极参与，实现本科教学向研究型教学模式的转变
	校企合作	很多企业有研发项目，学校鼓励本科生到企业从事研究开发实践活动，研发经费一般由企业提供，这种研究形式一般集中在少数应用性学科。此外，各高校联合组织大学生科研竞赛，如数学建模大赛、"挑战杯"中国大学生创业计划竞赛、大学生科技竞赛等，让来自不同学校的本科生一起交流，讨论、报告研究成果，了解尖端知识等
	导师制	为了弥补以往教学制度的不足之处和完善学分制，中国高校试行本科生导师制，是在不改变以班级教学为主导的前提下，试图提高现有的本科生培养质量的一种措施，并不是主导的本科生培养模式，目前中国本科生培养依然主要通过班级教学来实现。要求导师具有较强的工作责任心，严于律己，为人师表，热爱学生，关心学生的成长和成才；四级及以上的教授，以及副教授原则上均应担任本科生导师，具有博士学位的青年教师必须作为导师助手负责对学生的指导，优秀博士生也可以参与学生指导工作
美国	研讨会（Seminar）	伊利诺伊大学于 1998 年设置，为大一新生提供教师领导下的小组讨论学习的机会
	大一探究项目（First Year Inquiry Program）	北卡罗来纳州立大学对大一新生开设各种讨论课，以让学生尽快转变高中思维方式，提前进行科研训练
	顶点课程（Capstone Course）	顶点课程的主要目的就是将大学期间学到的知识综合起来，提供一个机会证明学生已经达到大学和各院系的教学目标。顶点课程整合了课程作业、知识、技能和经验以使学生能够掌握适应未来职业的广泛的知识。如达特茅斯学院的顶点课程"高级顶点课程计划"
	特殊学习课程（Special Studies Course）等	如加利福尼亚大学伊文分校为高年级学生开设的课程，允许学生与教师设计一门与学生主修专业相近的课程；加利福尼亚大学伯克利分校有特殊学习课程、指导下的小组研究、指导下的独立研究、田野研究（field study）等，这些课程让学生亲身体验研究的乐趣，在研究中强化了责任感和科研思维方式
	研究强化计划（Research Incentive）	杜克大学主张探究方式和重点探究是对学生科研能力的基础训练课程，如规定在探究方式中，所有学生都必须修读定量、归纳和演绎推理、阐释和审美方法等课程

二、中美研究生教育阶段创新人才培养过程比较——以教育硕士为例

创新人才的培养在于教育，教师的质量决定了未来创新人才的质量。

本小节围绕教育硕士的输入环节、专业学位课程设置、导师制度、输出环节四个方面对中美教育硕士生培养过程进行阐述。

（一）教育硕士的输入环节

"输入"是控制论中的一个概念，控制论把系统之间的联系分成输入和输出。输入包括物质输入、能量输入、信息输入等。在本书中，输入特指高校引进合格的教育硕士候选人，输入环节指教育硕士候选人层层选拔的流程，比如招生对象的要求、招生方式、招生的具体流程等，简言之即教育硕士候选人如何脱颖而出的过程。

1. 培养机构

我国教育硕士培养机构以师范院校为主，以综合性大学为辅。我国师范院校以培养从事教育行业的人才为宗旨，因此在培养教育硕士质量上拥有很大优势。教育硕士培养机构由师范院校逐渐向综合实力雄厚的综合性大学扩展，在一定程度上反映了我国教育硕士培养的多样化，教育硕士在综合性大学会接触到更多非师范类信息，更有助于全面发展；所涉猎的知识面更广，思维方式更活跃和敏捷，使其更可能成为符合社会需要的综合性创新人才。

美国教育硕士培养最初集中在各级各类师范院校之中，随着教师专业的迅猛发展，各大学的教育系逐渐开设教育硕士专业学位。教育系对教育硕士的培养注重两方面：既有对教师职业技能的培养，又有对学生学术科研的培养。现在美国教育硕士培养主要附属于综合大学的教育学院或教育系，其基本取向是学术研究与专业发展并存，所以许多院校在设立传统文理研究生院基础上还开设专业研究生院，例如哈佛大学、宾夕法尼亚大学、加利福尼亚大学伯克利分校均设有教育研究生院。美国很多综合性大学也非常注重专业教育硕士的培养，出现了一种"大学+师范"的 4+1 模式。其中，"大学"是指 4 年本科阶段学习，"师范"指经过 1 年的教育专业培训，最终授予教育硕士学位[1]。

中美教育硕士培养机构的比较见表 6-6。

表 6-6　中美教育硕士培养机构比较

培养机构建设阶段	中国教育硕士培养机构	美国教育硕士培养机构
萌芽时期	教育部直属师范大学	师范学院

---

[1]　李尧. 美国教育硕士培养模式研究. 沈阳师范大学硕士学位论文，2013.

续表

培养机构建设阶段	中国教育硕士培养机构	美国教育硕士培养机构
发展时期	师范大学 { 省重点师范大学 / 综合性大学	师范学院、综合性大学设教育系
成熟时期	师范大学——设置教育学部和教师教育学院 综合性大学——教育学院 师范学院——教育学院	综合性大学 { 教育研究院 / 4+1 大学师范模型

由表 6-6 发现，中美教育硕士培养机构大致相同，最初起源于培养教师队伍的师范院校。随着高校的发展和教育硕士专业的增多，中美在师范院校的基础上，开始在综合性大学设置教育硕士的培养单位——教育系或教育学院。如今，我国是师范院校和综合性大学并存，共同承担培养教育硕士的职责；美国教育硕士培养单位的重心则在综合性大学。

2. 招生对象

我国教育硕士专业学位的招生对象为大学本科毕业、具有 2 年以上第一线教学经历的基础教育专任教师和管理人员。我国教育硕士招生对象范围不断扩大，从最初的只招收普通高中在职教师或教育管理人员，先后增加了初中专任教师或教育管理人员、中等学校专任教师、有中学教师职务的教研员、小学教师，以及省、市、区、县有中学教师职务的教研员或干部，幼儿园和幼教工作者，政府机关教育系统中具有中学、小学、幼儿园教师职务的管理人员等。教育硕士的招生对象涵盖幼儿教育、基础教育的各级各类学校的专任教师和教育管理干部以及教育行政部门中具有基础教育专业技术职务的管理干部，形成了辐射专任教师、教研人员、管理人员的全方位、多层次的教育硕士的招生体系，为基础教育培养了一大批优秀人才。自 2009 年起，我国教育硕士招生对象以应届本科毕业生为主，因此本科毕业生成为教育硕士的主力军。

教育硕士专业学位是美国教育学方面的硕士学位的主体部分。自 2001 年起，美国教育硕士招生对象范围不断扩大，不再局限于本科毕业生，教育管理、教育咨询相关人员和教学一线的中小学教职人员均可申请攻读教育硕士专业学位。其招生对象的基本要求是拥有学士学位的本科生或具备同等学力且拥有一定教学实践经验的教育人员。由于美国实行教育地方自治，各院校有教育硕士招生权力，因此没有全国统一性入学考试。表 6-7 以哈佛大学和密歇根州立大学教育硕士招生对象为例，呈现了两所高校不同专业教育硕士的招生对象的差异性。

表 6-7　哈佛大学和密歇根州立大学教育硕士招生对象比较

学校	专业	招生对象
哈佛大学	数学与科学专业	需要拥有至少 5 年的工作经验，在数学或是科学相关领域工作的中学教师，该专业学生来自不同领域，比如科学研究、商业、科技、军事、工程和医学等
	课程与教学专业	需要拥有本科或研究生学历以及最相近的职业生涯，拥有强烈的对人文学科和社会正义的承诺，具备城市工作经历的中等学校教师
密歇根州立大学	课程与教学专业	拥有教师资格证书，希望习得更多专业知识、技能，并准备从事中小学教学工作的本科毕业生，以及具备同等学力水平、资质的中小学教师或其他人员
	读写教学文科专业	K-12（幼儿园到中学 12 年级）在职教师，同时也招收部分其他社会领域的相关人员

3．招生流程

我国教育硕士招生流程分为初试和复试两个环节。初试一般指入学考试，考试内容主要包括思想政治学、333 教育学专业基础综合、心理学、英语二等测试。考生参加全国研究生统一入学考试，即每年 12 月份的研究生入学考试。被录取者既有学位又有学历，一般是全日制学习。考生只有考试分数超过国家规定的或者所报考院校的录取分数线，才可以参加所报考院校自行组织的复试环节。复试主要包括专业考试和综合面试，最后根据初试和复试的成绩决定是否录取考生。

美国教育硕士招生流程主要分为两步：第一步，申请者提交入学申请材料；第二步，院校进行录取工作。具体需要完成以下申请手续：①大学学习成绩以两种形式来衡量申请人的学业成就，一种是 GPA，另一种是"Rank"（即毕业名次）。②入学标准考试包括两部分，采用美国教育测验中心（Education Testing Service，ETS）的研究生入学考试（graduate record examination，GRE）成绩。GRE 包括两部分：一是学能测试，包含语言、数学推理和逻辑分析能力测验；二是专业测验，分为 20 多门学科，如教育学、工程学等一般考生需参加的学能测验。至于专业测验，有的大学则不做要求。③英语为非官方语言国家的毕业生还要参加英语能力测试（TOEFL）。④个人申请材料。介绍申请人的背景、对所要研究的领域已做过的工作，可附上研究生生涯计划、信心能力以及发表的论文。⑤推荐信。提供 2 份推荐信，对推荐人的过去学术水平、工作能力做出详细且客观的评价，若申请人离校时间 5 年或以上，需提供有关工作情况的推荐信。⑥面试（电话口试）测试申请者的英语水平和学术能力与书面材料是否相符。图 6-2 呈现了美国教育硕士申请的基本流程。

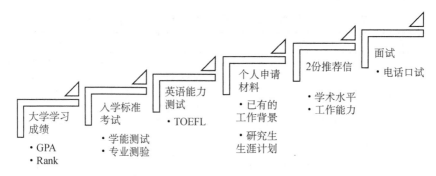

图 6-2　美国教育硕士申请的基本流程

（二）教育硕士专业学位课程设置

教育硕士教育的主要目标是培养高水平中小学教师和教育管理者。对于优秀的教育工作人员，无论是教师还是教育管理者，构建完整的知识结构不仅在其教学过程中对学生的学习起到极大的促进作用，而且能使其在适应本职工作时做到心中有数，自如地运用所学的专业知识解决实际教学中的问题。规范合理的课程设置对研究生掌握专业知识、形成完善的知识体系、构建系统知识结构有极大的促进作用：一方面，能促进教师自身的发展；另一方面，能促进学生学习的进步。教育硕士生在校期间接受的课程学习为其之后的职业发展打下扎实的理论基础，接受良好的课程学习是教育硕士生成长为优秀教育工作者的前提。

总体而言，我国教育硕士课程设置偏重学术层面，对实践能力和科研能力的培养不足；美国教育硕士课程设置注重实践性课程，重视理论与实践有效结合。中美教育硕士课程评价均采用学分制，我国教育硕士一般至少修满 34 学分，美国教育硕士一般要求 30—39 学分。

1. 中国教育硕士课程设置

本小节以北京师范大学和西南大学教育硕士（化学）为例，介绍具体课程设置内容。

1）北京师范大学教育硕士（化学）课程设置（表 6-8）。课程设置遵循"宽、新、实"原则，分为学位公共课程、专业必修课程、选修课程，前两类为必修课程。总学分不少于 34 学分[①]。

---

① 北京师范大学研究生院. 专业学位研究生培养方案. 学科教学. 化学专业培养方案. https://wenku.baidu.com/view/e6be7b64846a561252d380eb6294dd88d1d23d76.html.（2017-08-12）[2022-07-11].

表 6-8　北京师范大学教育硕士（化学）课程设置

| 课程类型 | 课程编号 | 课程名称（中文） | 学时 | 学分 | 授课学期 | | | 考试方式 |
					一	二	三	
学位公共课程	020001	英语	152	3	√			闭卷
	020002	政治理论	60	3	√			闭卷
	020003	教育学原理	54	3	√			闭卷
	020004	教育心理学	54	3	√			闭卷
	020005	教育科学研究方法	54	3	√			闭卷
	020006	教育技术学	54	3	√			闭卷
专业必修课程	120601	化学课程与教学论研究	80	4				论文
	120602	现代化学与中学化学	54	3				论文
	120603	中学化学教学改革与实践研究	54	3				论文
	120604	科学学习与化学教学心理研究	54	3				论文
	120605	化学实验设计与研究	54	3				论文
选修课程	220001	计算机基础	60	3	√			考试
	220002	INTERNET 及其应用	60	3		√		考试
	220003	论文写作综合辅导	18	1	√			开卷
	220601	高等无机化学	60	3	√			考试
	220602	教育统计与化学教学评价	40	2	√			考试
	220603	文献研究与专业外语	40	2	√			翻译
	220604	现代化学进展	54	3		√		论文
	220605	中外教育史	54	3		√		考试
	220606	高等有机化学	60	3		√		考试

　　北京师范大学的学位公共课程体现了课程的学术性和学生的需求性，教育相关课程能够培养教育硕士生的专业学术能力，英语是一门工具课程，教育硕士生学好英语，为查阅外文文献奠定良好的语言功底；专业必修课程以实际应用为导向，以满足中小学教师职业需求为目标，突出学科特点和实践研究，注重培养教育硕士生研究实践问题的意识和能力；选修课程设置能够满足教育硕士生的个性化发展，有助于其创新能力的发展和自我专长的充分发挥。

　　2）西南大学教育硕士（化学）课程设置（表 6-9）、学分及考核方式。攻读本领域学科教学论（化学方向）硕士专业学位的研究生须完成以下课程的学习和必修环节，总学分不少于 36 学分[①]。

　　① 西南大学研生院. 课程与教学论硕士培养方案. http://pgs.swu.edu.cn/info/1026/1827.htm.（2018-06-01）[2022-07-11].

表 6-9　西南大学教育硕士（化学）课程设置

课程类型		课程编号	课程名称	开课学期	学时	学分	开课单位	考核方式
必修课	公共课	11045100001	外语	1	70	2	研究生院	考试
		11045100002	政治理论	1	36	2	研究生院	考查
		11045100003	教育学原理	1	36	2	研究生院	考试
		11045100004	课程与教学论	1	36	2	研究生院	考试
		11045100005	中小学教育研究方法	1	36	2	研究生院	考试
		11045100006	青少年心理发展与教育	1	36	2	研究生院	考试
	专业课	11045106001	化学课程标准与教材分析	1	54	3	化学化工学院	课程论文
		11045106002	化学教学设计与教学方略	1	54	3	化学化工学院	教学设计
		11045106003	化学学业评价	2	36	2	化学化工学院	课程论文
		11045106004	化学发展前沿专题	2	36	2	化学化工学院	课程论文
选修课	专业课	11045106005	化学教学策略论	2	36	2	化学化工学院	考查
		11045106006	化学学习理论与方法	2	36	2	化学化工学院	考查
		11045106007	科学史与方法论	2	36	2	化学化工学院	考查
		11045106008	化学实验设计与研究	2	36	2	化学化工学院	考查
		11045106009	化学课程资源的开发与利用	2	36	2	化学化工学院	考查
		11045106010	化学名师与专业发展	2	36	2	化学化工学院	考查
必修环节		教学设计与课堂教学能力考核		提交教学视频				
		开题报告		提交选题报告				
		学位论文工作中期检查		提交论文进展报告				
		教育实践		2	8		提交教育实践单位鉴定书、教育实践总结报告	

2．美国教育硕士课程设置

美国教育硕士课程设置没有统一的标准，因不同学校和不同学位而呈现出一定的差异性。通常以教师的职业需要为中心，课程设置实用性强，与教师资格证书考核联系密切，直接面向研究生的未来职业发展方向，形成了较为成熟的职前和职后一体化师资培养体系，这种课程设置为培养学生日后教育工作中的实践能力奠定了扎实的理论根基[①]。

美国教育硕士专业课程可以分为 3 类：①核心课程，是指课程与教学专业中关于基础理论与方法的课程，是所有课程与教学专业的学生都需要修习的课程，如课程与教学论、教学史等；②专业课程，是指攻读的具体专业方向所要求修习的课程，如教育管理方面的课程；③选修课程，是根据学生自身的兴趣爱好而开设的，要求学生必须选择 2—3 门的选修课

① 崔学荣. 中美音乐教育方向硕士研究生培养模式比较. 中国音乐，2014（3）：156-161.

程。学分分布情况为：①9—12学分的核心专业研究课程；②21—27学分的本专业研究课程；③6—12学分综合性的实践研究课程（含学位论文）。

美国教育硕士课程设置结构灵活多样，与本科阶段教师教育课程有普通教育课程、学科专业课程和教育专业课程3部分结构相比较，可以发现大多数学校的教育硕士课程没有普通教育课程，主要原因是普通教育课程属于基础层次教育内容，是本科教育的重点，课程占到本科阶段教师教育总课程的40%左右。表6-10列出了美国教育硕士专业课程设置的大致情况。学科专业课程与教育硕士从事的教学方向有密切关系，从事初高中教学方向的教育硕士要学习1—2门初高中阶段的学科科目，从事小学教学方向的教育硕士要学习多个小学阶段学科科目。

表6-10　美国教育硕士专业课程设置

课程类型	课程类别
教育学基本理论课程	教育哲学、教育史、教育心理学、教育社会学、教学过程、人的成长和发展、职业道德与法律、教育行政与管理、教育技术
教学法课程	教学方法与策略、课程的组织设计与评价、教学计划、教育测量与评价
教学实践	见习、实习

除此之外，课程结构会因教育硕士类型不同而存在一定的差异：教育专业硕士一般至少需修满36学分，课程分为主修和辅修两部分，主修课程为30—45学分，包括所有硕士学位申请人必修的核心课程、教学法课程以及中小学课程教师感兴趣的专业理论课程，辅修课程主要集中于其今后从事的任教科目领域；辅修课程为6—12学分，集中于学生以后所任教的科目范畴。美国教学艺术硕士的招生对象是从未获得教师资格证书的人，申请者必须是非教育专业的本科毕业生，教育科学硕士的培养对象以非教育专业毕业的文学学士和理学学士为主。这两类硕士课程设置中，教育实践课程及学科专业课程占总课程的1/3—1/2。例如，哈佛大学教育研究生院教师教育专业的"职业中期数学和科学教师培养项目"，为拥有数学和科学专业本科学历与研究生学历的工作人员或在相关领域有过工作经验的人提供向教师职业过渡的教育，以使这些人有机会成为城市学校中的初级或高级中学教师。"职业中期数学和科学教师培养项目"非常注重教学实践环节，为期一年的学习时间，分为3个学期课程：秋季课程、夏季课程和春季课程。"职业中期数学和科学教师培养项目"课程内容如表6-11所示。

表 6-11 "职业中期数学和科学教师培养项目"课程内容

课程类型	课程编号	课程名称	开课学期	学分
必修专业课	T-212	英语教学	秋季课程	4
	T-213	历史教学/政治学教学		4
	T-214	数学教学		4
	T-215	科学教学		4
	T-310	预实习在中学教育		4
选修专业课	T-210Z1	多样性的维度：英语语言学习者	秋季或春季课程	2
必修专业课	T-301A	中学教育预实习	秋季课程	4
	T-310A	中学教育实习	秋季课程	4
	T-402	小组学习	秋季课程	4
必修实习课	T-300	中学实习课	春季课程	4
必修专业课	T-301A	中学教育预实习	春季课程	4
	T-302A	中学教育实习	春季课程	4
	T-002	教育中的种族批判理论	春季课程	4
	T-006	成人发展	春季课程	4
	T-131	老师、领导和权力：学校从教室开始改革	春季课程	4
	T-139	通过密切协作、学生考试和教师的工作来调查学习和教学情况	春季课程	4
	T-202	教育和教学的基础	春季课程	4
	T-210M	写作研讨会	春季课程	2
选修课		结合课程模块总计 12 学分，包括：1—2 门与学生所学专业相关选修课，可以在哈佛大学的任何学院，或是麻省理工学院、塔夫斯大学弗莱彻学院、圣公会神学院；教授与哈佛大学教育研究生院或 K-12 教育相关的课程	春季课程	12
必修专业课	T-210A1	教学简介（英语）	夏季课程	2
	T-210A2	教学简介（历史/政治学）	夏季课程	2
	T-210A3	教学简介（数学）	夏季课程	2
	T-210A4	教学简介（科学）	夏季课程	2
	T-301A	中学教育预实习	夏季课程	2
	H-210A	青春期的咨询：理解和支持城市青年发展	夏季课程	2
	T-210K	权力在城市、教室	夏季课程	2
	T-210L	一种实效的教学管理方法	夏季课程	2
	T-210Z2	多样性的元素：特殊教育	夏季课程	2

哈佛大学的课程又可进一步分为 5 类，即 A 课程、H 课程、L 课程、S 课程、T 课程（一个课程有双前缀，例如 AH-、AT-、HT-）。A 代表管理、规划，以及社会政策课程，H 代表人类发展和心理学课程，L 代表医

学教育领导学位课程，S 代表全校课程，T 代表学习和教学课程。哈佛大学要求教育硕士研读 8 门课程，其中包含 2 门专业核心必修课、4 门专业选修课及 2 门自选课程。在修读完选修课之后，学生至少还需修读 1 门有关多样性、公平和包容性问题的课程，这门课程所修学分可算作专业选修课或自选课所需修读的学分。[①]学生完成每门课程的修读后可获得 4 个学分。

✎ **拓展资料**

2020 年，教育部印发《研究生导师指导行为准则》。该准则根据研究生教育特点，围绕 8 个方面对导师指导行为提出具体要求，明确基本规范。这对加快建设高水平研究生导师队伍和建设研究生教育强国具有重要意义。

（三）导师制度

1. 我国导师制度现状

我国现阶段硕士生培养制度实行的是集体协助下的导师负责制，硕士生一入校，基本上就确定了导师。导师除了对学生的学业进行指导和培养外，还应对学生的思想素质、道德规范方面进行教导并起到良好的表率作用。既教书又育人是中国教育的一大优良传统，导师的"导"一方面体现在"导"学生的科学研究；另一方面体现在"导"学生的为人处世，即导师既要指导学生广泛地学习专业理论和专业知识，培养其分析、解决实际问题的能力和开拓创造的精神，又要教导学生如何为人处世。

在学习方面，导师为硕士生设计合理的学习计划、选择学习内容，并对其学习过程中遇到的困难给予帮助和指导。硕士生在导师的指导下参与课题和项目，他们与导师的关系不仅是师生关系，也是合作关系，还是研究者与助手的关系。研究生通过参与导师的课题和项目，可以积累理论知识，并在一定程度上提升自己的专业技能。特别是专业硕士生，在导师的指导下参与实践，可以重点培养扎实的专业技能和应用理论解决实际问题的能力。

在生活方面，导师的阅历往往比学生更丰富，因此导师通过关注学生

---

① 朱恬恬，舒霞玉. 哈佛大学高等教育硕士学位培养方案的特点与启示. 学位与研究生教育，2019（7）: 66-72.

的情感、思想和道德素质等方面，一般能解决他们在思想上的矛盾和冲突，为他们在生活的选择上提供建议和意见。不同于本科教育阶段师生之间主要限于课堂上教与学的交往，在研究生教育阶段，导师承担了更多责任，与硕士生在学习、思想、心理、情感、生活、就业等方面有更为密切和深入的交流。这不仅有利于师生之间建立牢固而深厚的师生情谊，而且对发现和解决硕士生思想、情感、学习、生活、就业中的种种压力与困惑有着重要意义[①]。

尽管学生具有一定的主动性和能动性，但导师和硕士生之间的主要关系依然是指导与被指导的关系。因此，导师的学术水平、科研能力、教学能力、教育理念、教学方法以及个人品行都会对硕士生培养产生一定的影响与作用。

2. 导师制度发展与师资概况

现代研究生制度起源于德国，伴随着研究生教育的发展和现代教师聘任制度的变革，如今西方国家已有成熟的导师制度。为了确保研究生教育质量，曾在英国和德国盛行的单一导师制度如今被导师与导师小组相结合的培养方式取代[②]。

美国国家教师教育鉴定委员会（National Council for the Accreditation of Teacher Education，NCATE）把教师教育师资队伍的建设看作保证教师教育质量的关键，对师资队伍的规格、职责和政策做了专门规定，着重强调学术理论水平、教育专业水平、实际工作经验。怎样在研究生培养过程中最大限度地发挥促进作用，不仅是每位导师需要思考的问题，也是研究生教育工作者在提高我国研究生教育质量培养过程中所面对的挑战。

在研究生不断扩招、研究生迅速增多的形势下，我国研究生教育呈现"导师少，研究生多"的情况，因此出现了一位导师负责多名研究生的状况。在我国研究生培养模式不断改革的背景下，原有的单一导师制已不能满足研究生教育的发展。因此，近年来，我国先后出现"双导师制""导师组制""联合培养制"等导师指导制度，以满足不同研究生教育的需要，有利于研究生接受不同导师的指导，汲取各导师之长，提升自己的专业理论素养和实践能力。中国导师制度的演变如表6-12所示。

---

① 周文辉，张爱秀，刘俊起，等. 我国高校研究生与导师关系现状调查. 学位与研究生教育，2010（9）：7-14.
② 林杰. 英美国家研究生导师资格认定制度管窥. 学位与研究生教育，2007（9）：74-77.

表 6-12　中国导师制度的演变

时间	中国导师制度的演变
1953 年	我国颁布《高等学校培养研究生暂行办法（草案）》，首次正式确立了指导教师负责制，即导师制
20 世纪 80 年代	我国开始在研究生培养上普遍采取导师制，随后出现了协作式培养模式
1986 年	国家教委发出《关于改进和加强研究生工作的通知》，明确要求改变现有单一导师培养的不足，实行双导师制，双方密切配合，实际上是导师联合培养的形式
近年	我国研究生培养模式不断改革，研究生教育规模不断扩大，研究生数量日益增多，因此导师制的改革也是研究生教育培养过程中一个重要环节

3. 教育硕士导师制

教育硕士导师制也经历了从单一导师制向双导师制等导师指导方式发展的过程。我国教育硕士生的任课教师及指导教师大多数由教育学硕士专业的教师兼任，后者往往基础理论扎实，却相对缺少教育实践经验。根据教育硕士专业学位的培养目标，这无法完全满足教育硕士生的培养需要。梁其健建议：教育硕士专业学位的师资队伍成员至少应包含以下几个方面的专家：①学科教学方面的专家；②专门研究中学教学方面的专家；③专门研究中小学管理的专家；④专门从事教育技术实验与研究的专家；⑤专门从事现代教育理论与方法研究的专家；⑥长期从事中小学教育管理的专家；⑦长期从事中学教学实践与改革的专家；⑧以献身基础教育为荣，且确实做出了成绩的基础教育工作者；⑨教育硕士其他课程所要求的专家。[①]多方面遴选培养教育硕士的指导教师，使教师组成多元化、职业化，有助于实现教育硕士培养目标，提高教育硕士培养质量。[②]

中美教育硕士导师制标准如表 6-13 所示。

表 6-13　中美教育硕士导师制标准

国家	教育硕士导师制标准
中国	1. 校内导师（博士研究生以上学历，思想素质好、责任心强、学术有一定的造诣） 2. 校外导师（基础教育一线具有丰富实践经验的中学优秀教师）
美国	1. 导师具备博士学位的学历，拥有从事学校教育工作的经验，在大学任教期间，保持与中小学校的联系 2. 在从事教学与指导研究生的过程中，参与教师教育课程教学计划的制定、评审、修改工作 3. 拥有热心致力于为美国多元化社会培养教师的责任心

① 梁其健. 教育硕士专业学位师资队伍应具备的整体结构——兼论教育专业硕士与学科硕士培养标准的异同. 华中师范大学学报（人文社会科学版），2003（2）：136-144.
② 范微微. 中美教育硕士培养的比较研究. 东北师范大学硕士学位论文，2008.

　　我国研究生教育实行导师负责制,采用的是"一对一"和"一对多"模式。研究生在导师的指导下进行学习,是"传递-接受"式教育,部分学生缺乏学习自主性。同时这种导师模式易引发学术门户衍生,从而阻碍学术的交流、发展和创新。近年来教育专业学位研究生教育在导师指导方面有一定的突破和改革,如北京大学教育博士项目实行双导师制,由北京大学教育学院与相关单位有博士生指导资格的导师共同指导学习者的博士论文,并试行了导师组指导模式[①]。

　　在美国教育专业研究生的培养中,一名学生可能由多位导师共同指导,导师团队的人员构成实践取向明显,导师必须具备高水平专业能力。美国教育硕士生采取"院-系"纵向培养结构和导师集体指导制。资深高等教育管理项目为每名学生组织 1 个由 3 人组成的指导委员会,并指定 1 位负责人,要求教师与学生经常保持联系,充分利用学校的网络系统,实现专门的网上作业递交和材料分发。导师团队是一个多元化的教师队伍,既有杰出的学者,又有资深的管理者,其学科背景涉及教育、历史、法律、经济、政治、社会学、统计学等领域。学生入学后可选择不同的系,由主要导师负责指导其课程学习和论文研究,其他导师指导其开展对实际问题的研究。

　　中美教育硕士导师制模式及责任分工如表 6-14 所示。

表 6-14　中美教育硕士导师制模式及责任分工

国家	导师制模式	导师责任分工
中国	"一对一"模式 "一对多"模式	1. 校内导师:负责学生的课程论文 2. 实践导师:负责学生的教育实践
美国	导师集体指导制	1. 主要导师:负责学生课程学习和论文研究 2. 其他导师:负责学生开展实际问题研究 3. 指导委员会:负责学生的作业递交和材料分发

（四）输出环节

　　输出是指媒介由内部到外部的传递过程,在本书特指教育硕士生如何取得毕业证和学位证的过程及其毕业后的就业取向。

　　1. 学位评估机制

　　过去,我国教育硕士培养采取"严进宽出"的政策,很少有研究生毕不了业,培养出来的研究生的质量也参差不齐。2020 年 9 月,国务院学

---

① 李森,王振华. 中美教育专业学位研究生培养模式比较研究. 中国高教研究,2011（2）:37-40.

位委员会、教育部发布《关于进一步严格规范学位与研究生教育质量管理的若干意见》，旨在"落实立德树人根本任务，实现新时代研究生教育改革发展目标，维护公平，提高质量，办好人民满意的研究生教育，建设研究生教育强国"。

美国教育硕士培养采用"宽进严出"的政策并引入淘汰机制。培养单位注重对学生学业的评估和考核，建立了完善的学业评估机制。课程考试成绩、课堂表现、作业成绩、个人课堂论文或案例分析报告、教学实践等由导师、研究生院层层把关，其质量保障措施非常完善。比如，哈佛大学制定了完备的研究生淘汰制度，存在两年课程学习任务完不成、综合能力测试两次不通过等情况的学生将被淘汰。

✎ 拓展资料

研究生淘汰机制指在研究生教育过程中，共同商议、制定和实施研究生在培养过程中所应该达到的要求与标准，通过系统措施对研究生进行教育敦促，促使研究生教育质量提升，最终实现研究生群体整体综合素质的提高和进步。

对学位的评估一般包括外部质量保障体系和内部质量保障体系两个方面。外部质量保障体系主要由全国性或地区性的专门机构承担，如国家层面的立法保障、社会层面和评估认证机构的各种认证[①]；内部质量保障体系指高校内部为了提高和控制教育硕士培养质量而建立的人才培养与管理体系，由招生制度、培养目标、课程设置、教学手段、专业实践、导师队伍建设、学位论文等因素组成[②]，它是教育硕士生教育质量保障的基础。

（1）外部质量保障体系比较

我国教育以政府为主体。根据学位条例，我国建立了由国务院有关部门负责人和有关专家、学者组成的全国学位工作的最高领导机构——国务院学位委员会。该委员会办公室（现为学位管理与研究生教育司）由培养

[①] 曾夏芳. 中美比较视野下我国教育硕士培养质量保障体系研究. 浙江师范大学硕士学位论文, 2010.

[②] 徐丽, 韩小娇. 全日制教育硕士培养质量保障体系研究. 长春工业大学学报（高教研究版）, 2011（4）: 60-62.

单位的专家、学者和有关行业主管部门的负责人共同构建[1]。教育硕士生培养质量评价主要依赖学位管理与研究生教育司制定的相关文件和政策，并委托教育硕士专业学位指导委员会协作，共同对教育硕士质量进行管理。我国教育硕士质量保障评价体系是以政府、社会和高校为核心的评价，政府评价占核心地位。

美国教育硕士质量保障体系评价是以联邦政府、州政府和社会中介质量保障机构三位一体的评价，其中中介质量保障机构成为美国的教育硕士质量评价的主导力量。美国是典型的地方分权制国家，地方政府具有高度自治和自我管理特征。美国形成了"三元"（即联邦政府、州政府和社会中介质量保障机构）研究生教育质量保障机制：联邦政府对美国高等教育没有直接管辖权，一般通过出台管理政策对其实施间接管理；州政府对美国高等教育拥有直接管理权，承担着更多、更具体的研究生教育质量评估工作；社会中介质量保障机构参与教育硕士培养质量评价，如全美教学专业标准委员会（National Board for Professional Teaching Standards，NBPTS）[2]。

第一，联邦政府评价。联邦政府间接式参与研究生教育质量评价，主要提供经费资助，对鉴定组织的资格进行审查和鉴定，提供和收集评价信息，全面提供和收集研究生教育领域存在的重大问题，并制定相关政策。

第二，州政府评价。州政府直接管理高等教育，但是只负责审批本州教育硕士生教育相关学位计划，研究制定本州高校发展方向，处理好州政府和高校关系，制定教育拨款分配方案等，不会涉及高校内具体办学事宜。同时，州政府直接参与教育质量评价，主要有两种方式：一是对私立学校许可证进行评价，州许可证评价是指所有私立学校必须获得许可证才能在州内授予学位和证书；二是对公立学校绩效进行评价，绩效评价重在对资源的使用效率和效果的评价，目的是鼓励并确保学校遵守有关规章制度，积极配合社会鉴定组织以及与高校密切合作，以增强社会鉴定的权威性和发挥高校的积极性。[3]

第三，社会中介质量保障机构评价——全美教学专业标准委员会。它是 1987 年成立的一个独立的、非营利性、非官方、无党派的机构，由 63 人组成的理事会进行管理，且理事成员大多数为教师，其他还包括学校管

① 赵悦. 教育硕士研究生教育质量保障体系构建研究. 吉林大学硕士学位论文, 2007.
② 曾夏芳. 中美比较视野下我国教育硕士培养质量保障体系研究. 浙江师范大学硕士学位论文, 2010.
③ 时花玲. 教育硕士专业学位研究生教学质量保证体系研究. 华东师范大学博士学位论文, 2008.

理者、学校董事会的领导、政府官员、州立法委委员、高校人员、教师联合会的领导者以及商业和学区的领导。其职能如表 6-15 所示。

表 6-15　全美教学专业标准委员会的职能①

比较项	具体内容
服务目标	1. 制定政策以较好地界定何为成功的教学实践，对教师进行科学合理的评价，以便认证学校中的优秀教师，并授予高级证书 2. 建立一个标准制定委员会，为各个单独的教学，领域设立优秀教学的标准
认证核心要素	1. 教师对学生和自身的学习负责 2. 教师必须具有较强的学生学习的组织、管理能力 3. 教师对所教的学科非常精通，并能熟练运用各种教学方法 4. 教师是学习化社会的一员，在成就学生的同时，也必须成就自己 5. 教师必须对其教学实践进行反思
基本程序	基本程序包括学校本位模式和评价中心模式两个阶段： 第一阶段，档案袋评价，旨在评价申请者的教学实践和理念，档案袋包括规定时数的教学录像带，包含 4—5 位教师本位的活动和师生互动分析资料，与学生家庭、同事和社区合作的资料，几名学生的学习、记录和作业资料，以及教具、教材。档案袋评价完成后参加现场评估，主要是验证档案袋材料的真实性 第二阶段，评价中心评分，根据申请者提供的录像带、学生作品样本、分析报告、评估中心练习的书面答复等方面给予完成各项要求的申请者客观、公正的分数

中美教育硕士培养外部质量保障体系比较如表 6-16 所示。

表 6-16　中美教育硕士培养外部质量保障体系比较②

国家	种类	外部质量保障体系
中国	职能	学位管理与研究生教育司（教育部）：立法和规划、财政投入、制度建设、政策支持、质量监控
		省级政府：负责专业学位研究生教育的学科建设、质量监督与统筹工作
	审核程序	学科评议组负责博士、硕士学位授予单位和授予博士、硕士学位的学科、专业的审核
		全国性的教育指导委员会负责专业学位研究生教育的培养方案、教学改革、教材编写、师资培训，以及质量标准、质量的评估
美国	职能	联邦政府：认可全国各院校协会对高等院校的认证的结论，并通过接受有关高等院校学生的经济资助申请来合理协调、控制高等院校的教育质量
		州政府：行使教育的权利，它们对相应的高等教育实施有限度的控制与灵活的协调
	审核程序	院校资格认证：区域认证委员会和全国认证委员会对其行政管理，教学资源的分配比例，教学经费的支出等认证
		专业认证：全国认证委员会和专业认证委员会以每 5 年一次遵循自主评估、实地考察、综合评估和认证结论的步骤对高等院校学科中的某一专业进行认证
		社会中介认证：学术团体、专业协会、私人团体以及新闻媒体进行的研究生教育质量评价和排行

---

① 曾夏芳. 中美比较视野下我国教育硕士培养质量保障体系研究. 浙江师范大学硕士学位论文, 2010.
② 刘海芳. 中美专业学位研究生教育质量保证体系比较研究. 西北大学硕士学位论文, 2010.

自哈佛大学于 1936 年建立人类历史上第一个教育硕士学位起，教育硕士教育在美国历史上已有 80 多年的历史，形成了完善的教育质量保障体系。

我国教育硕士教育以 1997 年在 16 所师范大学试点招生为起点，因此我国教育硕士教育仍"年轻"，在探索和研究教育硕士专业学位研究生教育质量保障体系时，可以借鉴和学习发达国家尤其美国的先进教学经验，进一步完善以政府为主体的外部质量保障体系，根据我国的实际需求，引进社会中介质量保障机构、基础教育用人单位和教师资格认证机构的评价。这是因为：社会中介质量保障机构可以吸引相关利益主体的广泛参与，做到相对客观、公正地对教育硕士培养质量进行评价；基础教育用人单位是人才输出的接纳者，是教学实践基地的参与者，担负着培养过程中的教学实践环节，在培养质量上最具发言权；教师资格认证机构对教育硕士培养中所要求的考试科目、知识、职业素养有针对性的职业导向作用。

（2）生源质量保障比较

我国教育硕士生源质量通过报考条件和入学考试控制。教育硕士培养方式分为在职和全日制两种。前者招收具有学士学位、3 年以上基础教育工作经验的专任教师、教研员和管理人员。

美国教育硕士招生制度、选拔程序、招生专业和人数是由各院校根据市场需求自主确定的，没有全国统一的入学考试；招生对象为大学和各级学院毕业生，以及教育管理、咨询、代理部门和中小学的教育工作人员。

创新驿站

中国教育硕士分为在职教育硕士与全日制教育硕士。在职教育硕士一般在每年的 5 月参加全国的教育硕士入学考试。全日制的教育硕士实行全国联考，是在每年的 12 月底参加全国教育硕士入学考试，考试内容包括英语、政治、教育学专业综合基础，专业课由各招生院校自主命题。在第二年 2 月陆续出初试成绩。报考者根据国家分数线和所报考院校的分数线来估计自己录取的概率。最后在报考院校将公示初试名单。报考者需要前往报考院校参加复试。复试包括两个环节：笔试和面试。笔试主要考查英语和专业课知识，面试主要是与所报考专业的导师面对面地交流与探讨，面试主要测试报考者的整体素质和专业知识的随机应变能力。最终录取成绩是初试成绩和复试成绩按一定比例的加总。

美国教育硕士申请者必须具有国家承认的学士或硕士学位、GRE成绩、2—3封专家推荐信、平时成绩等。教育硕士录取程序十分严格，面试成绩是学校最为重视的内容，其次是申请者的推荐信、平时成绩，最后才是GRE成绩。

（3）课程考核方式比较

课程考核方式是贯彻人才培养目标的重要手段，是提高研究生教育质量的关键[①]。我国研究生课程考核是根据所学专业和实际情况采取不同的考核方式，主要考核方式包括纸笔测验、课程论文或报告、平时成绩等。其中，纸笔测验是经常采用的考核方式，包括闭卷或开卷的考试，在这种考核方式中，期末考试成绩往往在总评中占比较大。课程论文或报告是要求学生完成相应课程论文、实验报告或设计项目，教师根据这些成果进行评分。平时成绩的评定范围包括课堂出勤、课堂讨论、课后作业以及期末考试等平时表现。

美国研究生教育的主要考核方式包括持续评估、课程项目与作业、课堂参与、同行评审、导师评价等。其中，持续评估是指美国研究生课程考核更倾向于综合评价，不仅看重期末考试成绩，更重视学生在整个学期中的学习过程与表现。课程项目与作业包括学生个人或团队项目、案例分析、研究论文或实验报告等。美国研究生导师通过课堂参与来考核学生是否积极参与课堂讨论、是否提出独到见解，以及是否具有批判性思维。同行评审是在某些课程中，学生的工作可能被同学或教师组成的评审小组进行评估。导师评价是导师对其研究生的研究计划、研究进度和研究成果进行评价。

总体而言，中国研究生课程考核方式以知识掌握程度为主要考核依据，美国研究生课程的考核体系注重实践性、创新性和综合性能力的培养和考核。随着教育改革的推进，我国的研究生教育借鉴国际先进经验，也在逐渐引入过程性评价（如档案袋评价）和多元化考核手段。

2. 学位授予

硕士学位授予标志着学生正式毕业并获得学位。在学位论文方面，在我国，修满学分、通过论文答辩即可获得教育硕士学位。教育硕士专业学位教育指导委员会于1999年颁布我国教育硕士专业学位论文标准，对论

---

① 陈楱沭，韩婧. 中美大学课程考核方法之比较分析. 教育与现代化，2010（2）：91-96.

文的选题、内容、形式、参考文献和字数做了统一规定。既强调课程学习，又强调学位论文，二者缺一不可，这是我国教育硕士教育的特色之一①。学位论文是研究生进行科学研究的重要成果，也是衡量研究生能否获得学位的重要依据之一。从选题、开题到学位论文最终形成的整个过程是对学生所学知识、分析和综合等能力的检验与总结。美国对教育硕士学位论文的要求比较灵活，全国只有大约25%的高校对学位申请者有学位论文的要求。论文的形式既可是研究性论文，也可采取调查报告的形式。如密歇根州立大学教育硕士的培养主要实行学分制，淡化学位论文，采取综合测试对学生进行考查。学生能否获得学位的关键条件在于其是否通过各门课程的考核，并获得相应学分。

　　美国大学在教育硕士学位获取的评价环节以实践性为落脚点和归宿，在教学过程中非常注重对学生学业进行考核和评估。教育硕士是一种专业学位，学生以课程学习为主，美国大部分学校没有撰写论文的要求，学生只要修满规定的课程，就可获得教育硕士学位。美国教育硕士学位申请者必须修满规定的学分，然后参加综合水平测试，综合水平测试成绩是授予学位的重要依据。测试分为笔试和能力测试两部分：笔试部分考查申请者基础专业知识的掌握程度；能力测试则主要对申请者运用本专业知识解决实际问题的能力进行评估。综合水平测试由本专业的教学指导委员会进行集体评议，通过者才可申领学位；未通过者，由其指导老师和2/3以上的教学指导委员会成员决定是否给予其一次补考机会（图6-3）。

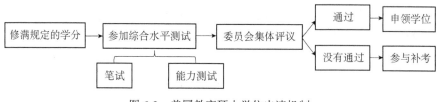

图6-3　美国教育硕士学位申请机制

　　3. 就业去向

　　我国教育硕士生在课程修完和硕士学位论文顺利答辩之后，大多数选择在基础教育领域工作。我国教育硕士生因拥有全国教师资格证书可以在全国任何地区从事教育行业的工作，不受地域限制。美国教育硕士生在课程修完之后，可凭借取得的高校所在州教师资格证书，在该州学校任教。以哈佛大学为例，教学硕士生凭借取得的马萨诸塞州教师资格证书，可在

──────────

① 梁晓风. 我国教育硕士专业学位课程体系研究. 上海师范大学硕士学位论文，2010.

马萨诸塞州的学校任教。中美教育硕士的就业大体一致，由于培养方案侧重培养教学实践能力，教育硕士生通常从事一线教学工作。

拓展资料

2023 年全国教育工作会议报告提出，以深化产教融合为重点、推动职普融通为关键、促进科教融合为新方向，构建"一体两翼"工作格局推动职业教育提质升级，通过服务学生全面发展、服务经济社会发展引领职业教育人才培养，为各类人才搭建发展成长的有效通道。

三、对我国高等教育创新人才创新培养过程的建议

（一）完善教育硕士双导师制

完善教育硕士双导师制，即组建学术型指导教师和职业性指导教师相结合的双导师师资，让教育硕士生在学术型导师的指导下提升教育科研能力，在中小学富有经验且有资格担任导师的教师指导下参与课程教学，提升教学实践能力。目前，我国越来越多的教育硕士培养单位已具体落实双导师制。例如，西南大学从校外和校内遴选教育硕士导师，旨在建设具有较高专业素养和一定职业背景、熟悉相关专业工作、能适应专业学位研究生培养需要、专兼职相结合、相对稳定的专业学位指导教师队伍，旨在将教育硕士"专业性"培养提升到实践高度。这为教育硕士生的培养质量提供了保证，以真正培养一批能将实践和理论相结合的专门教师。

（二）紧扣培养创新型教师、未来教育专家的目标

教育硕士导师在培养教育硕士生的过程中，应跳出教育学硕士生的培养模式范畴，为教育硕士生制定合理的培养方案，做到课程教学与教学实践相结合，并在学生参与教学实践（如教学实习）的过程中对其所面临的实际问题给予指导，让学生在实践中参与教学研究，在实践中提升教学技能，通过研究反过来促进其教学能力的提升，让教育硕士生未来真正成长为创新型教师和教育专家。

（三）深刻理解教育硕士的特殊性

教育硕士生培养应区别于一般的师范教学。我国目前的师范教育旨在

培养能胜任中小学教育工作的师范生，教育硕士生除了应具备良好的教学能力外，更应在导师指导下研究教学规律，向专家型教师方向发展。

（四）注重师生互动

师生之间教与学的互动关系不仅有利于增进师生间的情感沟通，更有利于创建良好的学术环境。在师生互动过程中，学生不仅可以感受到教师的直接教诲与引导，更可以感受到教师带给他们的科学和思想的熏陶。这种关系有利于激发他们的创新思维，营造良好的育人环境。

通过师生互动，导师能够充分了解学生的学习潜力和专业兴趣，因材施教，培养学生的学术个性，建立多通道、多层次、多类型的成才路径，使得高校不仅是培养一流科学家的摇篮，而且是培养优秀政治家和杰出经营管理者的基地。

✎ 专家论坛

师生交往密切、感情深厚是我国书院教育的优良传统。然而，近代以来引进西方制度建立的大学并没有很好地继承这些传统，师生距离开始疏远，师生互动趋于贫乏。爱国民主人士费巩教授曾在其《施行导师制之商榷》中如此批评这一现象，"师生之关系，仅在口耳授受之间，在讲堂为师生，出讲堂为路人，教师如负贩者，学生如购货者，交易而退，缘尽于此"。后来，虽然中国高等教育体系几经调整，但这一现象始终存在。随着高等教育大众化时代的到来，高校师生比大幅上升，师生交流受到越来越多的客观条件限制，师生有效互动不足表现得更为突出，具体表现在课堂交流机械、低效，课后交流少且不规范，师生缺少深度互动等。师生互动不足对高校教学实施和学生发展具有多方面的负面影响，特别是教师对学生了解不足致使个性化教学缺失逻辑前提和实施依据，不利于创新拔尖人才个性化培养方案的实施。随着高校招生规模的继续扩大，师生互动不足的情况愈加严重，这是高等教育质量下降的一种体现，迫切需要对其进行干预和调控。

基于以上情况，增加师生交流互动应从以下两个方面入手：一是建立师生交流互动促进机制；二是调整教学管理和教师评价机制。师生交流互动促进机制应把课堂交流与课后交流、学术交流与非学术交流统一起来，促进师生全方位互动，让教师全面了解学生，为个性化培养的实施奠定认识基础。由于师生交流互动促进机制是致力于师生交往的"有所为"，其内容应以"正面清单"管理为主。需要说明的是，促进师生交流的"正面清单"和其他规范师生交往的"负面清单"应统一设计，避免出现制度"打架"现象。同时，教学管理和教师评价机制应围绕师生交流互动促进机制的运作做出相应的调整，教学管理机制应认可师生交流，特别是师生课外交流的意义和价值，教师评价机制应肯定教师在课外师生交流中的贡献与作用。

高校师生之间应如何加强互动与合作？听听专家的意见. https://www.sohu.com/a/298274761_372464.（2019-02-28）［2023-08-28］.

（五）本科生教育和研究生教育培养资源共享

大学应很好地利用本科生教育与高水平的研究生教育协调发展的人才培养资源，从组织结构上将本科生教育与研究生教育联系起来，为两个层次的教育结合创建优良的机制和环境，努力构建高质量的体系。一方面，高质量的本科生教育可以为研究生教育提供优质生源；另一方面，高水平的研究生教育又会辐射到本科生教育，激发本科生的学习兴趣与研究动力。

首先，可结合学校实际情况，引入先进的教学经验，探索"自主性、多维性、前沿性、交叉性、高效性"的学习方法，着力打造具有特色的教学新体系。其次，适度控制本科生规模，实施英才教育，优化研究生培养质量，发挥研究生在本科生教育中的作用，建构本科生、研究生、教师互动交流的团队，使本科生在团队中获得学术熏陶。最后，加强国际交流，努力增加学生出国学习、交流和研究的机会；同时吸引更多的国外留学生，形成多元文化交汇的大学校园文化。

✎ 创新驿站

吉林大学部分优势学科在本科阶段选拔优秀学生，以推荐免试的方式进入硕士和博士阶段，培养本硕博连读生。本硕博连读生按照两段制进行培养，针对学科特点制定特殊的培养方案，课程学习采取本硕博贯通方式进行教学授课。本硕博连读生在进入硕士培养阶段前，要按照本科毕业要求取得毕业证书，通过本科论文答辩，取得学士学位，同时通过学校组织的第一次分流考核；在硕士阶段完成全部课程学习后，参加学校组织的博士研究生资格认定考核，通过考核进入博士培养阶段，不能通过考核的按照学校相关规定进行分流淘汰；进入博士培养阶段以后，享受博士研究生相关待遇，完成博士研究生培养环节，论文答辩通过，取得博士毕业证书和学位证书。

吉林大学研究生院. http://yjsy.jlu.edu.cn/. [2023-08-28].

（六）注重培养学生的实践和合作能力

通过实践与合作，学生可以检验和巩固所学理论知识，提高分析和解决问题的能力，同时也能提升职业素养、交流能力，增强社会责任感。通过设置丰富多样的课程和实践活动，让学生运用所学知识和技能解决实际问题，通过实际操作和实践项目提升自己的能力，在实践中感受创新思维的魅力，从而激发他们对学术研究的热情，提高学术成果的质量和水平。

合作能力是一个人在社会生活中的重要素质，因此应注重通过各种途径和方式培养学生的团队合作意识与能力。这包括但不限于：引导学生积极参与课程讨论、小组课题研究、教学实践等活动，鼓励他们主动与他人沟通交流，学会倾听、理解和尊重他人意见，培养团队协作精神和集体荣誉感。

第三节　中美高等教育创新人才评价体系比较

中国高等教育能否源源不断地为社会培养优秀的创新人才？中美高等教育培养的人才在质量上是否存在差距？这恐怕是近些年来教育界和社会的热门话题，所以，对中美高等教育创新人才评价体系进行全面、系统的比较，有利于构建符合我国国情的创新人才评价体系。

一、我国高校学生评价的现状与问题

20世纪90年代以来，我国学生评价的价值取向在一定程度上受功利主义、实用主义价值观的影响，使得部分高校的学生评价注重甄别与选拔功能而忽视评价这一更为重要的发展性功能。而且由于缺乏有效的评价工具和方法，纸笔测验就成为部分学校评价的主流甚至是唯一的方式。这种以分数为标准的评价方式带来的弊病受到越来越多教育者的关注，也引发了我国21世纪初基础教育和高等教育的课程改革。

目前我国高校主要使用的学生评价方法是以综合素质测评为主的评价方法。综合素质测评法是一种定量分析的方法，又被称为综合评判法。它将评价目标逐级进行分解，并使其具体化、行为化，直到末级项

目能被测评为止，然后将这些末级项目作为学生综合素质评价的指标。目前，本科生综合素质测评是一个全面、综合评价学生在校期间各方面表现和能力发展的过程，旨在培养德智体美劳全面发展的人才。测评内容通常包括五个方面。①思想品德：包括爱国主义精神和社会主义核心价值观的践行情况；遵守法律法规及校纪校规的表现；诚实守信、仁爱友善、责任感、团队合作意识等道德品质；参加党团组织活动、公益活动、志愿服务的经历和贡献。②学业水平：包括各门课程的学习成绩，理论知识掌握程度；应用知识解决问题的能力，独立思考与创新能力；学术研究、论文发表、参加学术竞赛等方面的成绩。③身心健康：包括健康生活方式、体育锻炼习惯以及体质健康状况；心理素质和情绪管理能力，如是否参加心理健康教育活动或获得相关认证。④劳动与社会实践：包括参加社会实践活动，如实习实训、社会实践调查、创新创业项目等；日常生活劳动技能和服务性劳动的表现。⑤奖励分项：包括在校内外获得的各种荣誉、表彰和奖励；对学校和社会做出特殊贡献的行为。[1]尽管综合素质测评正在努力实现评价内容的全面化、评价主体的多元化、评价方式的科学化等目标，然而，在对学生的实际评价的操作过程中，综合素质测评法也有着种种缺陷，如对属于不同素质的内容进行简单相加而产生的负面效应，测评所得分数不能表示人的素质的高低，忽视评价内容的层次性，评价标准缺乏创新性等。[2]

总体而言，我国高校学生评价主要存在以下四个问题。

第一，学业成就评价的科学性有待增强。除了少数公共课程，如外语、政治等全校性的公共课程等由全校或者全国统考，大部分课程的考核还是由主讲教师自己命题。由于大多数高校课程没有标准、统一的课程纲要、学科教学质量评价指标体系，再加上教师在自编测验上通常没有受过专业的指导和培训，因而教师命题的主观随意性强，难以保证自编测验试卷的质量，例如忽视考题的信度、效度、难度和区分度等，因此依据这种测验所得的成绩很难准确地描述学生的实际学习情况。[3]

第二，非统考科目受统考科目的冲击，缺乏正常学习和考试复习的时间。对于统考科目，尤其是计算机、英语等科目，是否取得相关的等级证

① 李辉，田晓勇. 以实践能力为导向的大学生综合素质评价体系研究——以河北工业大学为例. 教育现代化，2020（74）：18-21.
② 张红梅. 美国高校学生评价方法研究. 华东师范大学硕士学位论文，2005.
③ 陈武. 当代大学生素质评价研究. 西安电子科技大学硕士学位论文，2008

书往往关系到学生能否顺利毕业，甚至直接影响到找工作。高校及学生个人都高度重视，并为此付出大量的时间和精力，甚至可能影响专业课的正常学习和复习考试。

第三，对学业成就评价功能的认识还不够全面。评价的本质功能是为教与学提供反馈，是为了帮助和促进学习。学业成就评价除了基本的管理功能外，还具有诊断、反馈、改进、激励、强化等多种功能。筛选、选拔只是其一部分功能[①]。然而，大多数高校在实际的应用过程中，通常没有充分发挥学生学业成就评价的其他功能，而只是发挥了学业成就评价的管理功能，如只根据考试成绩来判断学生的学习质量，并以此对学生进行分类、选拔，甚至区别对待等。

第四，对学生的自我评价以及同伴评价重视度有待提升。在教与学的双边活动中，评价主体不仅有教师，还有学生、同伴等多样化的评价主体，使评价蕴含于学习过程中，这样才能使教学、学习及评价本身有灵魂。目前在一些高校的学业成就评价中，学生依旧很难有机会参与到评价中，即使有机会参加，学生的自我评价以及同伴评价在最后的总成绩中的占比有限。让学生参与评价，并且将其作为最终评价结果的重要组成部分，不仅有助于学生反思自己的学习及进步过程，而且有助于学生对今后的学习生活及未来职业做出合理的规划和安排。同伴评价也有助于学生在学习策略上进行沟通，促进交流，极大地调动其相互学习的积极性，有利于其积极健康地成长。

总之，培养创新人才的评价体系应淡化评价的甄别选拔功能，强化其发展性功能，突出学生的主体地位，提倡真实性、多元化的学生评价，比如档案袋评价、活动评价等。应关注学生的非学业评价，即注重在日常教学中对学生进行评价，为学生的学和教师的教提供反馈信息。

✐ 专家论坛

多元智能教学评价形式与方法

多元智能教学评价	主要评价形式与方法	其他评价方法
语言智能评估	学习总结：将学生在单元学习中对概念的描述、思想表达、观点探讨、信息整理与解释等方面，对照既定的评估标准进行评估	讲故事、讨论与辩论、写日记和学习档案等

---

① 徐岩，丁朝蓬，王利. 新课程实施以来学生评价改革的回顾与思考. 课程·教材·教法，2012（3）：12-21.

续表

多元智能教学评价	主要评价形式与方法	其他评价方法
数学逻辑智能评估	评分单：用于评估学生的学习档案、作品、论文、调查程序、试验策划等，从而判断学生的科学思维能力	制定日程表、概括或图示所学知识、解释数据等
音乐智能评估	音乐契约：要求学生以独立或合作的方式，自主选择旋律吟唱、舞蹈表演、歌曲演唱等形式来表演，从中做出评估	节奏练习、舞蹈描述、音乐记忆、广播剧等
视觉空间智能评估	概念构图或思维构图：要求学生从主要概念开始，然后确认关键词并添加到图表中，形成一个相关想法的集群，从中做出评估	流程图、立体模型、摄影短文、录像带等
身体运动智能评估	展示会：通过角色扮演、课堂剧场、舞蹈报告等，评估学生所学知识以及能否应用这些知识	哑剧、制作产品、小组计划等
人际交往智能评估	同伴问题解决：学生以结对的方式解决由教师提出有关学习的问题，从中评估学生在解决问题的过程能否相互提供反馈	合作学习、访谈、角色互换、服务计划等
自我认识智能评估	反思日记：教师引导学生对日记中的事物进行反思或由同学来评论，从中搜集重要的评估信息	访谈、撰写自传或社论、确定自我管理计划等
自然观察智能评估	观察测验量表：观察学生的操作技能、学科知识和思考技巧三类行为，并做出相应的评估	观察日记、事物分类、特征描述、环境实验等

坎贝尔，坎贝尔，狄瑾逊. 多元智能教与学的策略：发现每一个孩子的天赋. 王成全译. 北京：中国轻工业出版社，2001：467-468.

二、20世纪90年代以来美国高校四种学生评价方法改革

进入20世纪90年代，美国掀起了从国家到地方、从官方到非官方的学生评价改革运动，对后来美国的教学与评价方式都产生了很大影响。随着改革的深入，评价的发展性功能越来越得到关注，而其选拔和甄别功能相应地弱化了，使得关于学生的评价方式转变成质性评价与量化评价相结合、过程性与结果性评价相结合。以下简单介绍四种在美国高校广泛应用的学生评价方法：档案袋评价、课堂评估、对具体技能的评价、毕业生追踪调查。

（一）档案袋评价

要提高教育质量，对学生一视同仁，以及承认和接纳多元文化的存在成为关键，且后者是前者的前提。承认与接纳多元文化就意味着要从传统忽视学生个性和特性的学生学业评价中跳出来，要根据学生的差异制定个性化的评价方式——质性评价。

档案袋评价又称为"学习档案评价"或"学生成长记录袋评价"，是以档案袋为依据而对评价对象进行的客观的、综合的评价，它是20世纪

90 年代伴随着西方"教育评价改革运动"而出现的一种新型质性教育教学评价工具。档案袋是指由学生在教师的指导下，搜集起来的，可以反映学生的努力情况、进步情况、学习成就等一系列的学习作品的汇集，它展示了学生某一段时间内、某一领域内的技能的发展，其主要特征包括：①具有表现性与成长性。档案袋评价更注重强调形成性评价，关注的是学生成长、改变历程和表现性行为，既注重学习过程更注重学习结果。②具有多样性与整合性。一方面，档案袋评价具有多样性，包括档案袋内资料的内容与形式（作品、试卷日记、录像、录音、照片等）、资料呈现方式、评价人员（自己、同学、教师、社区人员等）以及评价对象（学生个人、学习小组、全班、学校、教师等）的多样性；另一方面，档案袋评价依据课程的教学目标与教学计划，在一段时间里（通常是一个学期或半个学期），让学生系统收集各种各样的有代表性的学习成果，强调教学与评价的整合性。③具有主题性和反思性。档案袋一般有明确的主题，学生围绕主题进行资料收集，档案袋中还应有学生对反映自身成长的记录和作品，以及制作档案袋过程的自我反省证据。①

档案袋评价依据课程标准及教学目标，通过一个范围内对学生各方面学习的理解以及各种技能的收集，强调了评价的过程性，而不仅仅是给出一个最终学习的总结，反映了评价对象在一个时期内的成长与发展，对于激励学生本人、教师及家长共同参与和关注学生学习有很大的帮助。②传统的评价多采用考试、测验等标准化测试形式，它是在特定的空间和有效的时间内完成的单一或数量有限的作品，而档案袋评价则是在宽松的环境及时间中，在各种情境下完成的，它的作品风格和种类多种多样，既可以是最终作品，也可以是草稿或修改稿，还可以附带有自我评价、自我反思、他人评价等补充材料。两者的比较见表 6-17。

表 6-17　档案袋评价与标准化测试的比较

档案袋评价	标准化测试
①在学生的自然环境中进行 ②同时向学生提供展示优点和缺点的机会 ③直接向教师提供诊断性信息 ④提供各种观察、评价的机会 ⑤能够对具有现实意义的具体事务进行评价 ⑥促进家长对学生知识和能力的了解 ⑦促进教师和学生交流	①在学生的非自然环境中进行 ②几乎不能提供诊断性信息 ③只能捕捉到特定课题学生某些方面的能力 ④对学生进行人为性的评价 ⑤要求学生按照标准答案进行评价 ⑥向家长及教师提供考试分数 ⑦教师主宰评价 ⑧强化课程是教育的中心

---

① 张红梅. 美国高校学生评价方法研究. 华东师范大学硕士学位论文，2005

② 赵德成. 成长记录袋在大规模、高利害评价中的应用. 教育理论与实践，2003（8）：26-29.

因此，使用档案袋的优势在于：①由于档案袋多由课堂教学的产品或与课程相关的内容组成，所以较容易与教学结合起来[①]；②鼓励学生对自身的学习进行反思，提高学生对自己的作品优点和不足的自我评价的技能；③为学生提供展示自己的舞台，激发学生的各项才能；④为教师和学生提供合作和反思进步的机会；⑤向雇主或更高级别的培养单位提供学生一段时期以来的发展情况及其所掌握的技能。

尽管档案袋评价具有无可厚非的优越性，但它仍然不可避免地存在以下问题：①评价的信度较低，因为档案袋的内容形式多样，而且缺乏评价的标准，导致材料之间的可比性较弱；②对班级的规模有所限制，不能太大，否则达不到档案袋评价理想的效果；③作品收集的过程十分耗费时间，给学生及教师带来了繁重的任务。

✎ 创新驿站

20世纪90年代以来，美国学生在进入劳动市场后不具备足够的能力，因此美国教学目的的重心逐渐转变为知识的应用，教学评价的重心也随之改变，通过质性评价的方式，展现学生的学习、交流、理解等水平。质性评价模式的建立促使终结性评价转化为形成性评价，后者通过对学习过程的评价，揭示和反馈学习中的问题；强调学生评价的作用，引导学生的交流与反思；不再局限于考查学生的概念性、原理性知识，同时注重考查学生的分析能力、解释能力、创造能力和思维能力。

（二）课堂评估

（1）课堂评估的定义和特征

课堂评估是一种以学科为基础、由学科教师组织的、为掌握学生在课堂上的学习情况而持续进行的小规模评估。相较于其他的学生评价方法，课堂评估有着独特的优势。

第一，实施课堂评估的地点是在课堂上，无论是为了解学生对先前知识的掌握情况而在授课之前实施的"背景知识探查"，还是为了解学生在该堂课的学习效果及知识掌握情况而在授课结束时实施的"一句话总结"，课堂评估的实施都离不开课堂。

---

① 邢维全. 美国高校考试评价制度的特点及对我国的启示. 天津电大学报，2009（3）：49-51.

第二，课堂评估采用的是教师在课堂上对学生进行评价的方式，从而了解学生的课堂学习效果，因此，课堂评估关注的重点不是教师的教学而是学生的学习，课堂评估设计的问题也是以学生为中心，了解学生对教师教学风格、教学内容的评价。

第三，课堂评估的另一大优势是能够做到及时反馈，虽然"生评教"或学期末的总结性评价强调反馈的作用，但一涉及评价，通常由于教师和学生早已忘记每节课的具体授课情况，无法及时地监控教和学的有效性，只能给出大致的结论。

第四，只有持续不断地进行课堂评估，才能发挥它的作用。教和学是一个长期的相互作用的过程，因此，只有长期不断地进行，不断将评估得出的有益结果反馈给教师和学生，才能真正帮助他们及时改进教和学。

第五，课堂评估是针对一堂课进行的内容具体的小规模评估活动，教师可以根据学科特点或教学需要，选择不同的课堂评估手段，花 5—10 分钟的课堂时间，针对学生的课堂学习情况进行评价。

课堂评估与平日的课堂小测验不同，平日的课堂小测验注重的是检验学生对教师所传授的知识的掌握程度，其答案是唯一的，学生与教师之间的沟通也是单方面的，教师出题对学生进行检测，然后根据检测结果进行再次讲解以巩固学生知识系统较薄弱的地方，而课堂评估实施的目的是了解学生的学习情况，包括学生在学习中遇到的困难、所采用的学习方法等。教师所设计的题目是开放性的，其目的在于对学生进行了解和沟通，激发学生继续学习的兴趣，帮助教师修订自己的教学策略，而不是单纯地评价学生。[1]

（2）课堂评估技术的种类

课堂评估的目的是改进学生的学习，因此，课堂评估技术的分类也是依据对学生学习的评估所考察的不同方面而确定。根据课堂评估对学生考察的不同方面，以及这些方面能够被考查的难易程度，可以将课堂评估分为评估学习者与课程有关的知识和技能、评估学习者的态度、评估学习者对教学的反应等。[2]

---

[1]　Angelo T A，Cross K P. 1993. Classroom Assessment Techniques: A Handbook for College Teachers. San Francisco：Jossey-Bass Publishers.

[2]　Angelo T A，Cross K P. 1993. Classroom Assessment Techniques: A Handbook for College Teachers. San Francisco：Jossey-Bass Publishers.

（3）课堂评估技术的实施程序

课堂评估一经推广，就被迅速地应用到课堂实践中，这与其简单易行有很大关系。通常一种课堂评估技术在课堂上的试用需要5—10分钟，此外，教师还需要在课外花1小时左右的时间，以选择到更合适的课堂评估技术，并对整理收集到的信息进行深加工。但这与其他几种需要对教师进行专门培训的学生评估方法相比，已经方便许多。

课堂评估技术的实施通常有以下三个步骤。

第一步，制定实施计划。教师在所教的班级中，首先选择一个班级进行课堂评估试用，向学生说明这种方法的实施程序和实施目的，以取得学生的支持，并且注意在选择方法时要考虑所教学科的性质、学生的实际情况以及需要了解的内容等。

第二步，具体实施。注意以学生为中心，尽可能地设计开放性的问题，采用不记名形式收集信息，鼓励学生发散思维，尽可能创造性地回答问题。信息收集完成之后，教师要尽快对其进行分析，并将结果及时反馈给学生，与学生一起分析这些信息是怎样影响教师的教学行为或者学生的学习行为的。

第三步，创造完整的反馈环节。通过课堂评估可以使学生明白课堂评估的重要性和意义，鼓励学生积极参与评估，最终形成"教师实施—学生参与—信息反馈—学生改进，教师提高—新的课堂评估"这样一个良性的反馈循环。

（三）对具体技能的评价

自20世纪80年代起，美国刮起新科技革命之风，生产方式由原来的劳动密集型转型为知识密集型。因此，交流能力、问题解决能力和批判性思考能力等基本技能成为高校毕业生就业必备的能力，其评价主要有以下几种方式。[①]

（1）口试

口试要求应试人口头回答问题，既可以通过一问一答的方式进行，也可以通过设定具体的情境，例如辩论会、讨论会、角色扮演等方式进行。对口试的评分通常是由教师评价、学生自评、同伴评价等几个方面的评价所得分数的综合。

---

① 王英杰. 美国高等教育的发展与改革. 北京：人民教育出版社，2002：93-95.

（2）论文写作

论文是最常见的学术交流方式，不同学派或持不同观点的学者可以通过论文长期进行学术交流，它既是探讨问题、进行学术研究的一种手段，也是描述学术研究成果、进行学术交流的一种工具。其评价方式兼具形成性评价和总结性评价性质：由于论文写作需要较长时间来完成，在这个过程中教师可以为学生提供详细的反馈意见，因此它具有形成性评价性质；论文成绩在学科总成绩中占一定比例，因此它具有总结性评价性质，包括学年论文、毕业论文、学位论文、科技论文、成果论文等。

（3）实习日记

大多数高校在最后一个培养环节上会要求学生进行为期不短的实习，尤其是在师范类和医学类学校中。因此，这些领域学生专业能力的提高不仅与个人专业知识、实践技能有关，也与学生对实践的反思情况有关。通过写实习日记这种方式，学生可以在实践中反思，不断进步。这种学生评价方法适合实践性较强、学生有较多实践机会的专业。

（4）制作海报

制作海报是与口头表述、书面描写、网上评价不同的另外一种交流评价方式，这种方法强调的是评价学生压缩、提炼学术观点的能力。为了吸引人的注意，海报的设计在形式上要具有创新性，在内容上要简洁、准确地传达自己对问题的理解和观点。

（5）报告写作

报告写作是将已有信息按一定条理整理分类，然后针对某些方面作具体分析，进而提出有建设性的意见，因此不同学科的报告所强调的内容重点不同，例如，化学教师关于学生学情的报告和班主任关于一个班级学生学情的报告有极大的不同。

尽管强调的重点不同，但是写出一篇好的报告需要作者具有敏锐的洞察力、良好的调查能力、合理的组织材料能力、依据事实做出合理判断的能力，因此，通过报告的写作能够检验和发展学生的批判性思维能力。例如，化学老师要求学生写一份关于中学某个化学实验的问题改进的报告，报告中体现自己对实验存在问题的批判性分析能力，报告写作的步骤为：①用关键词和关键线索收集资料；②总结出相关资料主要涉及哪些问题；③总结相关资料主要采用哪些研究方法；④评价这些方法的优点和缺点；⑤结合实际选择一种最适合的研究方法，并且陈述原因；⑥根据学科特点完成报告写作。

（6）角色扮演

角色扮演，也叫扮装游戏，是一种人与人之间社交活动，可以以任何形式进行（游戏、治疗、培训）。在活动中，参与者在故事世界中通过扮演角色进行互动，并获得快乐、体验以及宝贵的经历。角色扮演可以在班级中进行，教师提前设定好情境，将全班学生分成若干小组，每个小组代表一个角色，围绕设定情境中的问题展开讨论，力图从自己的角色出发分析并解决问题。这种评价方法不仅考查学生的问题解决能力，而且因为一个小组代表一个角色，小组成员之间需要分工合作，及时对所扮演的角色进行反思，并根据形势变化做出判断。

角色扮演通常是在模拟情境中进行的，由于模拟情境与真实情境具有相似性，不同角色的扮演者很容易投入其中，设身处地地从自己所扮演的角色考虑问题，并且不断地思考这样一个问题："下一步我要怎么做？"角色扮演结束后，不同小组之间展开相互评论，每个小组都要提交一份反思性报告作为自己问题解决能力的证明。

（四）毕业生追踪调查

毕业生追踪调查使用非常简单，只要学校保留有毕业生的联系方式，就可以根据学校的调查目的编制问卷，或者采用访谈、电话采访等的方式展开调查。

（1）毕业生追踪调查的优点及缺点

与任何学生评价方法一样，毕业生追踪调查既有无可比拟的优点，也有缺点。其优点包括了解毕业生大学的经历感受，了解毕业生对母校的评价，了解毕业生的就业状况。其缺点包括：①调查信息反映的是几年前的学习生活和就业状况，相对过时；②无法确定反馈率，通常偏低；③无法保证调查结果的信度和效度。

（2）毕业生追踪调查的意义

毕业生追踪调查虽然是对学校培养的学生进行的调查，但实质上是对学校的评价。通过毕业生追踪调查的结果可以看到毕业生对自己大学经历的评价，包括对学校师资、教学、公共设施的满意度等，看到高校培养出来的学生在多大程度上满足了市场的需求。这些信息可在一定程度上用来衡量高校教学质量，也可作为私人捐款、政府资助或学生入学的参考。①

---

① Harvard Graduate School of Education Career Services Office. 2003. Graduate Survey Report. （笔者访谈时获得）

美国高等教育的四种学生评价方法不仅有共同之处，而且各具特征
（表 6-18）[①]。

表 6-18　四种评价方法的特征

比较项	档案袋评价	课堂评估	具体技能评价	毕业生追踪调查
性质	形成性评价与总结性评价相结合	形成性评价	形成性评价与总结评价结合	形成性评价
实施地点	课堂和课外	课堂	课堂或实习单位等	工作岗位上
所花时间	至少 1 个学期	5—10 分钟	1 个学期、实习期间	3 个月左右
实施方式	学生制作档案袋，定期自我反思	学生参与，教师及时反馈评估结果	确定要评估的技能，然后选择合理的评价方法	发放问卷，分析收集到的信息
主要目的	促进学生发展	增强教学的有效性	培养学生的各种能力	利用毕业生反馈的信息改进教学
优点	培养学生反思的能力	简便、易用	使学生更好地适应专业学习和今后的社会工作	与毕业生保持联系，持续改进教学
缺点	信度、效度较低	教师要付出更多的时间和精力	教师要付出更多的时间和精力	参与积极性不高，导致反馈率低

高等教育是在中等教育的基础上进行的更高一级的专业教育，是为培
养高级专门人才所进行的社会活动，其最根本的功能是为社会培养专门的
创新人才。因此，美国高等教育四种评价方法的特点体现为评价过程生命
化、评价主体多元化、评价内容多元化、评价功能多元化、评价方法多元
元化。主要表现在：①更注重评价学生学习的过程，而不是仅仅注重学习
结果。注重结果往往会造成只重视评价的鉴别作用，而忽略其诊断、反馈
的功能，而关注学习的过程中，教师在与学生的互动中能够成为学生的朋
友，帮助学生发展和成长，以学生原有的基础为评价标准，衡量学生在原
有基础上的发展空间，也有利于减弱教师与学生之间由于传统的终结性评
价所造成评价者与被评价者之间的不平等状态。②在对学生的学习做出评
价之前，学生一直生活在自然的学习环境中，他们可以不断进行自我反
思，充分表现自我。教师的评价目的是更好地帮助学生发展，在评价过程
中，让学生更多地体验到成功的喜悦。③详细地了解学生发展过程中的
信息，记录学生各种能力发展的过程，为用人单位提供更加具体、翔实
的信息。

[①]　张红梅. 美国高校学生评价方法研究. 华东师范大学硕士学位论文，2005.

三、对我国高等教育创新人才培养评价的建议

（一）让"以人为本"的评价观引导整个评价过程的价值取向

创新人才的创新本质上是思维的创新。传统评价关注结果，较为重视奖惩性的终结性评价而忽视了人的作用与发展，这种价值导向不但人为地限制了教师在课堂上的发挥，还桎梏了学生的创新性思维。因此，以人为本，培育人、发展人的评价观认为评价的目的是促进学生发展成为有着完整生命人格的人，学习是为了探索生命的价值与意义，以便有尊严地立于天地之间。教育要尊重学生发展的需要、探究的需要、获得新体验的需要、获得认可与欣赏的需要、承担责任的需要，唯有开展符合人的认识规律、学习规律与发展规律的主动学习才能满足这些成长的需要，所以将评价不仅看作一种人才的选拔方式，也看作一种促进学生发展的手段，才能为学生创造性思维的形成提供便利条件。

（二）要注重对学生批判性思维、创新能力、解决问题实际能力的评价

教育综合评价不仅应关注学生的学业成绩，还应对学生批判性思维、创新能力、解决问题的实际能力等多个方面进行评价。应鼓励教师创新教育模式和进行个性化教学，通过课堂观察、教学视导、结构性访谈、档案袋评价测评学生在真实教学情境中的实践创新能力。同时，可以灵活调整评价工具和方法，在评价方式、评价标准、评价主体等多个方面促进教育评价的包容性和多元化，尊重并接纳不同个体的差异性与发展性。评价过程应嵌入到整个学习中，对学生学习能力的现状和潜力做出客观评判，应将评价结果及时反馈给学生，让其清晰地了解自己在各个具体方面的优势和不足，从而有针对性地反思和改善自己的学习。

（三）开拓多元化的评价渠道，让更多创新人才机会脱颖而出

"一考定终身"的评价方式对学生的发展是不利的，只有让升入大学不是学生唯一的发展路径，才能为学生提供更多发现自我、发展自我的机会，这些机会对其创造性思维的培养是极其重要的。我国考试招生制度也在不断改进完善，《国务院关于深化考试招生制度改革的实施意见》于2014年9月印发，由此形成了分类考试、综合评价、多元录取的考试招生模式，将高职院校考试招生与普通高校相对分开，通过高职院校分类考试建立人才培养立交桥，为学生开拓多元化的升学渠道。笔者建议我国可

以通过适当增加考试的次数和提高大学录取机制中学生平时表现评价的占比，使学生有更多的发展机会。

创新驿站

　　只有不断地深化课程改革和评价改革，让评价主体——教师、学生、家长、社会接受并运用多元智能理论进行评价，才能真正让学生评价落地生根。但是，实现这种转变绝非一朝一夕可以完成的，需要各方共同付出艰辛的努力。

后　记

《礼记·大学》载"苟日新，日日新，又日新"，其简洁隽永，折射出中华民族思想观念的精髓——创新；《上李鸿章书》载"治国经邦，人才为急"，铿锵有力，彰显了人才对国家发展的重要。创新和人才相遇，给教育带来不小的挑战。教育是培养创新人才的基本途径，也是创新人才成长的奠基工程。如果说大学生身心发展特征和思维能力决定了高等教育是培养创新人才的关键阶段，那么创新人才的成长规律和特点就验证了基础教育在创新人才培养中起着重要的启蒙与基础的作用，高中则是拔尖创新人才早期培养的重要阶段。另外，教师作为这两个阶段的重要角色，对拔尖人才的选拔、培养和评价又该何去何从？

《国家中长期教育改革和发展纲要（2010—2020年）》中指出：创新人才培养是一个系统工程，要努力发挥各学校、各环节、各要素在创新人才培养方面的积极作用；要做好小学、中学、大学有机衔接，教学、教研、实践紧密结合，学校、家庭、社会密切配合；大力推进教育教学改革，探索多种培养方式。

本书首先对创新人才内涵及其人格特征进行界定与阐述；其次，通过对中美两国基础教育、高等教育创新人才培养教育实践进行案例分析，总结概括中美基础教育阶段与高等教育阶段创新人才特点；再次，以化学学科为例，对中美两国的课程教材进行比较分析；最后，对中美两国高等教育创新人才培养模式进行比较分析，以期为我国高等教育创新人才培养提供借鉴与参考。

创新人才培养模式，需要我们在教育教学改革过程中不断积累经验，因地制宜地探索有效的培养途径和办法，需要鼓励各地各学校大胆突破，在课程设置、内容选择、教学组织形式、教学策略、课堂形态和考试评价等方面进行前瞻性探索和试验，需要我们不断拓宽人才培养途径，优化人才知识结构，提高人才培养的质量和水平，努力形成各类人才辈出、拔尖创新人才不断涌现的局面。

本书的研究过程中得到了圣约翰大学化学系主任 Jakubowski Henry 教授、国际处主任 Rogers Joseph 先生、教育系主任 Janet Grochowski 教授，圣约翰预备高中化学老师 Yanke Eric 老师，哈佛大学 Kurt Fischer 教授，哈佛大学教育研究生院院长 Ryan James 教授，哈佛大学图书馆主任 Marcella Mary 女士，哈佛大学教育研究生院学术办公室 Amuel Odamah 先生，以及北京师范大学心理学部刘儒德教授的大力支持与帮助。王相宜、吕耀佳、杨丹、李敏、肖富林等研究生同学参与了书稿的校订编写工作。对此我们表示衷心的感谢！

由于时间有限，书中难免存在不妥或疏漏之处，敬请广大读者和研究者批评指正，以便本书得到进一步完善。